政治における「型」の研究

関口正司（九州大学政治哲学リサーチコア代表）編

風行社

まえがき

政治という人間の営みにおいて、人の資質という要素と、制度・機構という要素のどちらに注目すべきかという論点は、政治学の歴史が始まって以来の古典的論点と言えるであろう。もちろん、この論点に対する答は論者の関心や直面している状況に応じて可変的であり、一義的普遍的な決着を期待すべきものではない。さらに言えば、個々の答が相互に鋭く対立しうるとしても、これら二つの要素が、本質的に相容れない矛盾したものであるということにもならないであろう。本書を構成している諸論文をあらためてふり返ってみて、この論点を想い起こした。実際、政治における「型」という本書のテーマ設定は、各論文の個別具体の関心は多様であるにせよ、人と制度というこれら二つの要素の接点ないし接触面への共通の関心を反映していたのではないか、と思われてならない。

もちろん、「型」という視点それ自体は、政治学にとどまるものではない。それは、人間社会における生や形式の意味を内在的かつ総合的に問い直す可能性を秘めている。たとえば、社会学や文化人類学などの観点からすれば、「型」は、人や社会に「かたち」を与える習慣や作法、あるいはハビトゥスや文化資本として、人々の日常生活に遍在するものとして理解されるであろう。さらに、「型」への接近視角として、普遍と個別をつなぐ範例、あるいは、理念と実践を媒介する「わざ」という見方も可能である。近年、学界にとどまることなく広く「型」への注目が高まりつつあるのも、従来の学問方法論が十分に対処できないでいる諸々の課題に対して持つ「型」という見方の様々な可能性があればこそ、と言えよう。

とはいえ、本書に収められた諸論文から容易に読み取れるように、本書は、「型」についての全著者共通の何か固定した定義からは出発していない。共通の理解があるとすれば、むしろそれは、右にも例示したように、狭い定義に押し込めてしまうにはあまりに豊かな発想源なのではないか、ということである。もちろん、定義を避けるということを、本書における個々の論考において印象論に終始したり曖昧な議論で妥協したりすることを許す都合のよい口実に使おうというわけではない。明晰に論ずることが困難な主題ではあるが、少なくとも意図において、われわれは明晰でないことをめざしているわけではない。われわれが共通して感じているのは、そもそも「型」という語によって誘発される思考が、概念を分析したり三段論法的な論理で突き詰めていく、というのとは異質な何かをともなっているのではないか、ということなのである。

このような見方が研究チームの中で共有されるようになった時点は特定できない。当初から、漠然とそのように感じていた者が集まったという気もしなくはないが、その後の様々な経験がかなりの比重を持ったようにも思われる。そこで以下では、本書全体の背景理解に（願わくば）資するという趣旨で、われわれ研究チームのこれまでの歩みについて手短かに披露することとしたい。（研究チームの詳細な活動履歴については、http://quris.law.kyushu-u.ac.jp/~citizen21/を参照していただければ幸いである。）

本書の執筆陣は、九州大学あるいは福岡教育大学を本務校とする研究者からなっており、各メンバーの専攻は、政治哲学・政治理論・政治思想史にわたっている。それぞれの学問的関心は多様であるが、執筆者九名のうち七名が政治思想学会に所属しているという事実は、当初から意図してそうなったわけではないが、興味深い特徴である。

研究チームとしての共同作業が本格的に始まったのは、二〇〇三年後学期における共同講義からである。九州大学法学部における「政治学史入門」の授業を、関口、石田、大河原、鏑木の四名の共同で実施したのである。共同研究において研究会を実施することは定石であるが、授業を共同で行なう例はあまりないであろう。われわれはこれを意識的に行なった。われわれは、学問の高みに立って世間を啓蒙するとか大衆運動をイデオロギー的に領導するというのとは違った、また、政界の裏話的なテーマでジャーナリストと勝目のない競争をするというのとは違った意味での、実践的な政治学の在り方を求めていたのである。チャンスは手元にあった。授業である。学生という未来の公衆（いや、選挙権を有している学生であれば新規に加わった公衆）に向けて政治学の授業をするということを今まで以上に真剣に考えてみよう、ということになったのである。心理的障壁は、遺憾ながら存在していた。政治学の教員が（他分野でも同様であろうが）相互の授業に出席し、そこでの討論に加わったり、授業の後で教材や授業の進め方で議論をするというのは、大学の外からはわかりにくいかもしれないが、それなりに勇気のいる企てであった。

もちろん、実践的と言っても、社会の中で市民としてのわれわれが特定の政治的見解を表明することと、大学で政治学教育を行なうこととは、同次元の実践性ではない。単位認定の権限を教師に委ねている学生たちに向けた授業で個人的な政治的信条を吹き込もうとすることは、大学という公的場の私的利用という意味で公私混同に他ならない。そうではなく、公共社会を維持し発展させていくために必要な公衆（市民）の資質を育成するという、大学の使命に合致した学術的次元での政治学の実践性を、われわれはめざそうとしたのである。

共同講義は、その後、木村、岡﨑、施が加わり、二〇〇五年後学期まで三年度続いた。二〇〇六年度には、九州大学公開講座を引き受け、あらたに竹島も加わって連続講義を行なった。チームとしては最初の、学生ではなく社会人を対象とした実践的取り組みであった。その後、この講義の統一テーマと各講義の内容を引き継ぐ形で、『名著から探るグローバル時代の市民像』(花書院、二〇〇七年)を公刊した。

われわれの研究チームが、九州大学の研究拠点形成支援策の一つであるリサーチコア制度に応募して、政治哲学リサーチコアとして認定を受け(二〇〇五年)、さらに、「九州大学教育研究プログラム・研究拠点形成プロジェクト(P&P)」の研究費支援(二〇〇七―二〇〇八年度)を受けたのも、右に述べた教育上の取り組みと並行する形でであった。そのため、P&P応募に際してのわれわれの研究テーマ(「政治における「型」の研究――21世紀の市民教育に向けた歴史的・理論的考察」)も、ごく自然に定まったのであった。「型」という本書のテーマは人と制度とのインターフェースの位置にあるのではないかと冒頭に述べたが、考えてみれば、「型」の形成という広い意味での教育や学習は、まさに人と制度の媒介項に他ならないと言えるであろう。

その後の研究チームの活動状況については、関係者への謝辞と併せて略述しておく。二〇〇七年度には、シンポジウムを二回開催した。それぞれ示唆に富む講演を引き受けてくださった日本ボランティアコーディネーター協会の加留部貴行さん、自殺対策支援センター・ライフリンク代表の清水康之さん、当時はケンブリッジ大学大学院生で現在は関西大学ポスト・ドクトラル・フェローの蓮見二郎さん、九州大学言語文化研究院の小松太郎さんに、あらためて御礼を申し上げる。また、二〇〇八年一月には、公務員研修に後述のアスペン方式を採り入れている人事院公務員研修所を訪問調査した。丁寧に応対してくださった同研究所教授(当時)の山際宏治さんに御礼申し上げたい。

二〇〇八年度に入って、われわれは、本書に収められた論文の執筆をそれぞれ進める一方で、社会との接点を広げる企画にも着手した。一つは、日本アスペン研究所への訪問調査である。日本アスペン研究所は、企業のエグゼクティブを主たる対象としたリーダー養成セミナーを実施している。このセミナーは厳選された古典を教材として活用している点で異色であり、社会人教育の在り方に対しても、また、大学における古典を活用した教養教育の可能性に対しても示唆的な企てである。その後、事務局長の岡野雄治さんを始め日本アスペン研究所の方々の御厚意により、セミナーの実地見学や、研究チームからの二名のセミナー参加も許していただいた。あらためて御礼を申し上げたい。

もう一つは、福岡県の筑豊地域にある川崎町で、「地域創成リーダー・セミナー」を開始し交替で講師を担当したことであった。行政、地元企業、NPOなどの関係者が参加したこのセミナーによって、われわれの教育と研究は大きなエネルギーを得ることになった。地域社会のきわめて厳しい現状の中で、様々な分野の地域リーダーたちのタフな経験を土台にして進められたセミナーでの議論は、本当に迫力あるものであった。セミナー参加者の皆さんに深く感謝したい。また、セミナー参加者であるとともに準備段階からお世話になったラピュタファームの杉本利雄さんと川崎町町長の手嶋秀昭さん、そして、川崎町役場の皆さんに、御礼を申し上げておきたい。

これら二つの機会を通じて、われわれは、大学の外にある（また、あって欲しい）高水準の公衆の真摯な（厳しくもある）視線というものを、生き生きとした具体的なイメージで強く意識できるようになった。出会いがごく最近のことであったために、本書にはその意識がまだ十分に反映されていないかもしれない。しかし、今後の影響が甚大であることは確実である。そのことを、本書刊行以後のわれわれの教育活動や研究成果において十分に示すことができるようになれば幸いである。

本書は、前述の「九州大学教育研究プログラム・研究拠点形成プロジェクト（P&P）」の財政的支援の下で刊行されるものである。記して関係者各位に御礼申し上げる。また、本書の刊行を引き受けてくださり、刊行に至るまで終始お世話になった風行社の犬塚満さんにも御礼申し上げたい。

二〇〇九年二月　執筆者を代表して

関口正司

〔目　次〕

目　次

第一章　政治的判断における「型」について

関口　正司

はじめに

本章では、民主主義社会における市民教育の在り方への関心にもとづいて、育成すべき資質・能力の観点から試論的な考察を行なう。その目的は、市民教育の実務上の様々な試みや工夫の理論的基礎となるべきものを探り出すことである。主題の性質上、本稿における考察の過程は幾分複雑にならざるをえないが、本稿の最後に示す暫定的な結論は常識的なものとなろう。

考察が複雑にならざるをえないのは、本稿が卓越した政治的な判断を可能とする資質として、〈思慮〉や〈構想力〉に注目するためである。比喩的に言えば、眼に見えることを可能にしているものを眼が直接的に見ることはできないのであり、それを反省的にふり返って理論的に明らかにすることは、きわめて困難なのである。実際に判断を下す立場にある当事者たちには、多忙で切迫した日常の中で、卓越した判断の諸前提を捉え返す余裕はなく、ともかくも妥当と思えるような判断それ自体を得ることを優先せざるをえないのが普通である。

しかし、ここで想起すべきなのは、思慮や構想力の欠如がもたらす深刻な政治的帰結については、われわれはきわめて容易に、ありありと思い浮かべることができる、という事実である。実際、この種の遺憾な具体例は、過去の歴史や今日の経験に満ち満ちている。このように政治的判断の貧困が深刻な事態をもたらすのであれば、卓越した判断を確保する前提として、それを可能とする事情や要因を探求することは、たとえ複雑で困難な作業であるとしても、理論的にも実践的にもきわめて重要であると言わねばならない。

政治的判断を担うリーダー的人間の資質は、プラトンにまでさかのぼることのできる最古の主題である。以来、様々な君主教育論や貴族教育論が行なわれてきた。しかし、政治的リーダーの選出に国民全体がかかわる民主主義への動きが進んで国民全般の資質をも考えなければならなくなったのは、一九世紀後半以降である。ここに至って、国民こそが政治における究極の主人公であるという民主主義の理念は、当該の主人公の資質による裏付けを必要としている、ということが切実な認識となり始めた。トクヴィルやミルは、いち早く一九世紀前半にこのことに気づき、デモクラシー不可避という予見（および、それがもたらしかねない自由への脅威に対する警戒）から、国民の政治的資質の形成という課題に先駆的に取り組んだのであった。

二〇世紀に入ると、民主主義政体は、国家が総力戦（全体戦争）に国民全体を巻き込まざるをえなくなった事情と表裏一体をなしながら、その内実が何であれ少なくとも表向きは、唯一の正当化可能な政体となった。ところが、このように民主主義が現実化して以後は、国民の政治的資質の形成という実践的課題は、大衆社会論や政治参加論との関連で時折取り上げられはしても、政治学（とりわけ日本政治学）の持続的焦点とはならなかったように思われる。近年の政治理論において盛況の観のある共和主義的言説においてすら、〈市民の徳 civic virtue〉

の現実的な育成という点で、どれだけ切実な探求がなされてきたのかは判然としない。トクヴィルやマキアヴェリを彷彿とさせるパットナムのソシアル・キャピタル論[1]が、この主題に関する久々の「ヒット作」だったというのが実情ではないだろうか。

民主主義の担い手に求められる政治的資質の要素については、様々に考えることができるであろう。たとえば、学校における従来の公民教育の趣旨から直ちに見て取れるのは、制度や仕組に関する知見や、民主主義の倫理的な根拠についての理解を促進しようとする意図である。これらが重要な教育テーマであることは間違いない。しかし、〈民主政治とは国民を政治の究極の主人公とする政治である〉ということを言葉や定義として生徒たちに覚えさせるだけでは、将来の主人公向けの教育としては明らかに不十分である。学校教育は、言葉や定義を現実に応用する能力をどのように育成するのか、という点で壁に当たっているように思われる。大学における教養教育としての政治学も、さらには専門教育としての政治学も、同様の課題を抱えていると言えよう。この課題に対応していくためには、その応用力なるものは何であり、それはそもそも育成（教育）可能なのかどうか、可能であるとすればどのような意味で可能であるのかについて、さらには、政治以前にそうした応用力の基盤をなしている人間力とでも言うべきものについてまで、広くかつ深く問わねばならない。その意味で、この問いは政治哲学的な問いなのである[2]。

本稿では、このような応用力の枢軸をなすのが思慮と構想力である、という想定[3]にもとづき、それらに関する古典的省察を吟味し、そこに市民教育や政治学教育の基礎に関する手がかりを探ることとしたい。まず、第一節ではアリストテレスを取り上げる。その理由は、アリストテレスの考察が思慮に関する議論における西欧的伝統の端緒にあり、かつ本格的な内容をともなっている、という明白なものである。この伝統の重要な継承者としてはトマス・アクィナスがいるが、本稿では取り上げる余裕がない。[4] 第二節では、構想力や判断力に関するカントの議論を取り上げる。その理由は、カントの議論が思慮に関するアリストテレス的議論とは区別して別個に扱うべき特性を有しているためである。また。第二節の後半では、構想力や判断力をめぐるカントの議論が二〇世紀以降の政治哲学・実践哲学の議論においても大きな着想源となっている一例として、ハンナ・アレントを取り上げる。第三節では、アレントより若干年長の三木清の構想力論に注目する。三木は、構想力論のカント的伝統に自覚的に依拠する一方で、アリストテレスの思慮概念を意識的に退けている。その事情に関連する問題点を明らかにすることで、政治的資質としての構想力に関する重要な教訓を引き出すことができる、というのが三木を取り上げる理由である。

第一節　思慮に関するアリストテレスの議論

「思慮」という語は、古くから、自らの利益や幸福のために最適の行為を選択する処世術的な知恵という意味が強かったようであり、思慮について本格的考察を行なったアリストテレスも、そのような捉え方が同時代において広く流布していることを念頭に置き、この通俗的理解を是正しつつ自らの思慮概念を提示している。[5] アリストテレスによれば、思慮とは、行為の選択に際して真に望ましい目的の達成に適合した行為を選択する魂の状態(ヘクシス)[6]を指す(『ニコマコス倫理学』上・九六頁、以下『倫理学』上と略記)。政治学や倫理学は、公共的で包括的な見地からの探求という特徴を持ちながらも、行為・実践を対象とするのであるから、やはり思慮的な性格を持つ。

政治学や倫理学は、その思慮的な性格のために、三つの条件ないし制約を持つことになる（『倫理学』上・一八―一九頁）。第一に、この考究は思慮という知的な性格を有しているので、ロゴスに従うことがなく情念のままに生きる人間には無益である。第二に、この考究は複雑多様な状況の中での行為を対象とするために、絶対的な確実性や厳密性を欠いている。第三に、これは実践に関する考究であるから、議論の出発点をなす実践について経験を積んでいない人間には無益である。これらの条件ないし制約のそれぞれに対応して、思慮は三つの問題領域を持つことになる。すなわち、（1）望ましい目的をめぐる問題、（2）行為の選択可能性をめぐる問題、（3）行為の個別性をめぐる問題である。以下、それぞれについてのアリストテレスの議論を整理した上で、さらに、もう一つの問題として、（4）思慮の教育可能性と思慮の組織的な考察の意味について触れることとする。

（1）望ましい目的と行為の選択

アリストテレスは、思慮が目的の措定にはかかわらず、措定されている目的を達成する手段としての行為の選択にだけかかわるものであることを強調している。ただし、このことは、思慮が邪悪な目的についてすら、目的達成にふさわしい選択肢を示すということを意味するわけではない。邪悪な目的のための行為選択は、思慮の問題ではない。「善き人間であることなしに思慮ある人であるのが不可能であるのは明白である」（『倫理学』上・二四八頁）。倫理的な徳をあくまでも与件とした上で、思慮は知的な徳として、善き目的の達成にふさわしい具体的な行為を指示するのである。したがって、思慮それ自体は知的な徳であるにせよ、思慮による正しい選択肢の把握は、たんにそのような選択肢があるのだと知的に理解するだけにとどまらない。適正な選択肢を理解するだけで実際の行為につながらないのであれば、それは「ものわかり」（の良さ）ということにすぎない（『倫理学』

上・二三七―二三八頁)。思慮は、「ものわかり」とは異なり、命令的であって、なすべき行為を指示する。なぜなら、思慮的判断の前提にある善き目的自体が、倫理的であり命令的だからである(『倫理学』上・二二八頁、二三八頁)。善き目的が端緒にあり、それを達成する具体的行為が思慮によって同定されれば、その行為はなされる「べき」である。この思考の道筋は、なされるべき行為に関する推論形式である「実践三段論法」である(『倫理学』上・二四五頁)。そのため、倫理的目的に適合した行為を組織的に探求する思慮の営み、すなわち、倫理学や政治学は、前提となる目的については、すでに十分把握している人間にとってのみ意義を持つことになる。

出発点はおもうに、「われわれにとっての判明なことがら」たるべきであろう。うるわしきことがら、正しいことがら、その他一般に政治学的なことがらについて十分な仕方で聴講しうるためには、ひとは習慣における嚮導のよろしきを得ていることが必要であるのもこの理由に基づく。なぜかというに、ここでは何をなすべきかという「こと」が出発点なのであり、もし満足な仕方でそれが明らかに知られているのであれば、それのなさるべき「所以」はもはや必要ではないくらいである。習慣における嚮導のよろしきを得ているひとは根源的な端緒を既に把持しているというべく、でなくとも容易にこれを把握しうるに相違ないのである。(『倫理学』上・二二頁)

この見地からすれば、たとえば、〈なぜ人を殺してはいけないのか、わからない〉といった理屈をもてあそぶような人間は、「習慣における嚮導のよろしきを得て」いない未熟者であり、倫理学や政治学の聴講資格を欠いていることになる。(7)

(2) 行為の選択可能性

願望は、実行不可能な行為に対しても抱くことができる。しかし、行為の選択は、「われわれの力の範囲内にあるもの」についての選択である。行為の選択は、また、たんに「随意的」であるだけでもない。選択には「思量」が先行する。こうした思量が適切に行なわれる魂の状態(ヘクシス)が、思慮ということになる。

……「選択されたことがら」とは、「あらかじめ思量されたことがら」だといえないであろうか。事実、「選択」はことわり(ロゴス)とか思考とかを伴っているのである。「選択されたことがら」という名称も、他の諸々のものに先だって採られたものという意味なのだから、やはり思量ということを示唆しているものと考えられる。(『倫理学』上・九三―九四頁)

選択と思量とは、このように密接に結びついている。言いかえれば、選択のしようがない事柄については、思量はなされない。したがって、自然哲学や幾何学など、永遠の真理を追究する学問的認識(エピステーメー)は思量ではない。学問的認識は、不変の必然的な事柄を対象とするという意味で、「それ以外の仕方においてあることのできないごときものごと」を対象とする。対照的に、思量は「それ以外の仕方においてあることのできるものごと」にかかわる(『倫理学』上・二二六―二二七頁)。

思量にともなうこうした非決定性や非厳密性は、アリストテレスの考えでは、思量の対象が人間の行為にかかわる事柄であることによって生じてくる。きわめて多様な状況の中で、所与の目的に適合する行為のありかたは斉一ではない。言いかえれば、ある状況では所与の目的の実現をもたらすことのできた行為が、別の状況では同様の帰結をもたらすとは限らない。また、同様の帰結をもたらすと予想できる場合でも、この予想は絶対確実ではなく、蓋然的なものにとどまる。行為には、〈やってみなければわからない〉という不確実性が多少なりともともなわざるをえない。思慮は、こうした不確実性が常態であるという前提に立って、最適な行為を探り当てる知性の状態なのである。

(3) 行為の個別性

思慮の導く結論につきまとう蓋然性は、個別の状況において個別の具体的行為を選択するという、思慮の舞台設定からして不可避である。このことについて、アリストテレスは、行為の善さを中庸という基準から論ずる文脈において、次のように論じている。

だが、〔中庸に関する〕以上のようなことがらは、単に普遍的に語られるだけにとどまらず、さらにそれが個々の場合に適合するものなることが示されなくてはならぬ。けだし行為(プラクシス)に関する論述にあっては、普遍的な論述はより遍通的であるにしても、しかし真実に触れるという点にかけてはむしろ部分部分にわたる特殊なそれに譲らなくてはならない。というのも、行為は個々の場合にかかわるものなのだからであって、われわれの論議も、個々の場合に調和適合しているのでなくてはならぬ。(『倫理学』上・七三頁)

場合によっては、ある特定の行為が中庸であるという判断が極度に困難なこともありうる。その場合には、次善の策(「もろもろの悪のうちの最もはなはだしくないもの」)を採用せざるをえない(『倫理学』上・八〇頁)。

ところで、思慮によって個別具体の事例における妥当な行為について蓋然的認識が導かれる際に、そのような認識の妥当性は何に由来するのだろうか。それは、アリストテレスによれば、「経験」である。

思慮は単に一般的なことがらにかかわるにとどまらない。それは個別的なことがらをも知らなくてはならないのである。けだし、思慮は実践的であり、実践は、だが、個別的なことがらにかかわるのだからである。或るひとびとが知識を有せずしてしかも知識を有するひとびとよりも実践に役立つことがあるのもそのゆえである。それは特に経験のある人々の場合において著しい。(『倫理学』上・二三〇頁)

年少の優れた数学者はありえても、年少の「思慮ある人」がいないのは、「思慮はやはり経験にもかかわるが、個別が知られるのは経験にもとづく」からである(『倫理学』上・二三三頁)。したがって、経験を積んだ思慮ある人間の主張や見解は、それがたとえ論証を欠くものであっても、十分に注意を払うべきである。なぜなら、「彼らは経験に基づいて眼を持ち、ただしくものを見ることのできるひとびとなのだからである(8)(『倫理学』上・二三九—二四二頁)」。

しかし、ここには、さらに問われるべきことが残されている。なぜ、個別の経験を積み重ねることが、必ずしも同一ではない新たな事情において、適切な行為選択につながるのであろうか。一般論の有効性は高く評価されていないのであるから、様々な経験から共通要素を取り出して一般的な規則や手続きを定立して利用する、といった単純なことではないはずである。これについてアリストテレスは、次のように示唆している。

したがって、思慮は直知（ヌース）と対置されるのである。というのは、直知は、もはや「論拠」のありえないもろもろの「定義」にかかわるが、思慮の方は逆に、「最終的なもの」にかかわるからである。そしてこの場合、「最終的なもの」とは学問的知識の対象ではなく、知覚の対象であるが、知覚と言っても、知覚に固有の対象を知覚するのではなくて、われわれが数学において、図形分析の結果、「最終的なもの」が三角形であることを知覚する場合のようなものである。なぜなら、その方向においても、探求は停止するはずだからである。しかし、数学におけるこのはたらきはやはり知覚であって、思慮と言うべきではないだろう。

（『倫理学』京都大学学術出版会版、二七七―二七八頁）

思慮が「最終的なもの」として何らかの適切な個別具体の行為を探り当てることは、ある図形を三角形であると知覚することに類似している。三角形という知覚が「通常の知覚と別種」であるのは、この知覚が、動き・大きさ・形など「共通のもの」についての知覚であり、これらの知覚は特定の感覚器官によってではなく、〈共通感覚〉によるからである。ただし、ここでの議論はあくまでも類比であるから、三角形の知覚を思慮と呼んでよいわけではない。

実のところ、アリストテレスは、これ以上の詳細な議論は行なっていない。〈共通感覚〉へのアリストテレスの言及は、幾つかの著作で、睡眠と覚醒とか、記憶と表象とかの関連で断片的に見られるだけであり、しかも、思慮との関係については、管見の限り右の引用部分で論じられているだけである。(9) しかし、共通感覚による三角形の知覚と、思慮による個別具体の行為の把握との類比は、さらに次のように推測できるであろう。

三角形を初めて一度だけ見ても、それが三角形であるとは知覚できないであろう。様々な三角形を何度も見る中で、それが三角形という形であると知覚できるようになる。しかし、この知覚は、「その内角の和が二直角である」といった知識や定義から生ずるものではない。あくまでもそれは、個別事例の中に、三角形という形を知覚することである。同様に、思慮は、個別の状況におけるある行為が、所与の望ましい目的実現を導くことができるという、いうなれば〈型〉を有していることを捉える。この〈型〉は、共通感覚の知覚と類比的なものであって、知的論理的な定義ではない。機械的に適用できるルールでもない。個別具体の行為と〈型〉は、個別（特殊）と一般（普遍）との関係にはあるが、後者の概念的分析によって、前者の識別が可能になるわけでもない。あくまでも、個別具体の経験を積み重ねることによってはじめて、特定のこの場合には特定のこの行為が望ましい〈型〉を示しているというように把握できるようになるのである。[10]

（4）思慮の教育可能性と思慮の組織的な考察の意味

すでに指摘したように、思量は「それ以外の仕方においてあることのできるものごと」にかかわるのに対し、学問的認識は、不変の必然的な事柄を対象とするという意味で、「それ以外の仕方においてあることのできないごときものごと」を対象とする。アリストテレスによれば、このような学は、教えることができ学ぶことができる。それは、ある前提から出発して理詰めで論証を進めることのできる認識である。だから、年少者でも、数学において前提を直知すれば、そのあとは、必然的な論理をたどることで高度の認識に達しうるのである（『倫理学』上・二二〇―二二一頁、二二三頁）。[11]しかしそうであるならば、思慮はこのような意味での学ではないし、したがってそれは、少なくとも学問的認識と同じ意味では、教えることができ学ぶことができるとは言えないことになる。

とはいえ当然のことながら、アリストテレスは、倫理学や政治学の意義を否定するわけではない。倫理的に望ましい目的を実現する具体的行為を同定することは、やはり、「実践知性的な」知性のはたらきであり、実践的な真理認識である（『倫理学』上・二一八頁）。しかも、このような知的な状態である思慮は、実践的であるがゆえに個別的なものとの関連が強いとはいえ、しかし「何らかの高度の棟梁的な立場に立つ認識」は必要である。本来、思慮ある人の特徴は、全般的な仕方でどのようなものごとが「よく生きる」ということのためになるかを思量できることにある。こうした全般性・総合性を、ポリスにおいてよく生きるという観点にまで極めていくと「棟梁的な立場に立つ認識」となる。それが「政治学」である。

棟梁的な立場からの認識は、これを政治学といってよいが、それは思慮というのと同一の「状態」なのであり、ただ、両者は、その語られる観点を異にしている。

いま、「国（ポリス）に関しての思慮」という観点からこれを見るとき、棟梁的位置にあるものとしての思慮は立法にほかならないのであるが、しかし、個別にわたるものとしてのそれが、かえって政治という汎く共通的な名称を与えられている。事実また、実践的であり思量的であるのは後者なのである。というのは、「政令」というものの規定こそ、究極的・最終的なものとしての実際の行為にほかならないのだからである。

……（『倫理学』上・二三二頁）

政治学は、国に関しての思慮、すなわち政治的思慮であり、ポリス全体の観点から個別具体的な政策的判断を的確に下すことのできる知性のあり方を意味している。アリストテレスの『政治学』は、多様な政治的現実を対象として、比較政治学（比較ポリス学）的な体裁を取りながら、こうした政治的思慮から導かれる具体的判断を組織的に展開したものと言ってよいであろう。このようにしてアリストテレスは、先に政治学・倫理学の条件ないし制約として挙げた三点を踏まえて言い換えるならば、健全な善悪判断ができかつ個別具体の経験を積んだ思慮ある人々に対し、ソフィストたちの主張とプラトンの主張のいずれとも異なるものとして、ポリスの生における思慮ある判断の在り方を具体的に示そうとしていたように思われる。[12]

第二節　カントとアレントの構想力論

アリストテレスの思慮は、望ましい一般的目的と個別具体の行為とを媒介する知的資質であったが、類似の資質として構想力（想像力）に注目する考え方もある。その典型はカントであるが、構想力を政治や社会との関連で探求した興味深い例としては、アレントや三木清が挙げられる。以下では、この系列の議論に目を向けることにしよう。

（1）カントにおける構想力

すでに見たように、アリストテレスの理解によれば、思慮とは所与の状況において望ましい個別具体の行為を探り当てる知性の状態であり、個別の判断の背後に卓越した判断の「型」を持つような状態とも言えるものであったが、類似の発想が、カントの議論にも見出される。それは「図式 Schema」である。カントは、『人倫の形而上学』の末尾において、道徳的に純粋な人と腐敗した人に対してはそれぞれどのような態度が必要か、学識のある人とない人の場合はどうか等々、相手の人柄に応じた態度の取り方について、道徳はどのような指示を出すのか、という問題を取り上げている。カントは、感性的経験と実践理性の原理とを峻別するその基本姿勢から容易に予想されるように、それぞれの態度に固有の倫理的な義務づけがあるわけでないと断言する。徳論の形而上学が示すのは徳一般の義務づけだけである。にもかかわらず、カントは次のように論じている。

……純粋な義務の原理を、経験のもろもろの事例に適用することによって、その義務の原理をいわば図式化し、そして道徳的＝実践的使用がいつでもできるようにしておくことが要求されても当然である。（『人倫の形而上学』六三七頁）

要するにカントは、「図式化」の便宜的な必要は容認するのである。

「図式」についてカントが詳しく論じているのは、『純粋理性批判』の「純粋悟性概念の図式論について」と題された章においてである。たとえば、原因・結果の現象と言えるような具体的な現象を見ること（経験的感覚的直観）と、因果性という悟性概念（範疇＝カテゴリー）とは、互いに異質である。因果性というカテゴリーは、具体的現象それ自体の中に、ものがあるようにして直観されるわけではない。そこで、現象にカテゴリーを適用することを可能とする（感性と悟性とを媒介する）第三のものが必要となる。それが図式であり、図式を生み出すのが構想力（Einbildungskraft）である。構想力は、英語ではimaginationであり、したがって想像力（イメージ形成力）と言い換えることもできる。個々の様々な三角形の形像と三角形の概念とは直結せず、三角形の図式に媒介されることによって、当該の図形は三角形と認識される（個別が普遍に包摂される）わけである（『純粋理性批判』

上・二二四―二二八頁）。さらにカントは、図式を産出する構想力を、趣味判断（美的判断）の考察（『判断力批判』）において呼び戻し、趣味判断の前提となる共通感覚は、構想力と悟性との「自由な戯れ」から生ずる、と論ずることになる（『判断力批判』上・一三三頁）。

カントは、加えて、判断力の育成という点についても注目すべき指摘を行なっている。『純粋理性批判』においてカントは、所与のものを規則のもとに包摂する能力を判断力と定義するとともに、当該の規則の適用について規則を立てるという発想は、後者の規則適用についての判断力を必要とすることになり、無限後退に陥らざるをえないとして退け、続けて次のように指摘している。

してみると悟性のほうは、なるほど規則によって教えられもしまた準備されもするが、しかし判断力は一個独特の才能であって、はたから教えられるというわけにはいかない、ただ習練を必要とするだけである、ということが判る。学校教育は、乏しい知力の人にも、他人の知解から借りてきた規則をふんだんに与えてやり、いわばこれを詰めこむことはできるが、さてこれらの規則を正しく用いる能力となると、これは生徒自身のものでなければならない。……それだから医師、裁判官或いは国家（政治）学者が、それぞれ病理学、法律或いは政治に関する多くの立派な規則を知っていて、各自の分野においては造詣の深い教師にさえなり得るほどの人でも、これらの規則を適用する段になると、ややもすれば誤ちを犯すことがある。こういう仕儀に立ちいたるのは、この人達に天性の判断力が欠けていて（悟性は欠けていないにせよ）、なるほど一般的なものを抽象的に知解することはできても、しかしいちいちの事例が一般的なもののもとに具体的に包摂されるかどうかを判断できないという理由によるか、さもなければ実例と実際の仕事とによってかかる判断に

まだ十分に馴熟していないという理由によるか、二つのうちいずれかである。(『純粋理性批判』上・二一一―二一二頁)

カントの人間観察力の冴え(それは皮肉にも、しばしば、カント本人の理論体系に収まりきれない余剰として立ち現われてくるように見えるのであるが)を顕著に表わしているこの一節は、アリストテレスが思慮と経験の積み重ねとの相関性について論じたのとほぼ同様のことを、カントが判断力について考えていたことを示している。[13]

(2) アレントにおける構想力

アレントは、一九七〇年に一連の「カント政治哲学講義」を行なうとともに、「構想力」と題された短い補論的ノートを残している。「カント政治哲学講義」が、カントの『判断力批判』にカントの公的なものの概念や政治哲学を読み取ろうとするアレントの力業であったことを承けて、この補論的ノートにおいても、アレントは、構想力の政治的含意を探求している。

アレントは、「我々の認識諸能力にとっての構想力の役割は、カントが『純粋理性批判』の中で為した、恐らく最大の発見である」と評価した上で、「認識に図式を与えるのと同じ能力である構想力が、判断力に範例を与える」という要点に向かって議論を進め(「構想力」一二三頁)、次のように論じている。

範例は、それ自身のうちに概念または一般的規則を含む特殊なもの、あるいは含むと見られる特殊なものである。例えば、いかにして人はある行動を勇気あるものと判定し、評価することができるのであろうか。そうした判定を下すとき、人は一般的規則からの演繹によらずに、全く自発的に、「この男は勇気がある」と言う。ギリシア人ならば、「心の奥底で」アキレスを範例とするかもしれない。この場合にも構想力が必要となる。アキレスが現存していないことは確かであるのに、アキレスを現前させなければならないからである。……判断力は、範例が適切に選ばれるかぎりにおいて、範例的妥当性を有する。（「構想力」二二九―三〇頁）

それでは、このような構想力や範例は、アレント政治哲学においてどのような役割を果たしているのだろうか。たとえば、アレントの重視する活動的生活におけるそれらの役割はなにか、という問いが生じてきても当然であろう。ところが、実際のところ、構想力や範例が活動的生活において果たしている役割をアレントがどう考えていたかは判然としない。これについて、アレントの「カント哲学講義」を編集したベイナーは、アレントにおいて構想力や範例は、現在の活動や未来志向の実践ではなく、過去に向かう「回想的判断力」の方向で活かされていったと説明している。すなわち、ベイナーによれば、アレントは構想力や範型の意義を、「判断する注視者」が無比のエピソードを特殊でありながら普遍性を有する範型とすることで歴史の忘却から救済し、それによって人間の尊厳を回復するという点に求めていったのである（ベイナー「ハンナ・アーレントの判断作用について」（以下の注記ではタイトルを省略）一九二頁、二一〇―二一二頁、二三四頁）[14]。

アレントのこうした方向は、ベイナーによれば、アレントがアリストテレス的な思慮の概念を顧慮していないという事実と表裏をなしている（ベイナー、二〇二―二〇三頁）。それは、カントの場合も同様である。

カントの説明には明らかに次の二点が欠けていることが指摘されよう。すなわち、一方では、判断力に含まれる知識の様々な種類についての注意が欠けており、他方では、多少の程度の差はあれ、人々をして判断する資格ある者たらしめるような知的能力の特殊化――例えば、我々が思慮（prudence）の概念を連想するような判断力全次元――が欠けているということである。我々はカントの判断力についての議論のどこにも、活動する人間のもつ実践的英知の特徴と伝統的にみなされてきた諸性質、すなわち、経験・成熟・十分な習慣化といった諸性質への関係を見出すことができない。思慮は明らかにカントによって実践理性から締め出されていた。（ベイナー、二〇二頁）

道徳から感性的契機を徹底的に排除するところに人間の道徳的自由のよりどころを求めたカントにとって、経験や習慣という感性的契機をはらんだ思慮的知性を実践理性の理論枠組に引き入れることが不可能であったことははっきりしている。ベイナーはアレントの考察もまた「判断力のはるかに狭隘な（恐らくより豊かでない）概念に帰結した」（ベイナー、二一一頁）と指摘しているが、その理由は、カントの場合とは同じではない。アレントの場合には、現在と未来における活動と自由の展望が開けてこない、という切実な事情があった（ベイナー、二一三頁）。活動と自由に重きを置くが故のアレントのこのペシミズムには、深く共感できる面がある。にもかかわらず、実践の場における判断力育成の基礎に注目する本稿の関心からすれば、ここで、アレントの後ろ向きの「救済する構想力」とは別の構想力論、未来に向かおうとする構想力論に転じていかねばならない。

第三節　三木清の構想力論

三木清の『構想力の論理』は、その前半が、一九三七年から一九三八年にかけて『思想』に断続的に連載された論文「神話」、「制度」、「技術」からなり、一九三九年に『構想力の論理　第一』として公刊された。後半は、一九三九年から一九四三年にかけて、同じく『思想』に「経験」というタイトルで連載された後、一九四六年に『構想力の論理　第二』として公刊された（三木はこの公刊の前年、一九四五年九月に東京・沼袋の豊多摩刑務所で獄死している）。

ここでは、『構想力の論理』全体を包括的に考察する意図はない。ここで特に注目し強調したいのは、人間の行為・実践の根底をなすものとしての構想力について、三木がスリリングな（ときにはアクロバット的に過ぎて論理の筋道を追えないような）議論を展開しながら、思慮については全く触れていない点である。これは、アレントと共通する特徴に見える。アレントと三木には、いずれにとってもカントの構想力論が大きなヒントになっている、という共通点もある。しかし、実践や行為についての捉え方に関しては、アレントと三木との間には大きな違いがあり、三木が思慮を取り上げていない理由もそれに対応した独特のものであった。

カントの構想力論に関する三木の検討は、『構想力の論理』第四章の「経験」において詳細に展開されているが、基本的な着眼点は、『構想力の論理　第一』の公刊に際して付せられた序の中で簡潔に示されている。三木は、ロゴスとパトスのいずれに偏することもなく、両者の統一のあり方を追求するというのが自らの一貫した関心であったと述べた後に、その統一をたんに弁証法的統一として形式的に扱うことには満足できなかったとして、次のように続けている。

ロゴス的なものとパトス的なものとは弁証法的に統一されるにしても、その統一は具体的には何処に見出されるのであるか。単なる論理的構成にとどまらないその綜合は現実において何処に与えられるのであるか。この問題を追及して、私はカントが構想力に悟性と感性とを結合する機能を認めたことを想起しながら、構想力の論理に思い至ったのである。（『構想力の論理』五頁、引用に際し現代仮名遣いに変更）

ロゴスとパトス、あるいは主観と客観の統一をもたらす構想力に注目することで三木が構築しようとするのは、「行為の哲学」である。三木はこの意図を、次のように概略的に説明している。

構想力の論理によって私が考えようとするのは行為の哲学である。構想力といえば、従来殆どつねにただ芸術的活動のことのみが考えられた。また形といっても、従来殆ど全く観想の立場において考えられた。今私はその制限から解放して、構想力を行為一般に関係付ける。その場合大切なことは、行為を従来の主観主義的観念論における如く抽象的に意志のこととしてでなく、ものを作ることとして理解するということである。すべての行為は広い意味においてものを作るという、即ち制作の意味を有している。構想力の論理はそのような制作の論理である。一切の作られたものは形を具えている。行為するとはものに働き掛けてものの形を変じ（transform）て新しい形を作ることである。形は作られたものとして歴史的なものであり、歴史的に変じてゆくものである。かような形はたんに客観的なものでなく、客観的なものと主観的なものとの統一であり、イデーと実在との、存在と生成との、時間と空間の統一である。構想力の論理は歴史的な形の論理である。（『構想力の論理』六―七頁）

このような見通しに沿って、三木は、ロゴスとパトス、構想力、歴史性、身体性などの相関する観点から行為を現象学的に解明しつつ、さらに、形の生成、行為の創造性といった見地から、行為の形而上学とでも言うべきものを展開していくことになる。

三木によれば、構想力は、歴史的与件の中での人間主体による創造的行為の根底をなしている。より正確に言えば、行為に創造的なものと創造的でないものがあるというのではなく、行為は構想力の論理に従ってしか成立しないという意味で、いかなる行為も創造的なのである。こうした観点から、三木はたとえば行動主義心理学における主体の環境への適応の捉え方について、「適応は単なる環境に対する適応でなく、むしろ環境プラス生命体に対する適応であるという事実を看過している」と批判し（二七〇頁）、次のように論じている。

> 主体の環境に対する適応は適応というよりも発明である。行為の形はかかる発明に属している。行為の論理は構想力の論理であると私がいうのは、構想力によって予め行為の形を思い浮かべ、これに従って行為するという如きことを意味するのではなく、行為そのものが構想力の論理に従っているというのである。行為の形は行為そのものの中から作られてくる。経験がまさにそのことを示している。経験は検証的過程であるよりも創造であり、発明である。（『構想力の論理』二七一頁）

行為の形を作るという経験を積み重ねれば、習慣となる。したがって、習慣もまた、創造されたものである。そして、習慣は「過去の構想的回復」として、ある意味では「技術」として（一六五頁）、未来に向けた新たな行為に入り込んでくるのであり、そのような意味で、「伝統を離れて創造はなく、創造なしには伝統も伝統として生き得ない」（二七五頁）。

行為の創造性の前提としての構想力へのこうした関心は、三木が実践（プラクシス）を制作（ポイエシス）と意識的に同一視する姿勢と表裏一体をなしている。「すべての行為は広い意味においてものを作るという、即ち制作の意味を有している」という見方は、三木の構想力論において揺らぐことなく一貫している。[15]

三木は、この同一視がアリストテレスの主張と真向から対立するものであることを十分に自覚していた。『構想力の論理』の最初の部分が『思想』に発表された一九三八年に、三木は『アリストテレス』と題した解説書を公刊し、その中で、アリストテレスが実践と制作を区別していることを明確に指摘している（『アリストテレス』二二〇頁）。それにもかかわらず、三木がこの区別を受け入れなかった理由は二つ考えられる。第一の理由は、奴隷が自由市民に従属するのと並行的に、制作や制作の技術が政治的実践に従属させられている、という見方である。三木によれば、アリストテレスは、「主人は奴隷に、政治は手仕事や有用技術に、専制的に命令するのであり、かようなものとしてその技術は自己の外に存在する目的に仕えるのであって、自己目的ではない」と考えている（二三八頁）。さらに、自己目的的なものを優位におくアリストテレスの姿勢からすれば、「観想こそ最高の実践であり、かくして最高の徳と観想とが一致する」ということになる、と三木は解釈する（二三六頁、二四〇頁）。三木はこうした見地から、アリストテレスの徳の概念は、「その或る貴族主義的性格、その或る非実践的性格を認めうる」という批判的評価を下すのである（二三五頁）。

三木が実践と制作との区別を拒否したもう一つの理由は、一九二九年に発表された小論『アリストテレス』で強調されている点である。すなわち、三木によれば、アリストテレスの哲学は回顧的であり、世界がすでにできあがっているものとして受けとめられ、人間の精神活動や行為に何らかの創造性を認める余地がない（『アリストテレス』(一九二九)一〇頁、一九頁)。そうした創造性を認めることは、「キリスト教の宗教的体験の地盤において初めて十分な意味において可能になった」と三木は考えるのである。このようなアリストテレス批判は、『構想力の論理』の序においても、アリストテレスの形の論理は、形を不変と考え歴史的なものと考えていないという議論において繰り返されている(『構想力の論理』八頁)。

こうして三木は、アリストテレスの実践概念を、固定的で閉ざされた貴族主義的社会における観想的で創造性を包摂できない概念として退け、実践イコール制作(技術)という立場をとる。この立場は、次の一節に端的に示されていると言えよう。

因果論と目的論とは如何にして調和し得るかという、古来最も困難とされた哲学的問題は、技術において現実的に解決されている。しかもこれを解決するものは悟性でも意志でもなく、却って構想力である。目的論は単に因果論の逆であるのではない。技術における目的はエイドス(形相)でなければならぬ。しかもエイドスはアリストテレスの考えたように客観的に与えられたものでなく、発明家の構想力において産まれるものである。技術は創造的であり、技術によって世界は新しい形を獲得する。構想力の自由な産物が客観性を有するところに構想力の超越性が認められる。人間存在の超越性とは何ら神秘的なものでなく、彼の自由に作り出すものが全く客観的なものであるという明白な事実のうちに人間存在の超越性がある。(『構想力の論理』二二八―二二九頁)

因果論と目的論との調和という問題が、創造による超越によって「現実的に解決されている」という主張は、一見したところトマス・アクィナスを彷彿とさせるが、[16] 三木は創造を超越神と関連させているわけではない。創造をあくまでも人間主体の技術的営為として捉えている三木本人にとって、ここで言われている「解決」がどのような意味を持っていたのかについては、慎重に見極める必要がある。

三木にとって、ヘーゲル的な「理性の狡知」の論理は「解決」ではなかった。普遍的な理性の見地から各人の自由な活動の結果が合目的であるとしたり、各人の自由な活動が当事者に知られることなく世界の何らかの目的に貢献していると見たりすることは、「個体の独自性と自由を否定すること」であった（四九七頁）。

……〔ヘーゲルの〕このイデーの論理が総合的普遍の論理である限り、イデーの哲学は最も現実的な意味における自由の哲学、歴史の哲学であり得ず、真に行為的な意味における合目的性を基礎付け得ない。合目的性の概念は偶然性の概念と不可離に結び付いているのであって、そこにはいわゆる目的論的意味においても偶然的なものがあるのでなければならぬ。真に行為的に考えられた合目的性は単なる目的論ではない。かようにして私は合目的性の概念も直観的悟性の論理によってではなく、構想力の論理によって基礎付けられねばならないと考える。（四九八頁）

三木によれば、「真に行為的な意味における目的論」とは、「目的なき目的論」である。それは、闇雲な無方向ということではなく、「構想力によって産出される表象によってつねに方向付けられている」のであり、歴史の形成とはまさにそのようなものに他ならない（五〇二頁）。そのような構想力の表象は、いわば、「主観的図式」であり、それを媒介として「歴史的な形」は行為的に形成される（五〇六頁）。形成されつつある未来の図式や形を捉えるのは、「構想力の飛躍」としての直観（行為的直観）である（五〇五頁、五〇七頁）。

三木の『構想力の論理』は、この「直観」を力説することによって終結した。この終結点は、三木にとって、因果論と目的論は行為主体の側の構想力から捉えることで調和可能であることを明らかにしたという意味で、「解決」なのであろう。主体の側からの解決をこのように提示した際、三木は、行為の創造性や歴史形成の力を強調することの副作用、すなわち、行為主体の側の構想力や直観がパトスの側に偏り際限のない主観性に陥る危険に対して、いかに歯止めをかけるかという点に全く無関心だったとまでは言えないであろう。三木は、構想力に根ざした人間の行為を抽象的に孤立させずに、それが現実の歴史の場における形であり、伝統や習慣にも規定され支えられて形成される点に注意を喚起することで、客観的な具体性を与えることに配慮していたように思われる。このようにして、行為することの存在論的意味を歴史という客観的場に定位することで、行為が恣意に堕する方向を抑止しようとした三木の志向は理解できる。しかし、ここであらためて問わねばならない。本当にそれで恣意性は抑止できるのであろうか。

アリストテレスの考えでは、実践と制作は「それ以外の仕方においてあることのできるものごと」にかかわるという点で共通していた。また、実践における思慮と、制作における技術とは、有能と無能がありうるという点で同様であった。行為を制作とみなし、アリストテレス的な実践を重視しない三木の立場においても、制作としての行為に関して、主体の側に立ち、「個体の独自性と自由」を尊重するのであれば、三木自身が認めているように、行為に終始つきまとう偶然性を否定することはできないであろう。要するに、〈やってみなければわからない〉という偶然性が残る。そのような偶然性を認めるのであれば、様々な主体の選択する行為が多様となり、それらが巧拙や適否の点において異なってくることも否定できないはずである。また、場合によっては、行為の結果に対する責任すらもが問われる事態も生じうるであろう。ところが、三木にはこうしたことを自覚的主題として立てる姿勢が見られない。

行為の哲学の実践性を強調するとともに、主体の選択する行為の偶然性を認める三木の立場に、可謬性の自覚が不要であるとは到底思えない。構想力の現実への有効な適用を考える際に重要なこの論点が欠落している分だけ、三木の議論が抽象的となっていることは否めない。そうした抽象性を克服するためには、前向きの構想力により立ち現われてくる構想の可能性や有効性について、可謬性の自覚を深く持つ思慮の見地から吟味することが、必要不可欠である。[17]

結びに代えて——政治的思慮と構想力のゆくえ

これまでの議論で、アレントと三木のいずれにおいても思慮の場が与えられていないことを明らかにしたが、四大徳の一つである思慮の実践的思考や政治的思考からの排除は、アレントや三木の時代に始まったわけではなく、もう少し前にさかのぼれそうである。アダム・スミスは『道徳感情論』において、思慮を一方では個人的利益のための処世術的なものとして描いてはいるが、それとともに、偉大なる政治家や立法者の「上級の思慮superior prudence」についても強調的に取り上げている。[18] 思慮のこうした二重の意味は、アリストテレスやトマス・アクィナスも言及しており、[19] スミスがそうした伝統から特に大きくはずれていたようには思われない。思慮の意味のこうした二重性がはっきりと姿を消している端的な例は、ベンサムである。ベンサムは、『道徳および立法の諸原理序説』において、思慮を、「自分自身以外の誰も利害を持たないような部分の自己の行為」を当該個人の幸福をもたらす方向で指導する「私的倫理 private ethics」として、はっきりと限定的に定義した。[20] このような思慮の語法は、J・S・ミルにも継承されている。[21]

ただし、ミルについては、さらに指摘すべき点が残されている。ミルは思慮という語自体は個人的幸福との関連で限定的に用いたものの、彼の政治理論は思慮的な総合的判断の必要を認めている。とはいえ、彼の政治理論がそれだけで完結しなかったことも、見落とすことはできない。ミルは、政治理論において、社会や人間の歴史的変化に関する社会科学的認識の役割を重視した。その種の認識を、ミルはコールリッジやコントを参考にしつつ、「社会動学」として確立しようとした。ミルにとって政治理論は、思慮だけでなく、大きな歴史的変化についての見通し・ビジョンを必要としていたのである。[22]

たしかに、思慮は、すでに検討したように、たんに過去の個別的経験に共通するものとして定立された経験的な一般的ルールを機械的に目前の事例に適用することではなく、より複雑高度で柔軟な資質である。にもかかわらず、意外性の余地が少ない安定的静態的な社会であれば、個別具体の行為について経験の積み重ねを経た熟達の結果として「型」を識別できるようになっている思慮と、既成の経験則を機械的に適用する態度との差異は目立ちにくいであろう。そうであれば、手軽で安易な道として先例墨守がはびこることにもなりがちである。ミルが伝統的支配層のエトスに見出したのは、大きく変化しつつある社会におけるそうした先例主義の硬直性であった。だからこそ、ミルは歴史的変化についてのビジョンを与えるような理論を追求したのである。三木もまた、アリストテレスに類似の傾向を感じたがゆえに、その思慮や実践の概念を退け、構想力の論理を追求したと言えるであろう。

他方、歴史的変化の可能性を前提として創造的に構想力を働かせるという志向にも、固有の危険がはらまれている。それは、すでに示唆したように、構想力と恣意的な空想や妄想との区別の難しさから生じてくる。たしかに、構想力（imagination）が生み出すイメージには高度の統一性と一貫性があるのに対し、空想（fancy）は恣意的でランダムな連想でしかない、というコールリッジの指摘は鋭利である（コールリッジ『文学評伝』一九四頁、三木清『構想力の論理』二七六頁）。しかし、それではそうした差は、どのようにして生じてくるのか。

その一つの手掛かりは、カントの判断力論との関係で取り上げられることの多い「共通感覚」の議論である。この場合の「共通感覚」の主たる意味は、個別の感覚と区別され形や動きを知覚するアリストテレス流の「共通感覚」ではなく、共通善の認知を誘導するような何らかの意味での公共的な他者の存在を意識する感覚（場合によっては、「常識」や「良識」とも呼ばれるもの）である。[23] この公共的な他者は必ずしも実体的な存在である必要はないが、しかし、ある程度の現実性がないと、存在感あるものとして切迫してこないおそれもある。[24] 共通感覚のこうした捉え方は、共感論（シャフツベリ、ヒューム、スミス）の方向に深めていくこともできるであろうし、公共的な他者とは何かについての政治哲学的議論（ガダマー、アレント、ベイナー）ともなりえよう。さらには、無私の境地を何らかの超越的なものと関連づけて支えるような形而上学の可能性を探る企ても考えられる。いずれの方向で検討を深めるにせよ、構想力の健全で堅実な作動には、我執を超える契機が確保される必要がありそうである。

ところで、思慮と構想力は、個別的なものを対象としつつ一般的なものを個別的なものに媒介しているという点で共通している。しかし、両者が同じものの別名であるのかどうかについては、本稿では結論を留保したい。見通しとしては、いずれもがヘクシスという精神の状態であり、ハビトゥスであり、いわば心の習慣であるという観点から、実践的判断力として統合的に理解できるのではないかと考えられる。すなわち、一つの実践的判断力の中の機能分担として、図式ないし範型の形成能力である構想力が変化の方向性に関するビジョンを行為の「型」に取り込んで創造性や柔軟性の余地を与える一方で、思慮が倫理的目的や常識・良識を踏まえて、実現可能性や実効性の見地から個別具体の行為の妥当性をチェックし、必要に応じて構想（イメージ）されている「型」に修正を加えていく、といった方向である。このような方向を取ることによって、従前には予想できなかったような個別具体の斬新な選択肢の構想可能性を確保しながら、同時に、そのような選択肢がけっして恣意的とはならず高次の意味での「型」を維持する、といった実践的判断力の見方が可能にならないであろうか。ただし、以上はあくまでも見通しに過ぎず、理論的解決は今後の課題である。

最後に、冒頭に予告したことであるが、一つの常識的結論を述べることで議論を終えることにしよう。思慮や構想力は、比喩的な表現を繰り返せば、それ自体は直接的に眼に見えないものとして、眼が事物を見ることを可能にしているものである。そのような働きをする思慮や構想力という心の習慣は、理解するために自己への深い立ち返りを必要とするために、自覚的に把えることが難しい。しかし、すでに明らかにしたように、少なくともそれが知識やルールの習得それ自体によって育成強化されるものではないことは、思慮についてのアリストテレスの議論や、判断力に関するカントの議論によって裏書きされている。それはむしろ、判断それ自体を行なうことによって育成されるものであろう。そのような実践的訓練の手法や教材を開発し、訓練の環境を意識的に整えることが、市民教育や政治学教育における必須の考慮事項であると言わねばならない。さらに付言するならば、理論的探究としての政治学や政治哲学それ自体も、思慮や構想力を自覚的に駆使しながら、一般的なもの（共通善）と個別的なもの（制度や政策の構想や評価等々）との連結を経験的および哲学的に探求する営みとして、あらためて再出発することが必要であるように思われる。[25]

【注】

(1) ロバート・D・パットナム『哲学する民主主義――伝統と改革の市民的構造』。

(2)「政治哲学」という語で私が意味しようとするのは、政治を人間のより広汎で多様な営みとの関連で(いわば人間学的見地から)捉え直す反省的思考である。ただし、「政治哲学」を、今日、このような意味で用いるのは特異であるかもしれない。なぜなら、今日一般的に「政治哲学」と称される言説では、「政治」を、人間の他の様々な営みと峻別し孤立させせてその本質を捉えようとしたり、さらには、そのように他の営みからいったん切り離された「政治」が、現実において他のあらゆる営みを圧倒しうる点が強調されがちだからである。そのような見方は、あらゆる「非政治」的営みも政治性を免れない、というような議論にもつながる。この主張は一面の(月並みと言えなくもない)真理ではあるが、「非政治」が「政治」のあり方や質を規定しうるという逆の重要な一面が看過される危険もある。これについては、アリストテレスが思慮の至上視に対して発した警告――「こうした考えは、ちょうど、政治が国における万般のことがらに関して命令するというところから、「政治が神々を支配する」と考えるのにも似ている」――が当てはまるように思われてならない(『ニコマコス倫理学』上・二四八頁)。

(3) なお、これら二つについては、ロナルド・ベイナーが次のような形で言及している。「我々の研究は、政治的判断力の理論を着手するにあたり、基本的に二つの方法があることを提示する。一つの方法は、趣味の理論を介して見出される。もう一つの方法は、フロネーシスの理論(ないし思慮の理論)を通して見出される(cf. Oakeshott, 'Learning and Teaching')」(ベイナー『政治的判断力』一五五頁)。ただし、ベイナーはこの主張に続けて、アリストテレス的な思慮を予見的判断力、カント的な判断力・構想力を回想的(歴史的)判断力と特徴づけている。しかし、後述するように、構想力は、三木清の場合は明らかに未来志向的である。ベイナーの「回想的」という特徴づけは、自らのアレント解釈に引きずられているように思われる。また、思慮は、アルベルトゥス・マグヌスやトマス・アクィナスの例では、過去を想起する記憶や記憶術との関連でも論じられている(中村雄二郎『共通感覚論』、二二二―二二五頁)。

(4) 思慮を含む徳全般に関するトマス・アクィナスの議論を考察した重要文献として、稲垣良典『習慣の哲学』を参照。

なお、注（3）においてベイナーが「フロネーシスの理論」の例として言及しているオークショットは、現代において思慮を正面から論じた数少ない政治哲学者の一人であり、'Learning and Teaching' を始めとする思慮と教育に関する諸論考（*The Voice of Liberal Learning* という著書にまとめられている）は、独立して論ずるに値するものであるように思われるので、これについては、後日、別稿を著わしたいと考えている。

（5）アリストテレスは、「自分にとってのいいことがら・ためになることがらに関して立派な仕方で思量しうる」という通説的見方から出発して（『ニコマコス倫理学・上』二二三―二二四頁）、思慮が「国政にたけたひとびと」にもあてはまる語であることを示している（二二五頁）。

（6）「ヘクシス」というギリシャ語は、後に、トマス・アクィナスにおいては、habitusというラテン語に移されることになる。なお、トマスの用いているhabitusは、さらに「習慣」という現代語に訳すことも可能であるが、稲垣良典『習慣の哲学』（第一章「習慣の概念」五―二九頁）によれば、トマスの語法には、反復によって自動機制的になった行為という現代語の「習慣」の意味では尽くされない、創造性の契機やそれを支える形而上学的含意がある。

（7）アリストテレスは『政治学』第八巻の教育をめぐる議論においても、「教育は理（ことわり）より先に習慣によって、また精神よりも先に身体についてなされなければならない」と主張している（『政治学』三六六頁）。なお、身体の習慣や身体技法については、現代の倫理学や政治学ではほとんど考慮対象外になっているが、今後、探求を深めるべき領域であるように思われる。この領域における先駆的探求として、湯浅泰雄『身体――東洋的心身論の試み』を参照。

（8）アリストテレスは、加齢との関連から、思慮の深まりの「自然本性」的な要因を示唆している（『倫理学』上・二四一頁）。なお、年齢を重ねるとともに直観的判断力が高まることについて、脳科学の観点から検討した興味深い論考として、エルコノン・ゴールドバーグ『老いて賢くなる脳』を参照。ただし、ゴールドバーグによれば、知恵は加齢とともに自動的に得られるわけではなく、本人の努力も必要である（同書一五四頁）。

（9）共通感覚に言及しているアリストテレスの著作としては、『魂について』、『睡眠と覚醒について』、『記憶と想起について』があるが、いずれも数行程度の短い言及にすぎない。これらについての詳細な検討としては、西谷啓治『アリストテレス論攷』がある。なお、アリストテレス以来の共通感覚論に注目する視座の重要性について論じた重要文献として、中村雄二郎『共通感覚論』を参照。

(10) ここで言う〈型〉は、「型どおり」、「型にはまった」、「ワン・パターン」という否定的な表現で用いられる「型」とは異なった意味を持つと考えるべきである。後者の場合は、事情の相異を顧慮せず、同一の行為を単純に反復することでしかない。それはむしろ、ここで言及している高次の「型」が未だ見えていないことの証左に他ならない。他方、ここで言う〈型〉は、状況に応じて変容する行為のあり方の背後にあって、適合性・適宜性という一つ上の次元で共通して見られるものであり、眼前にある個別具体的な形の背後にあるという意味で、〈型の型〉、〈メタ・パターン〉とでも言えるものである。ここから転じて、そうした「型」の把握に熟達した精神の在り方そのものを指して、「型」のできた人、といった表現も生じてくると考えられる。

(11) ただし、このような学問的認識の捉え方については、科学的思考においても暗黙知や知的情熱などの個人的要因が重要な役割を果たしていることを強調するポラニーのような立場からは、異論のあるところであろう（マイケル・ポラニー『個人的知識』一二三―一二五頁）。

(12) ポラニーは、実践上の金言について、アリストテレスが思慮ある人々を対象として語らざるをえないとした第三の条件ないし制約を想起させる形で、次のように指摘している。「金言は技芸の優れた実際的知識をすでに保有していない者には理解できず、ましてや、適用することのできないものなのだ。」マイケル・ポラニー『個人的知識』二九頁。

(13) カントは付言して、実例が判断力を鋭利にするのに役立つと指摘している。『純粋理性批判』上・二一三頁。

(14) 三木清の構想力論と対照しつつ、アレントの構想力論をベイナーと同様に「救済する構想力」として捉えたものとして、岩崎稔「生産する構想力、救済する構想力」を参照。

(15) 実践（プラクシス）を制作（ポイエシス）と同一視する点で、三木と、三木の師であった西田幾多郎は一致している。西田幾多郎「ポイエシスとプラクシス（実践哲学序論補説）」参照。三木（および西田）とアレントとの間における制作の捉え方の相異を生じさせている根源として自然観の相異に注目し、三木の制作の捉え方が自然に対立するモデルを超えているという点を積極的に評価している研究として、今井弘道『三木清と丸山真男の間』、とくに一七一―一九〇頁を参照。なお、三木に近い制作・技術の捉え方は、人間を「存在しようというたんなるプラン・要求・設計だけを、まずおのれの存在の本領とする存在者」とするオルテガに見出すことができる（オルテガ『技術とは何か』五七頁）。

(16) 稲垣良典『習慣の哲学』、第七章「習慣と自由」参照。

(17) 三木の『構想力の論理』と遺稿『親鸞』との懸隔を批判的に強調した唐木順三は、にもかかわらず、「構想力の論理にはやがて恐らく政治哲学を展開して来るに相違ないと予想されるような芽を含んでいる」と評している（唐木順三『三木清』一四四頁）。久野収も同様に、『構想力の論理』を「政治哲学」の一つの野心的こころみ」として評価している（久野収「解説」五〇頁）。さらに、『構想力の論理』の試みが「今日のわれわれにとっても行く手を照らす松明であり続けている」といった賞賛もある（佐藤康邦『カント『判断力批判』と現代』三一〇頁）。これらの肯定的評価に私も基本的に賛同するが、ただし、政治哲学として三木の企てを後世のわれわれが継受するに際しては、構想力の可謬性という視点（そしてそのような視点から思慮を捉え直すこと）が不可欠だという留保を付す必要があると考える。この点での留保は、本稿では取り上げることはできない論点であるが、『構想力の論理』と並行して、昭和研究会に深く関与していた三木が、自身の構想力の決定的に重要な具体例として展開していた「東亜協同体論」の内在的な理解と評価にも関連するのではないかと考えられる。

(18) アダム・スミス『道徳情操論（下）』米林富男訳（未來社）、四五四頁、四六〇頁。

(19) トマス・アクィナスの思慮論については、佐々木毅「政治的思慮についての一考察」において、コンパクトで明快な整理が行なわれている（五―八頁）。トマス・アクィナス本人の議論としては、トマス・アクィナス『神学大全・第一一冊』の「第五十七問題　知的徳について」、および『神学大全・第一七冊』の「第四十七問題　思慮それ自体」から「第五十六問題　思慮に関わる諸規定について」までを参照。トマスのこれらの議論は、今日の政治思想史ではほとんど言及されないが、思慮に関する長大な考察を行なった稀少な例であろう。なお、佐々木毅「政治的思慮についての一考察」においては、個人的利益のための思慮に関するスミスの記述を個人的処世術としての思慮を示した好例としており、「上

級の思慮」への言及があることには触れられていない（注四三、三二一頁）

(20) Jeremy Bentham, *An Introduction to the Principles of Morals and Legislation*, pp. 283-284.

(21) J・S・ミル『論理学体系』第六巻、二〇七―二〇八頁。

(22) 関口正司『自由と陶冶』一五頁（注七）、四一七―四三四頁。

(23) この感覚が病的に欠損すると、ブランケンブルクの精神病理学的知見によれば、他者を顧慮し自分自身を他者に置き換えることが困難になる一方で、蓋然的に正しいもの（真実らしいもの）が識別できなくなるようである（中村雄二郎『共通感覚論』三八―四二頁）。

(24) 共通感覚や趣味から政治性・社会性を脱落させてしまったというガーダマーのカント批判（『真理と方法・I』三八頁、五八頁）は、このことに関連しているであろう。西田哲学に対する小林秀雄の批判も、中村雄二郎によれば、この点に関連している。小林の考えでは、学者たちの独善性は「健全で無遠慮な読者」を欠いていたことによる。また、西田のような本当の思想家の場合、このような「読者」を欠いていたことは、思索の対話性のない「奇怪なシステム」を作り出すことにつながってしまった、というのである（中村雄二郎『西田哲学の脱構築』一七五―一七七頁）。このエピソードは、さらに、ヒュームのことを想起させる。若きヒュームは大いなる自負を持って『人間本性論』を公刊したが、読者の反響がほとんどなかった。この失敗からヒュームは、学問の世界から社交の世界に派遣された大使としてふるまう必要を学び、エッセイを書く方向に転じたのである。ヒュームは、読者公衆（reading public）との関係をこのように自己規定することによって、『人間本性論』の共感論や道徳論を実地に実践したのだとも言えるであろう。

(25) 大学内に棲息する政治学者・政治哲学者が大学の塀の外にいったん出て、「健全な」（「無遠慮」ではないとしても）公衆と接することによって、外の視点からアカデミックな政治学全般の現状を見直す機会を持つならば、このような再出発の必要性を深く実感することになろう。そのような実感の記述例として、Bernard Crick, 'The Decline of Political Thinking' とくに pp. 173-179を参照。

【参照文献】


トマス・アクィナス『神学大全・第一一冊』稲垣良典訳（創文社、一九八〇年）。

トマス・アクィナス『神学大全・第一七冊』大鹿一正監訳、大森正樹・小沢孝訳（創文社、一九九七年）。

ハンナ・アーレント（ロナルド・ベイナー編）『カント政治哲学の講義』浜田義文監訳（法政大学出版局、一九八七年）。

アリストテレス『ニコマコス倫理学・上』高田三郎訳（岩波文庫、一九七一年）。

アリストテレス『ニコマコス倫理学』朴一功訳（京都大学学術出版会、二〇〇二年）。

アリストテレス『政治学』山本光雄訳（岩波文庫、一九六一年）。

今井弘道『三木清と丸山真男の間』（風行社、二〇〇六年）。

稲垣良典『習慣の哲学』（創文社、一九八一年）。

岩崎稔「生産する構想力、救済する構想力――ハンナ・アーレントへの一試論」、『思想』（特集・構想力）八〇七号、一九九一年、一六四―一八四頁。

オルテガ『技術とは何か』前田敬作訳（創文社、一九五五年）。

唐木順三『三木清』（筑摩書房、一九六六年）。

ハンス＝ゲオルグ・ガーダマー『真理と方法・Ⅰ』轡田収他訳（法政大学出版局、一九八六年）。

カント『人倫の形而上学』森口美都男他訳、『世界の名著・32・カント』（中央公論社、一九七二年）所収。

カント『純粋理性批判（上）』篠田英雄訳（岩波文庫、一九六一年）。

カント『判断力批判（上）』篠田英雄訳（岩波文庫、一九六四年）。

久野収「解説　三木清――その生涯と遺産」、『現代日本思想大系・33　三木清』（筑摩書房、一九六六年）。

Bernard Crick, 'The Decline of Political Thinking', in Bernard Crick, *Essays on Citizenship*, Continuum, 2000.

エルコノン・ゴールドバーグ『老いて賢くなる脳』藤井留美訳（ＮＨＫ出版、二〇〇六年）。

コウルリッジ『文学評伝』桂田利吉訳（法政大学出版局、一九七六年）。

佐々木毅「政治的思慮についての一考察——J・リプシウスを中心にして」、有賀弘・佐々木毅編『民主主義思想の源流』（東京大学出版会、一九八六年）所収、三—三二頁。

佐藤康邦『カント『判断力批判』と現代——目的論の新たな可能性を求めて』（岩波書店、二〇〇五年）。

関口正司『自由と陶冶——J・S・ミルとマス・デモクラシー』（みすず書房、一九八九年）。

中村雄二郎『共通感覚論——知の組みかえのために』（岩波書店、一九七九年）。

中村雄二郎『西田哲学の脱構築』（岩波書店、一九八七年）。

西田幾多郎「ポイエシスとプラクシス（実践哲学序論補説）」、『西田幾多郎全集』第一〇巻（岩波書店、一九六五年）所収、一二四—一七五頁。

西谷啓二『アリストテレス論攷』（弘文堂、一九四八年）。

ロバート・D・パットナム『哲学する民主主義——伝統と改革の市民的構造』河田潤一訳（NTT出版、二〇〇一年）。

ロナルド・ベイナー「ハンナ・アーレントの判断作用について」、ハンナ・アーレント『カント政治哲学の講義』所収。

ロナルド・ベイナー『政治的判断力』浜田義文監訳（法政大学出版局、一九八八年）。

Jeremy Bentham, *An Introduction to the Principles of Morals and Legislation*, The Collected Works of Jeremy Bentham, ed. by J. H. Burns and H. L. A. Hart, Athlone Press, 1970.

マイケル・ポラニー『個人的知識』長尾史郎訳（ハーベスト社、一九八五年）。

三木清『構想力の論理』、『三木清全集』第八巻（岩波書店、一九六七年）所収。

三木清『アリストテレス』（岩波講座『世界思潮』一九二九年）、『三木清全集』第九巻（岩波書店、一九六七年）所収。

三木清『アリストテレス』（『大教育家文庫』第一〇巻、一九三八年）、『三木清全集』第九巻（岩波書店、一九六七年）所収。

J・S・ミル『論理学体系』第六巻、大関将一訳（春秋社、一九五九年）。

湯浅泰雄『身体——東洋的心身論の試み』（創文社、一九七七年）。

第二章　実践知としての政治思想史——レトリック・思慮・作法

木村　俊道

はじめに

「会議は踊る、されど進まず」とは、一八一四年から翌年にかけてのウィーン会議を揶揄した言葉として一般によく知られている。たしかに、難航する会議の裏では、華やかな舞踏会や祝宴が連日のように繰り広げられていた。後世から見れば、この会議のありようは、フランス革命によって開かれた近代民主主義の歴史と相反する、旧体制の停滞と宮廷社会の堕落を示すものと思われるかもしれない。しかしながら、高坂正堯氏がかつて指摘したように、「会議が躍る」ことこそが、逆にその成功の原因だったとすれば[1]、この言葉の背景にはむしろ、現代の視点からは見失われた「統治の秘密」（Arcana Imperii）が隠されているようにも見える。言い換えれば、そこには、ヨーロッパ国際秩序の再編という困難な課題を達成可能にした、いわば政治の「型」や「わざ」の一端を見出すことができるのではないか。

以下の議論はしかし、このような、フランス革命とナポレオンに起因する危機と混乱の収拾を図ったウィーン会議の政治過程を直に分析するものではない。本稿の課題は、ヨーロッパ政治思想の歴史のなかに、古典古代から一八世紀、そしてウィーンの宮廷社会へと受け継がれたであろう、いくつかの実践知の系譜を明らかにすることにある。そして、この作業は同時にまた、二〇世紀以降の政治科学はもちろん、従来の政治思想史研究においても見逃されてきた、政治における「型」の契機を考察することを目的にしている。

もっとも、ここで言う「型」の意味は一義的ではない。[2] 本稿における「型」の用法は、一つには、政治学や政治思想の歴史においても見られる一定の思考のパターン（pattern）やタイプ（type）、スタイル（style）を指す。けれども、これに加えて、日本語の「型」には、経験と反復によって獲得された身心の恒常的な状態や、洗練された「わざ」としての語義もある。[3] この意味での「型」は、日常生活に遍在する[4]のみならず、とりわけ能や歌舞伎などの伝統芸能や、武道や茶道といった世界のなかに観察できる。そして、この場合の「型」は、もちろんまったく同義ではないにせよ、ギリシア語のヘクシス（hexis）やエートス（ethos）、ラテン語のハビトゥス（habitus）、あるいは英語のフォーム（form）とも意味が重なるであろう。

しかし、フォームとしての「型」はまた、政治という営為の成立にも不可欠な実践知であると考えられる。なぜなら、行動や思考における「型」の修得と共有は、物理的な暴力や感情の噴出を抑制し、一定の秩序を形成する（＝ダンスを続ける）ために必要とされるからである。しかも、このような「型」に関してはまた、「わざ」を継承するための模倣と実践、古典や歴史の活用といった、近代科学や合理主義の発想とは異なる教育法が重視される。だとすれば、政治における「型」の問題は、政治の実践に必要とされる教養や教育の在り方について、あるいはまた、以下で述べるような政治学や政治思想の歴史に関する再考をも促すことになろう。

これまでの政治思想史研究においては、デモクラシーや自由、あるいは国家や政府の起源などに関する、いわば近代政治原理の成立史が考察の中心とされてきた。しかし、以下で述べるレトリック・思慮・作法はそれぞれ、近代科学や合理主義によって捨象され、在来型の政治思想史においては必ずしも明示されてこなかった人文主義的な教養の所在を示している。すなわち、それらは、数量分析や一般法則や抽象的な原理には還元されない、ギリシア・ローマ以来の古典と歴史によって育まれた実践知の政治学を構成する。そして、その歴史はまた、政治的営為の実践そのものを可能にする「型」や「わざ」の継承と再生産の過程を明らかにしてくれるのではないか。以下では限られた紙幅のなかで、このような「型」（＝フォーム、実践知）をめぐる議論を、ヨーロッパ政治思想史における一つの「型」（＝パターン、タイプ、スタイル）としてごく簡単に抽出する。また、これに併せて、近代的な学問の創始者として一般に理解されるフランシス・ベイコンやジョン・ロックの議論のなかに、むしろ逆に、古典的な実践知の政治学が育まれていたことにも注目してみたい。

第一節　実践知としての政治学

政治という営為を「型」や「わざ」の観点から考察する場合、むろん、その対象は地域や時代に限定されない。しかも、政治はまた、人間の作為（art）による文明社会の実現と維持に不可欠な活動としても理解される。それゆえ、政治に関する学問はおのずと、哲学や自然科学などの他の学問分野と比べ、とりわけ実践や教育の問題を強く意識するようになる。その意味で、政治的な営為の本質を、権力闘争や利益の分配ではなく、たとえば「統治の技術」（art of government）に求めることは、改めて指摘するまでもない常識なのかもしれない。

しかしながら、政治を実践や教育、あるいは作為の観点から理解することもまた、洋の東西を問わず優れて思想的な問題であり、そこには人間観や学問観をめぐる一定の緊張と対立が常に内包されている。たとえば、フランス革命から百年後の明治二二（一八八九）年、当時駐米公使であった陸奥宗光が井上馨に宛てた書簡からは、次のような、政治における「術」と「学」との相克を看取することができる。

「抑モ政治ナル者ハ術（アート）ナリ、学（サイエンス）ニアラズ。故ニ政治ヲ行フノ人ニ巧拙（スキール）ノ別アリ。巧ミニ政治ヲ行ヒ、巧ミニ人心ヲ収攬スルハ、即チ実学実才アリテ広ク世勢ヲ練熟スル人ニ存シ、決シテ白面書生机上ノ談ノ比ニアラザルベシ。〔……〕決シテ新奇ナル（実ハ陳腐ナル）哲学主義ヨリ理解（リーズニング）シ得ベキモノニアラズ」（明治二二年三月二日）(5)。

陸奥による以上の指摘は、政治における「知」の働きが、真理や法則の解明を目的とした「哲学」や「科学」とは異なるだけでなく、時には鋭く対立することを告げている。

しかも、このような「術」と「学」とをめぐる緊張が、それにとどまらず、まさに世界観の対立を伴って顕在化したのがフランス革命の時代であった。この時、対岸のフランスにおける革命の進行を、もっとも激しく批判した人物がエドマンド・バークであったことはよく知られている。バークは、その著書『フランス革命の省察』（一七九〇年）のなかで、抽象的な原理や規則によって導かれている革命の無秩序を厳しく糾弾し、これに対する「統治の学」の要諦を以下のように提示したのである。

「一国家を構成し、刷新し、改革するための学問は、他のあらゆる経験科学同様、先験的に教えられてはなりません。〔……〕真に結構に見えた計画が、しかも実に喜ばしい始まり方を示しながら、不名誉かつ遺憾な結論に到るのは間々あることです。〔……〕だからこそ、統治の学はそれ自体極めて実践的で、また実践的目的を目指して作られたものであり、経験を――しかも如何に賢明で注意深い人といえどもその習得に一生を費やしてなお余りある程の経験すらを――必要とする問題なのです」[6]。

バークによればまた、「人間性は込み入っており、社会の目的は可能な限り最大級に複雑多岐」であった[7]。したがって、彼にとって政治とは啓蒙主義的な理性の命令や形而上学的な権利に基づくものではない。のちにも見るように、それは、歴史と経験によって培われた思慮によって保存と改善をともに目指す活動であった。

統治の技術論は、したがって、単なる実学的な発想に還元される議論ではない。それは、とりわけバークの場合、フランス革命に象徴される近代の啓蒙主義の世界観に対するラディカルな批判を意味していた。しかも、百年後の陸奥の議論に見られたように、「術」の観点からの政治の省察は以降も繰り返されることになる。

こうしたなか、二〇世紀の思想状況のなかで、とくに合理主義との対決において「実践知」（practical knowledge）の意義を改めて主張したのが、イギリスの政治哲学者マイケル・オークショットであった。彼は「政治における合理主義」（一九四七年）のなかで、近代ヨーロッパにおける合理主義者の思考様式を以下のように批判する。

「彼は、何物にも妨げられない人間「理性」が（活動させられさえすれば）、政治活動における誤りなき指針だ、と信じている。〔……〕彼にとっては受容と改革よりも破壊と創造の方が理解し易く携わり易いものとなる。繕うこと、修理すること（つまり、素材についての忍耐強い知識を必要とすることを行なうこと）を彼は、時間の無駄とみなす。そして彼は常に、そこにあるよく試された便法を利用することよりも、新たな趣向を発明することの方をよしとする。〔……〕各世代、いや実際、各政権は、自分の前に書き込みのない無限の可能性という紙が広げられているのを見なければならない。そしてもしこの白紙（tabula rasa）が伝統の支配を受けた先人達の非合理な書き物によって偶々汚されていたなら、合理主義者の最初の仕事は、それをきれいに擦り落とすことでなければならない。ヴォルテールの言ったように、良き法を得る唯一の方法は、既存の法を全て焼き払い新たに始めることである」[8]。

オークショットによれば、政治の世界は、以上のような「合理主義的処理にもっとも馴染まない世界かも知れない」[9]。なぜなら、そこには「常に伝統的なもの、状況的なもの、移りゆくものが血管のように走っている」からである。ところが、完全性を目指す合理主義者は、確実な「理性」の名のもとに原理や規則を画一的に適用し、すべてを「焼き払う」ことを厭わない。これに対して、オークショットが重視するのは「繕うこと」や「修理すること」であり、そのために必要な「実践知」であった。この実践知に関する以下の説明は、彼にとって、政治における「知」が、定式化されたマニュアル的な知識とは異なり、実践を通じてはじめて修得できる「型」や「わざ」であったことを示している。

「実践知は、教えることも学ぶこともできず、伝え（impart）、修得する（acquire）ことができるだけである。それは、実践の内にのみ存在し、それを修得する唯一の方法は、名人への弟子入りによる方法である。弟子になればそれが修得できるのは、師匠にそれが教えられるからではなく（彼はそれができない）、それを絶え間なく実践している者との継続的接触によってのみ、それを修得することができるからである」[10]。

第二節　実践知としての政治思想史

以上のように、政治という営為は、合理的なユートピアの青写真を描き、その実現を目指すものとしてではなく、「教えることも学ぶこともできない」実践知による絶えざる修復の過程としても理解される。このような政治のイメージは、オークショットが「政治教育」（一九五一年）のなかで提示した、以下のような航海の比喩を通じて語り伝えることもできよう。

「かくて政治的活動においては、人々ははてしなく底も知れない海を行くのであるが、そこには、停泊できる港もなければ、投錨するための海床もない。また、出航地点もなければ、目ざされる目的地もない。そこでの企ては、ただ船を水平に保って浮かびつづけることである。海は、友でも敵でもあり、船乗りの仕事は、行動の伝統様式という資産をうまく使いこなして、すべての敵対的状況を友好的なものへ転化することである」[11]。

しかしながら、仮に政治という営為が、荒海における船の操縦に喩えられるとしても、それに必要な実践知とは、どのようにして実際に「伝え」られ、「修得」されてきたのか。そして、この問いに対する一つの答えは、古代ギリシア以来のヨーロッパ政治思想の歴史のなかにも見出すことができるのではないか、というのが以下での本論の主旨である。

政治学はもともと、実践や教育、そして作為の問題と不可分であった。このような観点から見逃せないのが、古代ギリシアにおいて教育と教養をともに意味した「パイデイアー」（paideia）の概念である。のちのローマやルネサンスの時代において「人間的教養」（humanitas）とも解されたパイデイアーは、徳（aretē）を身に付け、「完全な人間」となることを目指すものであった。[12] しかも、以下のプラトン『法律』からの引用が示すように、この場合の「完全な人間」には、同時にまた、ポリスにおける「完全な市民」であることが求められたのである。

「わたしたちの今の議論は〔……〕徳を目ざしての子供の頃からの教育を教育と考える人びとの、教育論なのです。そのさいその徳とは、正しく支配し支配されるすべを心得た、完全な市民になろうと、求め憧れる者をつくりあげるもののことです」（643D-644A）。[13]

さらに、同じプラトンの『政治家』によればまた、政治家の持つべき知識がポリス全体に配慮する技術であることが強調される。すなわち、彼にとっての政治術は、単なる職業的な専門技術や強権的な支配の道具でもなく、「国家（ポリス）にかかわりを持つ全部のものごとについて心配してやりつつ、このうえなく完璧にこの全体をまとまった一枚の織物となるように織りあげていく知識」（305E）[14] であった。しかも、彼は「技術の力のほうが法律よりも優る」（297A）として、この政治術が画一的な規則に拘束されないことを、オークショットと同様に、航海の比喩を用いて以下のように説明する。

「また、船の舵をとる船長が、自分の船と水夫たちとの利益をたえずつぶさに注視しつつ、文字に書かれた航海規則書などを利用することによってではなく、ただ自分の持っている技術だけを活用することによって、その船の同乗者全員の生命を守ってやるようなばあいと同様なことが、われわれの政治家のばあいにも言えるのではないだろうか」(296E-297A)[15]。

他方でまた、アリストテレスは政治と実践を学問的な観点から結びつけた。周知のように、彼は学問の領域を大きく三つに区分した。すなわち、理論学と実践学と制作学である[16]。これらのうち、たとえば理論学は「それ以外の仕方ではあることのできないもの」、すなわち不変的・自然的世界を対象とし、論理学、自然学、神学、数学がそれに含まれる。これに対して、「それ以外の仕方においてありうるもの」、すなわち、可変的・人間的世界を扱うのが実践学であり、彼はここに、倫理学や家政学と並んで政治学を配置した。しかも、この実践学において導かれる知識は、必然性や厳密性に基づく理論学とは異なり、あくまでも蓋然的なものにすぎない。のちに見るように、このような実践学としての政治学に特有な知識は、思慮(フロネーシス)として理解されることになろう。

以上のような、アリストテレスにおける実践の契機の強調はまた、彼の倫理学と政治学とを内在的に結び付けることを可能にした。すなわち、彼は『ニコマコス倫理学』の末尾において、幸福や徳、愛や快楽の検討に続けて、それらを実践するための政治学の必要を以下のように訴えたのである。

「さて、以上のようなことがらや、もろもろの卓越性（徳）についての、さらにまた愛や快楽についての概説が充分になされたならば、われわれの予定は目的を達したと考えらるべきであろうか。いな。実践とか行為の領域（タ・プラクタ）にあっては、それぞれのことがらを単に観照的に考察して、それを単に知るということがではなく、むしろそれらを行なうということが究極目的なのだといえるのではなかろうか」（1179a-b）[17]。

したがって、彼によれば、政治学は「人間的な事柄に関する哲学」の「完成」（1181b）[18]を導く。しかも、よく知られているように、彼の政治学はまた、至高の共同体であるポリスにおいて「人間の善」を追究し、諸学を統括する「棟梁的」な地位を与えられるのである[19]。

以上のように、古代ギリシアの政治学は、教育や技術と不可分な実践学としての政治学であった。ところが、このような古典的な政治学の原像は、とりわけ近代以降の啓蒙主義と科学主義の趨勢のなかで次第に見失われていったように思える。しかしながら、たとえばルネサンス期イングランドの顧問官でもあったベイコンは、「善い考えは（神がそれを受け入れても）、実行に移されぬ限り、人々のためには善い夢と余り違わない」[20]として中世のスコラ哲学を批判し、実践の観点から学問を再編すべきことを主張した。あるいはまた、しばしば社会契約論や自由民主主義の起源の観点から言及されるロックが、以下で示すように、政治学を大きく二つの領域に分けて理解していたことは見逃すことはできない。

「政治は互いに異なる二つの分野を含む。一つは社会の源泉、および政治権力の起源と範囲にかかわり、もう一つは社会における人間統治の術にかかわる」[21]。

この一節が記された「ジェントルマン向けの読書と勉強にかんする考察」（一七〇三年）には、一八世紀初頭における、当時の政治エリート教育についてのロックの考えが端的に示されている[22]。彼によれば、「国への奉仕」を「固有の職務」とするジェントルマンには、「あらゆる学問対象」ではなく、統治の技術を含めた「道徳や政治的知識にかかわるのがもっともふさわしい」[23]。そのうえで彼は、たしかに一方では、「この六〇年間、われわれの間でたいそう議論されてきた」、社会や権力の起源に関する書物を推薦し、そのなかに自身の『統治二論』を含めた。しかし、ロックは他方で、「統治の技術」に関わる分野については、「経験と歴史、とくに自分の国のそれから学ぶことが最良だと考える」のである[24]。

このように、ロックにおける政治学の構想は、広く統治の技術論をも包括するものであった[25]。このことは、ギリシア以来の実践知としての政治学の継承を物語るだけでなく、社会契約論に代表される原理論に関心を集中させてきた既存の政治思想史研究が、それだけでは、少なくとも歴史研究としては不十分であることを示しているのではないか。次章では、より具体的にレトリックと思慮、作法という三つの観点から、古典古代からルネサンスを経て初期近代へと至る、「経験と歴史」に基づく人文主義的な実践知の伝統を抽出してみたい。

第三節　人文主義の政治学

（1）レトリック

古代ギリシアにおけるパイデイアーには、実は二つの系統が存在した。その一つが、厳密な学知としての哲学的・数学的な知識を目指すパイデイアーである。たとえば、プラトンの『国家』のなかで、哲人王の教育プログラムとして数と計算、幾何学、立体幾何学、天文学、音楽理論といった数学的な諸学科が準備科目として挙げられたことは、こうした傾向を示す一例である（521C-531C）[26]。しかし、このような、近代科学や合理主義とも遠く連なり、現代における哲学史叙述の大半を占めてきた合理主義的な知の系譜に対して、近年では、もう一つの「レトリック」（rhetoric）としての教養に対して大きな関心が寄せられてきた[27]。

修辞学や弁論術、あるいは雄弁とも解されるレトリックは、巧言令色といった、たんに言葉や文章を飾るための技術ではない。アリストテレスの『弁論術』[28]によれば、それは「どんな問題でもそのそれぞれについて可能な説得の方法を見つけ出す能力」（1355b）とされ、具体的な審議や法廷、演説の場において発揮される実践的な「わざ」であった。古代ギリシアにおいて、このレトリックは、一方でソクラテスやプラトンからの厳しい批判を浴びながらも、たとえばゴルギアスやイソクラテスによって教授され、ソフィストたちによって活用される[29]。むろん、レトリックの実践にあたっては、普遍的な知識とは異なり、説得する相手や状況に応じた臨機応変な判断が求められる。しかし、それはまた、言語を操ることによって動物と区別される人間が、相互の会話や討論などを通じてポリスの市民生活を営み、人間性を獲得するためにも不可欠とされた教養であった。

しかも、このレトリックはその後、プラトン的な学知とは対照的に、古代ローマにおける「人間的教養」のエッセンスとして広く受容されることになる。さらに、中世における自由学芸の一部門を経て、ルネサンス期においては、文法・詩・歴史・道徳哲学とともに「人文学」（studia humanitatis）を構成する中心的な教養として位置付けられる。そして、古典古代を模範とした人文主義と総称される知的運動のなかで、レトリックの復興という面から重要なモデルとなったのが、ローマの執政官キケロであった。

のちにルソーは、『学問芸術論』のなかでキケロを「雄弁の王者」と呼び、「おそらく最大の哲学者」ベイコンとともに、政治の実践と学問とを結びつけた偉大な人物として称賛した。[30] キケロは実際に、たとえば「カティリーナ弾劾演説」に見られるように、雄弁を武器として、当時の元老院や法廷を舞台に華々しく活躍した。しかも、彼によれば「われわれはただ自分のためだけに生れたのではない」（1:7）。[31] それゆえに彼は、カエサルの登場を契機とした共和政の終焉を目の当たりにしながら、『国家について』や『義務について』のなかで、「レス・プブリカ」の理念や「祖国」に対する義務を繰り返し説いたのである。

キケロはまた、活動的生活においてレトリックを駆使するだけでなく、『発想論』や『弁論家について』をはじめとする著作を通じて修辞学の復権を図った。それゆえにキケロは、たとえば『発想論』において修辞学の型をまとめ、それを「発想」「配置」「修辞」「記憶」「発声」の五つの構成要素に分類した（1:9）。[32] また、『弁論家について』では、ソクラテスにおいて「詞藻を凝らして語る知識」と「英知をもって思考する知識」との、いわば「舌と心の乖離」が始まったと厳しく批判し、プラトンとは正反対にテミストクレス、ペリクレス、ゴルギアス、トラシュマコス、イソクラテスといった弁論家を称賛する（3:59-61）。[33] キケロにとって、雄弁家とは「あらゆる類の言論、あらゆる人間的教養〔humanitatis〕において完璧な者」（1:35）[34] なのであり、したがって哲学とレトリックを兼ね備えた「学識ある弁論家」（3:143）こそが彼の理想であった。[35] しかも、以下の二つの引用が示すように、こうした言論のゆえにこそ、人間は「真の人間性」を獲得し、「文化的な生活」を営むことが可能になったのである。

「どうだろう、私的な閑暇にあっていかなる点でも粗雑さのない聡明な談話ほど、心地よいもの、いや、真の人間性〔humanitas〕に固有のものが他にあるだろうか。というのも、互いに言葉を交わし、感じたこと、思ったことを言論によって表現できるという、まさにその一点こそ、われわれ人間が獣にまさる最大の点だからである」(1:32)。

「言論の例の最大の功績に話を移すなら、これ以外のどんな力が、ばらばらに暮らしていた人間を一個所に集住させ、獣的で野蛮な生活から今のような人間的で文化的な生活へと導き、市民共同体ができあがってのちは、さまざまな法律や裁判(制度)、あるいは市民法に表現を与えて実体化できたというのであろう」(1:33)[36]。

したがって、キケロにとってレトリックはまた、当然のようにして「市民生活に関わる政治学の一部」(『発想論』1:6) であった。彼によれば、「多くの都市が建設されたのも、大多数の戦争が終結したのも、緊密な同盟が締結され、固い友情が結ばれたのも、理性ばかりでなく弁論の成果でもあった」(1:1) のである[37]。さらに彼は、「弁論で武装した市民」が「祖国」のために発揮する、このようなレトリックの卓越性を以下のように強調した。

「国政の最重要事に関して助言を与えるさい、威厳を伴いつつ見解を表明するのも弁論家の役割である。やはり憔悴した国民を奮起させるのも、また、暴走する国民を制止するのも、やはり弁論家の役目である。弁論家の能力によってこそ人々の欺瞞行為は撲滅され、高潔な人々は冤罪から救出される。彼以上に烈々として人々を徳行へと督励できる者が誰かいようか。彼以上に峻烈に人々の悪徳を制止できる者が誰かいようか。彼にもまして峻厳に悪人を糾弾し、彼にもまして詩藻を凝らして善人を賛美できる者が誰かいようか。彼以上に痛烈な非難を浴びせて人々の欲望を粉砕できる者が誰かいようか。彼以上に優しく人々の悲しみを和らげられる者が誰かいようか」（『弁論家について』2:35）[38]。

以上のような、キケロを模範とするレトリックの伝統は、ルネサンス期以降のヨーロッパの文明社会のなかで再生産されてゆく[39]。こうしたなか、たとえば『学問の進歩』（一六〇五年）において諸学の現状を診断したベイコンは、レトリックを「見事な学問であり、また見事なまでに上手に仕上げられている」と高く評価した。彼によれば、雄弁は「活動的生活において有用である」。なぜなら、雄弁による説得は、理性と想像力とを結び付け、「感情による絶えざる暴動と反乱」を抑制するからである。それゆえ、彼にとってもまた、レトリックは政治学の一部であり、プラトンによる弁論術の批判は「はなはだ不当」であると見なされたのである[40]。

このようなベイコンの証言は、ロックの統治技術論と同様に、従来の政治思想史叙述のリヴィジョンを迫る一つの象徴的な事例とも言えよう。なぜなら、ルソーによって「おそらく最大の哲学者」とも評されたベイコンはこれまで、デカルトとともに、近代の啓蒙主義や合理主義の創始者として一般に理解されてきたからである。ところが、先にも触れたように、ベイコンは一方で、国王の顧問官として政治と学問の世界を結び付け、たとえば同時代人から「あらゆる善き学問を身に付けた」「卓越した雄弁のマスター」とも呼ばれた人物であった。[41] そして、このベイコンに加えてロックもまた、「ジェントルマン向けの読書と勉強にかんする考察」において、「話術」(art of speaking)の重要性を強調する。彼によれば、このような技術を獲得するために必要な、「人間が用いる言語において最大の明瞭性と適宜性を伴って書かれたと認められる書物」として挙げられるのが、まさに『弁論家について』をはじめとするキケロの諸作品であったのである。[42]

(2) 政治的思慮

以上のように、古典古代のパイデイアーや人間的教養に由来するレトリックは、ベイコンやロックまでをも広く含む、ヨーロッパ文明社会における一つの伝統的な「わざ」であった。人文主義の政治学にはさらに、このようなレトリックの展開を一方で支えた、近代の啓蒙主義や合理主義とは対照的な学問観や知識観、あるいは政治的な知の所在を見出すことができる。このような観点から見逃せないのが、先に言及した「思慮」(prudence)の概念である。この思慮もまた、レトリックと同様に、とくに二〇世紀後半以降に近代的な知の問い直しが進められるなかで、判断力や構想力、共通感覚といった他の関連する主題とともに注目を浴びてきた。[43] カントを一つの基点として、現代ではガダマーやアレント、あるいは三木清らによって展開された構想力の哲学については、本書の関口論文のなかで改めて考察が加えられている。[44]

もっとも、思慮の概念は一方で、むしろ歴史との内在的な関連において理解されるものであり、なによりもまず、古代ギリシア以来のヨーロッパ政治思想の歴史のなかで育まれた伝統的な主題であった。その起源はやはりアリストテレスに求められ、彼は『ニコマコス倫理学』第六巻において、思慮を「それ以外の仕方においてあることのできるもの」、すなわち可変的な事柄に関する知識（「フロネーシス」）として説明する。したがって、思慮はまた、たとえば必然的な事柄を対象とする不変的な学知（「エピステーメー」）とは異なり、普遍と個別を媒介しつつ、「人間的な諸般の善に関して」適切な判断を下すための実践知、もしくは「ことわりを具えて真を失わない実践可能の状態〔hexis〕」なのである（1140b）[45]。言い換えれば、このような思慮とは、人間的な事柄を扱う実践学に関わる知的徳なのであり、彼によれば、まさにポリスに関する思慮こそが政治学なのであった。

「棟梁的な立場からの認識は、これを政治学といってよいが、それは思慮というのと同一の「状態」〔hexis〕なのであり、ただ、両者は、その語られる観点を異にしている」（1141b）[46]。

したがって、棟梁的な観点から「人間の善」を目的とする彼の実践知としての政治学は、一方で常に蓋然的であり、「おおよそのことがらを、おおよその出発点から論じて、同じくおおよその帰結に到達しうるならば」、「それをもって満足しなければならない」（1094b）[47]。

古代ギリシア以降、この思慮は、正義や勇気、節度から構成される枢要徳の一つとしても理解された[48]。たとえば、中世の神学者トマス・アクィナスは、一方でアリストテレスの枠組みを受容しながら、思慮を「為すべきことがらについての正しい理性」と定義し、「善く生きるために必要不可欠な徳」として位置付ける[49]。さらに、ルネサンス期に入ると、古典古代の復興と世俗社会の活性化のなかで、徳論における思慮の地位の上昇が見られるようになる[50]。こうしたなか、思慮の概念を中心として、実践知としての政治学を再生させた人物の一人がオランダの人文主義者リプシウスである。

同時代に広く読まれたリプシウスの『政治学』（一五八九年）によれば、思慮は「公的な事柄、および私的な事柄において何を避け、何を目指すべきかに関する判断および選択」[51]であった。もっとも、この思慮の内容を定式化することは困難である。それゆえに彼はまた、とりわけ統治の場面においては、思慮による判断はむしろ情況に応じて柔軟に変化すべきであることを、かつてキケロが「バルブス弁護」で用いた以下のような船の比喩を用いて説明する。

「わたしは、コモンウェルスという荒れ狂う嵐のなかで、船乗りのように情況を見定める人物が、一貫性が欠けるがゆえに非難されるべきとは考えない。なぜなら、針路は一定に保ちながらも、決まり切った一つの経路に固執することのない人物は、真に先見があり賢明であるからである。それゆえに彼は、変節ではなくむしろ適応に優れ、あるいは目的に相応しく物事を進めたと評価されるべきである」[52]。

彼にとって、このような政治的思慮は、統治に不可欠な「羅針盤」[53]であり、「思慮がなければ統治は脆く壊れやすいのみならず、敢えて言えば、無きが如きもの」なのである。

ただし、ここで問題となるのは、このような思慮を伝授し、あるいは身に付けるための手段や方法である。流動的な現実に適応するための思慮は、普遍的な原理や原則、あるいは画一的なマニュアルには還元されえない。そして、このような準則化できない思慮を伝達するために重要視されたのが「経験と歴史」であった。リプシウスによれば、とくに歴史は「思慮の生みの親」であり、経験と比べて「より安全で確実」であるだけでなく、政治生活を営むにあたって「もっとも必要」とされた[54]。事実、彼の『政治学』のなかには、タキトゥスをはじめとする歴史書や、アリストテレスやキケロなどの古典からの数多くの引用やアフォリズムが散りばめられている。

　思慮は歴史によって育まれる。同時にまた、思慮の概念は、一方でアリストテレスやアクィナスが前提とした目的論的世界観の揺らぎに直面しながらも、以降のヨーロッパ政治思想史のなかで再生産されることになる。そして、とくにルネサンス期の政治論は、リプシウスに加えて、マキァヴェッリの『君主論』（一五三二年）や『リウィウス論』（一五三一年）、あるいはベイコンの『政治道徳論集』（一五九七、一六一二、一六二五年）に典型的に示されるように(55)、古典や歴史から導き出された政治的思慮の実例に満ちていたのである。ベイコンによれば、政治学（civil knowledge）は「もっとも具体的で、準則化するのにもっとも困難な主題にかかわる」。しかし、「マキァヴェッリが賢明かつ適切に選択した形式」である「歴史や実例をもとにした叙述」は、「仕事の処理という移り変わりやすい主題にもっとも適している」。なぜなら、「個々の事件から生き生きとそれを目の当たりに見て引き出された知識」や、あるいは「実例に従った議論」の方が、「実践にはるかによく役立つ」からである(56)。

　マキァヴェッリやベイコンと同様に、ロックもまた思慮の概念を受容した。彼によれば、「永遠の真理」に関する知識とは異なり、「人間の多様で未知なる気質や利害や能力」に依拠する「政治や思慮」は「論証可能ではない」。したがって、政治の運営には、歴史的事実のなかに「蓋然的な理由」や「作用と結果における類似」を見つけ出すことが大きな助けとなる(57)。こうして、先にも述べたように、統治の技術における「経験と歴史」の重要性を指摘した彼は、なかでも自国のイングランド史から学ぶことを「最良」とする。彼はここでまた、歴史に精通するための書物の一冊としてベイコンの『ヘンリ七世治世史』を挙げているが、このことは、両者による人文主義的な政治論の共有を示す一例であろう(58)。

　さらに、以下におけるヴィーコとバークからの引用は、このような思慮の議論が、啓蒙主義の時代である一八世紀にも広く浸透していたことを物語っている[59]。

「まず、政治生活における思慮に関して言えば、人間に関することがらを支配しているのは機会と選択といういずれも不確実きわまりないものであり、また、たいがいは見せかけと包み隠しというきわめて欺瞞に満ちたものがそれらを導いているので、もっぱら真理のみに気を配っていると、人間に関することがらにおいてはそれらを実現してゆくための手段を獲得することがむずかしくなり、目的についてはなおさら達成が困難になる。〔……〕人間たちの行為はこの知性の硬直したまっすぐの定規によって裁断することはできないのであり、まっすぐな自分に物体を合わせさせるのではなく、でこぼこの物体に自分のほうを合わせてゆく、あのレスボスの柔軟な定規によって検査されなければならないのである」(ヴィーコ『学問の方法』一七〇九年[60])。

「そもそも道徳的もしくは政治的な主題については、いかなる普遍的な命題も合理的には成立しない。純粋な形而上学的抽象はこれらの分野に属さない。道徳の線は数学における理念上の線とは別であり、それは長さばかりでなく幅と深みを有する。それは例外を許容し、補正を要求する。これらの例外や補正は、論理学の手続きでなく思慮の規則によって行なわれる。思慮こそは、単に政治的および道徳的な諸徳性の階梯の最高に位置するのみならず、これらの徳性すべてを調整し誘導する物指しに他ならない。形而上学は定義なしには存立できないが、思慮は定義を下すのに慎重である」(バーク「新ウィッグから旧ウィッグへの上訴」一七九一年[61])。

（3）文明の作法

さて、以上のようなレトリックや思慮とともに、初期近代ヨーロッパの政治エリートが修得すべき実践知とされたのが「作法」であった。作法とはここで、礼儀や行儀、所作やマナーなどの定型化された身体の動作や状態を広く意味するが、これに相当する英語としては、たとえばcourtesy, civility, politeness, manners, あるいはgood-breedingやdecencyなどが挙げられる。なかでも、courtesy, civility, politenessがそれぞれ宮廷、都市、ポリスを語源とすることに端的に示されるように、作法と政治は密接な関連を有していた。しかも、civilityは同時にまた、野蛮に対する文明や洗練を意味する言葉であり、作法の修得と共有はいわば文明化の指標でもあったのである。(62)

文明の作法は、中世の騎士道に代わって、ルネサンス期以降のヨーロッパの宮廷を中心に発達したが、とくに政治エリート教育の観点から見逃せないのが「作法書」（courtesy book）の存在である。なかでも、イタリアの宮廷都市ウルビーノを舞台としたカスティリオーネの『宮廷人』は、ヨーロッパ各地で翻訳されて広く流通した。(63)この『宮廷人』の主題の一つは、宮廷における振舞いの作法であり、そこではレトリックや思慮と同様に、情況や相手に応じて態度を柔軟に変化させることが不可欠とされる。すなわち、「完全な宮廷人」は、「何を行ない、何を言うか、どこでそれをするか、だれの前でするか、いつするかを十分に吟味し、年齢、職業、その目的、目的成就の手段」を「熟慮する」ことが必要なのである。しかも、宮廷人には、「その動作、身のこなし、態度、要するにすべての行動」に「気品」（gratia）や「さりげなさ」（sprezzatura）が求められる。彼によれば、これらは「技巧が表にあらわれないようにして、なんの苦もなく、あたかも考えもせず言動がなされたように見せる」、「技とは見えぬ真の技」なのである。(64)

この『宮廷人』に代表される作法書の古典として見逃せないのが、実はキケロの『義務について』である。この『義務について』の第一巻には、祖国に対する義務や活動的生活の実践とともに、「適正」（decorum）に関する議論が展開されている。ここで適正とは、調和や均整が保たれた思慮ある言動や態度を指す。彼によれば、適正は「人間の卓越さ」に適ったものであり、「一定の寛大な風貌とともにあらわれる節度と自制を保持しつつ、おのずから自然と調和するところの態度」（1:96）や、「理性によって行動し英知をもって言葉を用い、何を行っても思慮を忘れず、あらゆる事柄において何が真かを見定めてそれを守ること」（94）を意味した。さらに、この適正はまた、具体的な動作の形としても現れる。すなわち、「目つきや眉のひそめ方、悲しみや喜び、笑い、ものの言い方、黙り方、声の高低」（146）などの、日常的な「あらゆる行為、あらゆる言葉、あらゆる身体的な動きや状態」における「形のよさ、次第のよさ、行動に適った品のよさ」（126）にも適正は見出せるのである。(65)

キケロは『義務について』のなかで、この適正の原理から、共同社会を成立させるための人間の義務や会話の作法を導き出した。彼によれば、適正は「作中人物の言動」が「役割」（persona）に適していることに喩えられる（1:97）。したがって、各人の義務はまさに、「各人それぞれ最も特有のもの」や「それぞれの役割、事態、世代」に応じて「自分にもっとも適した芝居」を選択することに存するのである（114, 125）。さらにまた、他者との会話においては、「穏やかで強情にならず」、「優美さ」が備わるようにし、「あたかも自分の縄張りに来たかのように他人を押しのけてはならない」ことが求められる。言い換えれば、会話における適正を保つには、理性に服さない「精神の過度の動き」を避け、「怒り」や「欲望」や「無関心」を表に出さず、むしろ会話の相手に「敬愛の念を示すことを忘れてはならない」ことが重要なのである（134-6）。(66)

政治の実践には、他者と交際し、共存するための作法が不可欠である。カスティリオーネの『宮廷人』やキケロの『義務について』によって説かれた「気品」や「さりげなさ」、あるいは「適正」な役割や会話の実践は、政治における「真の技」であった。それゆえ、のちにベイコンはまた、『学問の進歩』において、彼の政治学のなかに「社交」(conversation)の部門を含めたのである。彼によれば、社交の知識は統治にも影響を与えるがゆえに「ないがしろにしてはならない」。なぜなら、キケロのアフォリズムにもあるように「戸を開いていても顔つきを閉ざしていては役に立たない」からである。もっとも、ベイコンは一方で、この交際の知恵については「これまで見事に扱われている」と判断して、多くを語ってはいない[67]。しかし、このことは逆に、ルネサンス期における作法書やキケロの作品の流通を媒介とした文明の作法の浸透を物語っていよう。

この文明の作法はまた、ロックの時代にも再生産された。たとえば、彼の『教育に関する考察』(1693)のなかでは実際に、ジェントルマンにおける「行儀の良さ」(good-breeding)や「礼儀正しさ」(civility)の必要が説かれている。彼によれば、ジェントルマンは「よく洗練された人」(well-fashioned)であり、かつ「礼儀正しい人」(civil)であることが求められる。前者は外面的な行為に関わり、「その外見、声、言葉、動作、身振りおよび交際に当って人をひきつけ、そしてわれわれの話相手をくつろがせ、充分喜ばせるような外的態度全体に品位があり、優雅であること」を指す。これに対して、「心の内的な礼儀正しさ」(internal civility)としての後者は、「あらゆる人びとに対する善意と尊敬の念であって、それによって、人びとに対する軽蔑、非礼あるいは無視を態度で示さないようにし、その国の流行の風習と方法に従って、その人たちの身分、地位に応じて、尊敬と敬意を表わすように気をつけること」を意味したのである[68]。

さらにまた、第四代チェスターフィールド伯の『息子への手紙』(一七七四年)は、このような作法論を含めた人文主義的な政治教育論の、一八世紀イギリスにおける集大成とも言える作品であった。たとえば彼は、ジェントルマン予備軍である彼の息子（のちにはまた、遠縁の継承者）に対して、キケロの『義務について』を引用しながら、適正（decency）を「適切な事柄を適切な場所において行なうこと」と説明し、それが「人生におけるもっとも重要な点の一つ」であることを繰り返し主張する（1739. 7.24）[69]。彼によればまた、「マナー〔manner〕がすべてである」。それゆえ、議会演説や外交交渉において「相手を喜ばし、説得し、魅了し、抑えつける」には、マナーや雄弁の方が、「科学アカデミーや王立協会、そして二つの大学を合わせたすべての学問よりも」（1751. 3.18）遥かに有用なのである[70]。

人文主義の政治学は、このような作法を通じて身体化される。そのための方法として重視されるのはやはり、規則ではなく実践や経験である。たとえば、同時代におけるグランド・ツアーの習慣は一方で、各国の宮廷社会を巡りながら作法を洗練させ、ヨーロッパ水準の政治エリートを養成することを目的としていた[71]。さらに、このような観点から見逃せないのが、歴史や古典、外国語などの学習とともに、フェンシングや乗馬、あるいは音楽などの実技が要求されていたことである。よく知られているように、このような政治教育における体育や音楽の必要は、プラトンやアリストテレスによっても説かれている。たとえばプラトンは、『国家』のなかで、守護者に「気品」を備えさせるための「リズムと調べ」が重要であることを次のように述べた。

「音楽・文芸による教育は、決定的に重要なのではないか。なぜならば、リズムと調べというものは、何にもまして魂の内奥へと深くしみこんで行き、何にもまして力づよく魂をつかむものなのであって、人が正しく育てられる場合には、気品ある優美さをもたらしてその人を気品ある人間に形づくり、そうでない場合には反対の人間にするのだから」（401D）[72]。

こうしたなか、とりわけ初期近代のヨーロッパ宮廷社会に不可欠とされたのはダンスであった。たとえば、チェスターフィールドによれば、「ダンスを上手く踊ることとは、上手に座り、立ち上がり、歩くために絶対に必要」であった（1751. 5.16）。[73] さらに、このダンスはまた、動作の形を上品に整えるだけでなく、他者と交際し、共存するための「こつ」や「わざ」を教える。カスティリオーネによれば、ダンスが必要なのは「大勢の人びとのいる前で、しかも沢山集まる場所では、優雅で軽快で柔軟な身のこなしでもって、抑制された気品といったものを維持しなければならないから」である。[74] あるいはまた、ロックも同様に、マナーズ（manners）の修得を論じるなかで、「ダンスほど多くの子供たちに相応しい自信と振舞いを与え、したがって年上の人たちと社交ができるほど、子供たちを精神的に成長させるものは外にないように思われます」と述べた。[75]

ダンスの効用は、身のこなしを洗練させ、社交を成立させるだけにとどまらない。それはまさに、思慮を体で覚え、政治的な秩序や調和を保つためにも不可欠であった。たとえば、以下で引用するトマス・エリオットの『統治者論』（一五三一年）は、ジェントルマン教育論の古典であるが、そこでは数章に亘って、ダンスの動作が思慮の導きとなることが指摘されている。

「私は、身体を鍛えるための、あらゆる誠実な余暇の使い方のなかで、ダンスは優れて役に立つことを指摘してきた。というのも、ダンスにはギリシア人が諸徳や優れた資質のイデアとまさしく呼ぶところの素晴らしい雛型〔figure〕が内に含まれているからである。とりわけ、思慮と呼ばれる包括的な徳がそうであるが、キケロはそれを二つの事柄に関する知識、すなわち、望ましくて見習うべき事柄と、身を避けて回避すべき事柄についての知識と定義した。アリストテレスはまた、思慮を諸徳の母と名付けた」。[76]

おわりに

以上のような実践知としての政治思想史を踏まえると、「会議は踊る、されど進まず」という聞き慣れた言葉の印象は変わってくる。各国の利害が複雑に絡んだウィーン会議において、ダンスを踊り続けることは、交渉の決裂を回避し、時間をかけてヨーロッパ国際秩序の再編を実現可能にするために必要な、いわば政治的な「わざ」であったのではないか。事実、この言葉を発した老リーニュ侯はまた、各国の要人や名士との交遊関係を有する、まさにヨーロッパの社交界を代表する人物の一人でもあった(77)。

初期近代ヨーロッパの政治学の系譜には、古典古代以来の、レトリック・思慮・作法を主題とした人文主義的な実践知の「型」（＝パターン、タイプ、スタイル）を見出すことができる。いずれも、人間的な事柄を対象とし、変化する情況に応じて他者を説得し、適切な判断を下し、その場に相応しい態度をとるための、政治における基本的な「型」（＝フォーム）であった。それはまた、画一的な原理や規則ではなく、実践や経験、あるいは歴史やダンスによって修得される「わざ」であった。

同時代の政治エリート教育は、実際に、ギリシア・ローマの古典や歴史書、そして各種の技芸を通じて、このような政治の「型」を身に付けることを基本としていた。このことは同時にまた、政治学がそもそも、古典や歴史と切り離せない実践知の学問であったことを示している。しかも、ベイコンやロックを含め、人文主義の政治学が広く共有されていたことは、ヨーロッパ政治思想の歴史が、近代科学や合理主義、あるいはデモクラシーの発展史へと単純に還元され得ない、重層的な知的基盤を有していたことを物語っている。

このように考えると、現代という「型なし」の時代における、政治思想史という学問分野の意義が改めて見えてくる。政治的な営為はそもそも、実践や教育と不可分であった。そして、実践知としての政治思想の歴史には、このような政治の記憶が刻まれている。日本語の「稽古」には「古を考えて今に生かす」という意味がある。だとすれば、現代における政治学の稽古には、政治思想史を通じた実践知の涵養が、これまで以上に求められるのではないか。

※　本稿は、二〇〇四年度後期に開講された九州大学二一世紀プログラム課題提示科目「新しい知識観・学習観から社会を見る」の木村担当分の講義（一二月八日）、九州大学大学院法学府演習・政治学史研究第一における報告（一二月七日）、およびその後の研究成果を加味した九州大学政治哲学リサーチコア第一八回総会（二〇〇八年一〇月二七日）での報告を基にしている。講義や報告の機会を与えていただいた施光恒先生、関口正司先生、そして拙い授業や報告に付き合っていただいた学生・院生・リサーチコアのメンバーの皆様に、それぞれ感謝申し上げたい。

なお、引用に関しては、邦訳がある場合はそれを参照したが適宜修正を加えた。引用文中の〔　〕は木村による挿入である。

【注】

（1）高坂正堯『古典外交の成熟と崩壊』中央公論社、一九七八年、第三章（『高坂正堯著作集』第六巻、五百旗頭真他編、都市出版、二〇〇〇年所収）。

（2）「型」を主題とした重要な研究として、源了圓『型』創文社、一九八九年。同「型と日本文化」、同編『型と日本文化』創文社、一九九二年所収、五―六八頁。

（3）生田久美子『「わざ」から知る』東京大学出版会、一九八七年。

（4）たとえば、福間祐爾「形・かた・型」、福岡市博物館常設展示室（部門別）解説二六二、二〇〇五年。

（5）萩原延壽『陸奥宗光（上）』朝日新聞社、一九九七年、二九頁。

（6）Edmund Burke, *Reflections on the Revolution in France*, in L. G. Mitchell (ed.), *The Writings and Speeches of Edmund Burke*, vol. VIII (Oxford: Clarendon Press, 1998), pp. 111-112（半澤孝麿訳『フランス革命の省察』みすず書房、一九七八年、七八頁）.

（7）*Ibid.*, p. 112（七九頁）.

（8）Michael Oakeshott, *Rationalism in Politics and Other Essays* (1962; Indianapolis: Liberty Fund, 1991), pp. 8-9（嶋津格、森村進他訳『政治における合理主義』勁草書房、一九八八年、四―六頁）.

（9）*Ibid.*, p. 7（四頁）.

（10）*Ibid.*, p. 15（一一頁）.

（11）*Ibid.*, p. 60（一四七頁）.

（12）廣川洋一『ギリシア人の教育――教養とは何か』岩波新書、一九九〇年。

（13）プラトン『法律（上）』森進一他訳、岩波文庫、一九九三年、六九―七〇頁。

（14）プラトン『ポリティコス（政治家）』（水野有庸訳『プラトン全集3』岩波書店、一九七六年）、三五九頁。

（15）同、三二六頁。

（16）アリストテレス『形而上学（上）』出隆訳、岩波文庫、一九五九年、第六巻第一章。

（17）アリストテレス『ニコマコス倫理学（下）』高田三郎訳、岩波文庫、一九七三年、一八三頁。

（18）同、一九二頁。

（19）アリストテレス『ニコマコス倫理学（上）』高田三郎訳、岩波文庫、一九七一年、一七頁。

（20）Francis Bacon, *The Essayes or Counsels, Civill and Morall*, in *The Oxford Francis Bacon*, vol. 15 (ed.), Michael

Kiernan（1985; Oxford: Clarendon Press, 2000）, p. 34（渡辺義雄訳『ベーコン随想集』岩波文庫、一九八三年、五五頁）. なお、顧問官としてのベイコンの政治学に関しては、木村俊道『顧問官の政治学——フランシス・ベイコンとルネサンス期イングランド』木鐸社、二〇〇三年。

（21）John Locke, 'Some Thoughts Concerning Reading and Study for a Gentleman', in idem, *Political Essays*,（ed.）, Mark Goldie（Cambridge; Cambridge U. P., 1997）, p. 351（山田園子・吉村伸夫訳『ロック政治論集』法政大学出版局、二〇〇七年、三三一頁）.

（22）この論考は、Roger Clavelというドーセット州のジェントルマンのために書かれたとされる。J. M. Axtell（ed.）, *The Educational Writings of John Locke*（Cambridge: Cambridge U. P., 1968）, p. 397.

（23）Locke, 'Some Thoughts Concerning Reading and Study for a Gentleman', pp. 349-350（三三〇頁）. ロックはまた、ピーターバラ伯爵夫人宛書簡の草稿のなかで、「わたしは、真の政治学を道徳哲学の一部として考えるが、それは、社会のなかで人々を正しく導き、近隣との関係において共同体を支える技術に他ならない」とも書き記している。しかも、彼によれば、政治学の勉強を始めるには「アリストテレスがおそらく最善」であり、その後に、「政治社会の基礎や形態、もしくはそれらを支配する技術」に関する同時代の統治論に移ることが薦められている。Axtell（ed.）, *The Educational Writings of John Locke*, pp. 395-6.

（24）Locke, 'Some Thoughts Concerning Reading and Study for a Gentleman', p. 352（三三一—三三三頁）.

（25）このような観点からロック解釈のリヴィジョンを試みた研究として、中神由美子『実践としての政治、アートとしての政治——ジョン・ロック政治思想の再構成』創文社、二〇〇三年。

（26）プラトン『国家（下）』藤沢令夫訳、岩波文庫、一九七九年、一一二—一四〇頁。

（27）政治思想史の分野においても、たとえば放送大学の教材に「政治とレトリック」の章が設けられたことは、このような傾向を示す例といえよう。川出良枝・山岡龍一『改訂版西洋政治思想史——視座と論点』放送大学教育振興会、二〇〇五年、第一〇章。

(28) アリストテレス『弁論術』戸塚七郎訳、岩波文庫、一九九二年、三一頁。
(29) 廣川洋一『イソクラテスの修辞学校』岩波書店、一九八四年。
(30) ルソー『学問芸術論』前川貞次郎訳、岩波文庫、一九六八年、五二頁。
(31) キケロー『義務について』泉井久之助訳、岩波文庫、一九六一年、一九頁。
(32) キケロー『発想論』(片山英男訳『キケロー選集6』岩波書店、二〇〇〇年)、一〇頁。
(33) キケロー『弁論家について(下)』大西英文訳、岩波文庫、二〇〇五年、一四四―一四六頁。
(34) キケロー『弁論家について(上)』大西英文訳、岩波文庫、二〇〇五年、二八頁。
(35) キケロー『弁論家について(下)』、二〇〇頁。
(36) キケロー『弁論家について(上)』、二六―二七頁。
(37) キケロー『発想論』、八、二頁。
(38) キケロー『弁論家について(上)』、一八九頁。
(39) 政治思想史の分野における研究例として、Quentin Skinner, *Reason and Rhetoric in the Philosophy of Hobbes* (Cambridge: Cambridge U. P., 1996). また、邦語文献として、菊池理夫『ユートピアの政治学――レトリック・トピカ・魔術』新曜社、一九八七年。宇羽野明子「モンテーニュとレトリックの伝統――人文主義の「寛容」への一視座」『政治思想研究』第一号(二〇〇一年)、七七―九四頁。
(40) Bacon, *The Advancement of Learning*, in *The Oxford Francis Bacon*, vol. 4 (ed.), Michael Kiernan (Oxford: Clarendon Press, 2000), pp. 127-129 (服部英次郎・多田英次訳『学問の進歩』岩波文庫、一九七四年、二四八―二五三頁).
(41) Henry Peacham, *The Compleat Gentleman* (London, 1622; Amsterdam: Da Capo Press, 1968), p. 53.
(42) Locke, 'Some Thoughts Concerning Reading and Study for a Gentleman', pp. 350-351 (三三一頁). なお、ロックはまた、人間性や情念に対する洞察を深めるための書物として、アリストテレスの『弁論術』第二巻を推薦している(p. 354; 邦訳三三五頁)。

(43) このような傾向の八〇年代における概観として、たとえば、R. J. Bernstein, *Beyond Objectivism and Relativism: Science, Hermeneutics and Praxis* (University of Pennsylvania Press, 1983)(丸山高司他訳『科学・解釈学・実践――客観主義と相対主義を超えて(I・II)』岩波書店、一九九〇年)・藤原保信『政治理論のパラダイム転換――世界観と政治』岩波書店、一九八五年。なおまた、実践学としての政治学の試みとして、佐々木毅『政治学講義』東京大学出版会、一九九九年。

(44) 関口正司「政治的判断における「型」について」、本書第一章。

(45) アリストテレス『ニコマコス倫理学(上)』、二二四、二二六頁。

(46) 同、二三一頁。

(47) 同、一八頁。

(48) 木村「徳」、古賀敬太編『政治概念の歴史的展開』第三巻、晃洋書房、二〇〇九年刊行予定。

(49) トマス・アクィナス『神学大全(第一一冊)』、稲垣良典訳、創文社、一九八〇年、一五九(I-II, q. 57, a. 4)、一六三(q. 57, a. 5)頁。

(50) 佐々木毅「政治的思慮についての一考察――J・リプシウスを中心にして」、有賀弘・佐々木毅編『民主主義思想の源流』、東京大学出版会、一九八六年所収、三―三一頁。塚田富治『カメレオン精神の誕生――徳の政治からマキアヴェリズムへ』、平凡社、一九九一年。

(51) Lipsius, *Politicorum sive Civilis Doctrinae Libri Sex* (1589). 翻訳は同時代の英訳版に基づいている。Lipsius, *Sixe Bookes of Politickes or Civil Doctrine* (London, 1594; Amsterdam: Da Capo Press, 1970), p. 11.

(52) Lipsius, *Sixe Bookes of Politickes or Civil Doctrine*, pp. 47-48. Cf. キケロー「バルブス弁護」(宮城徳也訳『キケロー選集2』岩波書店、二〇〇〇年)、二三七頁。

(53) *Ibid.*, p. 41.

(54) *Ibid.*, pp. 13-14.
(55) ベイコンの政治学を思慮の観点から理解した研究として、木村『顧問官の政治学』第二章第二節。
(56) Bacon, *The Advancement of Learning*, pp. 156, 162（三〇五、三一七頁）.
(57) Locke, 'Knowledge B', in idem, *Political Essays*, p. 282（二一二頁）. 中神『実践としての政治、アートとしての政治』はまた、ロックの政治学を思慮の観点から分析する。
(58) Locke, 'Some Thoughts Concerning Reading and Study for a Gentleman', pp. 352-353（三三二、三三五頁）.
(59) もっとも、思慮の概念は一方で、私的な利益を追求する処世術的な意味に矮小化されていく。しかし、一九世紀においても、たとえばJ・S・ミルが「政治的思慮の復権につながるような領域に入り込んでいること」を指摘した論文として、関口正司「功利主義と政治的思慮――J・S・ミル『代議政治論』を手掛かりに」『政治研究』（九州大学政治研究会）第四六号（一九九九年）、一―一三頁。
(60) ヴィーコ『学問の方法』上村忠男・佐々木力訳、岩波文庫、一九八七年、五七―五八頁。引用は二頁。
(61) Burke, 'An Appeal from the New to the Old Whigs', in idem, *The Works of the Right Honorable Edmund Burke*, vol. 3 (London, 1855), p. 16（中野好之編訳『バーク政治経済論集――保守主義の精神』法政大学出版局、二〇〇〇年、五九三―五九四頁）. 思慮の観点を踏まえてバークの政治思想を歴史内在的に叙述した研究として、岸本広司『バーク政治思想の展開』御茶の水書房、二〇〇〇年。
(62) この「文明の作法」に関するより詳しい概観として、木村「初期近代ブリテンにおける「作法」の政治学 1528-1774」『法政研究』（九州大学法政学会）第七三巻第四号（二〇〇七年）、六五一―六八三頁。
(63) Peter Burke, *The Fortunes of the Courtier* (Cambridge: Polity Press, 1995).
(64) カスティリオーネ『カスティリオーネ宮廷人』（清水純一他訳、東海大学出版会、一九八七年）、二〇五、八五、九一頁。
(65) キケロー『義務について』、五五、五四、八〇、七〇頁。

(66) 同、五五、六四、六九、七四―七五頁。

(67) Bacon, *The Advancement of Learning*, pp. 157-158（三〇六―三〇八頁）.

(68) Locke, *Some Thoughts Concerning Education*,（eds.）, J. W. and J. S. Yolton（Cambridge: Cambridge U. P., 1989）, p. 200（服部知文訳『教育に関する考察』岩波文庫、一九六七年、二二三―二二四頁）. ロックの civility 論については、辻康夫「ジョン・ロックの政治思想（一―五・完）——近代的諸価値の意義と脆弱性」『国家学会雑誌』第一〇六巻、五四―一〇六、六三五―六八四、八〇八―八六二頁（一九九三年）、第一〇七巻、七〇六―七六五頁（一九九四年）、第一〇八巻三六二―四一八頁（一九九五年）。中神『実践としての政治、アートとしての政治』第三部第二章。同「J・ロックにおけるプライドと市民社会（文明社会）——『教育に関する考察』を中心として」、日本政治学会編『国家と社会——統合と連帯の政治学』（年報政治学 2008-I）木鐸社、二〇〇八年所収、二六三―二八二頁。

(69) Chesterfield, *The Letters of Philip Dormer Stanhope 4 th Earl of Chesterfield*, vol. 2（ed.）, Bonamy Dobrée（King's Printers, 1932）, p. 367.

(70) Chesterfield, *The Letters of Philip Dormer Stanhope 4 th Earl of Chesterfield*, vol. 4, p. 1700.

(71) 木村「初期近代ブリテンにおける「作法」の政治学」、第三章。

(72) プラトン『国家（上）』藤沢令夫訳、岩波文庫、一九七九年、二一八頁。

(73) Chesterfield, *The Letters of Philip Dormer Stanhope 4 th Earl of Chesterfield*, vol. 4, p. 1732.

(74) カスティリオーネ『カスティリオーネ宮廷人』、二二三頁。ただし、六二二頁。

(75) Locke, *Some Thoughts Concerning Education*, pp. 124, 252（八四、三一〇頁）. もっとも、ロックの教育論には一方で、たとえば音楽やフェンシング、大陸旅行に対する評価が低いなど、ジェントルマン教育の内実に関わる重要な変化が見られることは、やはり無視できない。

(76) Thomas Elyot, *The Boke Named the Governour*,（ed.）, D. W. Rude（New York: Garland Publishing, 1992）, p. 94. ダンス論は chs. 19-25.

(77) 高坂『古典外交の成熟と崩壊』、一五九―一六〇頁。幅健志『帝都ウィーンと列国会議』講談社学術文庫、二〇〇〇年、二六八―二七二頁。

第三章　個・全体・〈型〉――ジンメルとカッシーラーを手がかりに

鏑木　政彦

はじめに

世紀転換期のロンドンに留学し、モダニズムの文化や思想にふれて帰った夏目漱石（一八六七―一九一六）は、一九一一（明治四四）年、「中味と形式」という講演を行い、生活や文明のあり方を中味と形式という視点から眺めて、明治の時代にふさわしい「型」の必要を説いた。この講演で漱石は「中味」を表現するための外形一般を「形式」とよんだが、特に行為動作――歌や舞踊だけでなく、教育や政治の交渉など実生活における行為全般――の形式には「型」という言葉をあて、次のように述べる。

「型を手本に与えて置いてその中に精神を打ち込んで働けない法はない。とこういう人があるかも知れない。けれどもこういう場合にはこの型なり形式なりの盛られるべき実質、即ち音楽でいえば声、芝居でいえば手足などだが、これらの実質は何時も一様に働き得る、いわば変化のないものと見ての話であります。もし形式の中に盛られる内容の性質に変化を来すならば、昔の型が今日の型として行わるべきはずのものではない、昔の譜が今日に通用して行くはずはないのであります」(1)。

中味が変われば、それを盛るための器である形式や型も変わらざるをえない。もしそれを変えないならば、かえって弊害が生まれる。漱石は、とりわけ教育と政治を名指しして、時勢の移りゆきを踏まえた新しい型の形成を通して、弊害に対処する道が必要であると説いた。

右の講演で漱石は本格的に「型」論を展開したわけではないが、それにふれることによって近代における生の問題を的確に捉えていたことを示している。それは、「真理において没落しないために、われわれは芸術をもっている」というニーチェの言葉に通じる問題である。ニーチェは、自然的な仮象の世界に対して超自然的な真理の世界が優位を占めるプラトニズム的な二元論を、仮象の復権を通して克服しようとした。『悲劇の誕生』(一八七二)は、認識衝動に動かされるソクラテス文化に現代文化の混迷と衰退の因を求め、人間が生存を続けるためには悲劇的文化の再生が、さらにはドイツ神話の再生が必要であるとした。漱石の物言いはもっと穏やかであるが、問題の本質は共通している。西洋からの圧力によって外発的な開化を余儀なくされた明治日本の混迷に対して、漱石は新しい生活の中味に適った型という仮象の改造を主張しているのである。

ところで、近代における分裂した生・混迷した文化を、新しい型や形式つまり美的・感性論的(aesthetic)な仮象・形象によって統合しようとする動向は、漱石やニーチェに限定されるものではなく、一九世紀末から二〇世紀初頭にかけてのモダニズムという名で呼ばれた芸術運動にも共通するものであった(2)。漱石の講演は、この歴史的運動の日本における現れの一つとみることができるように思われる。[3]

本論は、論集の共通課題である「型」を、モダニズムにみられるような、美的な形象を通した個と全体を媒介するものとして捉えたい。そして、漱石もその一部を担ったモダニズムの哲学的運動、とりわけカント、ジンメル、カッシーラーという近代ドイツの思想的系譜の解釈を通しながら、「型」の政治哲学的考察を行いたいと思う。それにより本論は、近代における「型」の困難と可能性の叙述を試みようとするものである。

第一節　近代における〈型〉と〈形式〉——カントに即して

型と形式が個と全体との媒介であるというのは、個の生活を全体の秩序のもとにおいて可能とし、全体の秩序を個の生活を素材として成り立たせるのが、型と形式だということである。媒介を調和と言い換えると、媒介における闘争や対立のニュアンスが消え去るので、ここでは使用しない。このように理解したうえで、論述の混乱を避けるため、ここでは型と形式の意味をそれぞれ独自に整理する。本論では、個と全体の媒介における個の側の模範的態勢に型の言葉をあて、媒介における全体の側の規範的構成に形式の言葉をあてる（以下、この意味での型、形式を〈型〉、〈形式〉と表記する）。例えば弓道や剣道において、初心者が身に着けなければならない洗練された振る舞い方は〈型〉、そのような型によって社会的な次元において実現する礼法や慣習は〈形式〉である。〈型〉は礼法などの〈形式〉に準ずるものであり、両者は相互依存的である。この用法を、漱石にならって、技芸に限定せず政治や教育の領域にも拡張しよう。すると、〈型〉は、社会的な〈形式〉の枠組みに準じて洗練された個々人の身体的行為の振る舞い方であり、エートスやハビトゥスという言葉と重なってくる。他方、〈形式〉

は、個々人の〈型〉に枠組みを与える作法や慣習、〈型〉に則った行為や振る舞いによって成り立つ秩序や制度を意味する。このような〈型〉と〈形式〉を通じて、個と全体とは繋がれるのである。

　国家的祭礼だけでなく、日本の武芸にもみられるように、〈形式〉と〈型〉は伝統的に神話や宗教と緊密な繋がりを示してきた。ヤメの整理によれば、[4]（一）文字のない時代、人間は生存の不安を儀礼的行為によって補償した。そこで使用される言葉や像、行為などの儀礼体系、つまり〈型〉や〈形式〉を、ヤメは「神話的なもの」とよぶ。この段階では、神話的なものの語り手としての詩人が集合的記憶を占有し、教育を支配した。（二）文字が出現し文化が高度化するに伴って、いっそう緊張の高まった社会的危機を補償したのが、「神話」である。農耕が行われるようになるこの段階では、それに伴って自然からの搾取という観念が生まれたが、「神話」はこの欠乏体験の危機を補償し、広い範囲にわたって再生儀礼が行われるようになった。（三）それまで孤立していた地域が外部との接触を通じて緊張を高める「枢軸時代」には、「神話文学」が創造された。「神話」は口頭で伝達されるものから、文字によって伝承されるものとなり、宗教的・祭祀的連関から切り離されて、美的なものとして自立しはじめる。ギリシアでみればホメロスがこの段階にあたる。

　ヤメの整理ははるか古代のことでしかないように見えるが、しかし、これらは重層的に展開し、現代においてもそれぞれの要素が社会のなかに残ったり、あるいは人間の生存の不安や欠乏体験を補償する別の形に変わったりしているように思われる。すなわち、人間集団は太古より不安や危機を補償する行為の体系を、何らかの〈型〉や〈形式〉の形で「文化的記憶」として保持し、その継承と反復を通じて集団的アイデンティティを形成し、文化的連続性を保ってきたと考えられる。

　集団的アイデンティティや文化的連続性とは、媒介された個と全体にほかならない。ところが、ヤメの第三段階で述べられているように、すでに「枢軸時代」において、古代の神話的一体性から分化の過程ははじまっていた。古代ギリシアにおけるピュシスとノモスの分化が世界像の変革を導いたように、神話の分化は個と全体の媒介様式を大きく変える。例えば、無文字段階における神話的儀礼と枢軸時代におけるポリスの共同体的儀礼とでは、同じ〈型〉といっても集団的アイデンティティの保証に対する関わりは大きく異なる。後者は前者の有していた儀礼による統合力を失い、かわりにアゴラにおける演説や論争がそれを補償することになる。そして、理性の自律性が認められた現代では、市民の〈型〉と集団的アイデンティティの〈形式〉は、神話的儀礼や宗教的信条から切り離されて問われるようになっている。ここでは、古代にはじまった神話的一体性からの分化過程がひとまず現代的な形式をとるにいたった一つの画期として、認識の普遍性と道徳の自律性を主張したカントを〈型〉の観点からみておこう。

よく知られているように、カントは『純粋理性批判』において普遍的な認識の自律性を基礎づけるとともに、普遍的な認識の可能な範囲を確定した。すなわち、感性を通じて獲得される素材は、悟性の普遍的な形式とアプリオリなカテゴリーによって対象として構成されるが、このようにして獲得される認識は、普遍的な悟性の形式によって自らの自律性を根拠づけるとともに、この認識の及ぶ範囲を感性の及ぶ現象界に限定することになる。このような理論哲学における理性の形式主義は、実践哲学でも貫かれる。道徳性が感性的欲求にではなく道徳法則に由来する義務にのみ認められることによって道徳的意志の自律性が確立され、それとともに道徳的実践の領域の限界が確定されるのである。

このようにカント哲学は、個別的な感性的直観や主観的な行為の格率（個）を、理性の形式によって、普遍的な認識と道徳（全体）へと媒介しているのである。本論の整理に即して言えば、神話的儀礼などの形で行われてきた個と全体を媒介する〈型〉は、いわば理性に内在化されたのである。しかもこの形式的な理性は、〈型〉の社会的作法としての〈形式〉に厳しく対立し、ただ自分自身に対してのみ責任を負うために、〈型〉の身体性の占めるべき場所は見失われたかにみえる。

　ところがカント哲学は、このような解釈のみで済ますことのできない深みをもっている。それはとりわけ『判断力批判』において示された美的判断力の有する意義に基づいている。判断力は理性（実践理性と理論理性）と悟性の中間にある能力とされるが、特に実践理性と悟性の中間において趣味判断の機能を担う「美的判断力」では、形象の把捉にあたる構想力（Einbildungskraft）に重要な地位が与えられる。

　美的判断力における構想力の意義をみるために、『実践理性批判』の中の実践的判断力における構想力の位置を確認しておこう。そもそも判断力とは、現実の多様性（個）と法則（普遍）との関係づけを担当する能力である。認識では現実の多様性が直観を通じて現れるが、この感性的直観は、構想力の手続きである図式化によって、悟性のカテゴリーに媒介される。つまり、認識における感性的直観は生の素材なのではなく、すでに構想力によって形式化が施されているのである。これに対して、行為における感性は、自律的意志と対立する個別的な感性的衝動や傾向性、つまり他律の源泉として理解される。そこで、個別の感性的契機と普遍的な道徳法則をつなぐものとして「純粋実践的判断力の範型」がおかれるのだが、媒介者たる範型は悟性の能力によって設定されるため[5]、そこにおける構想力の働きは不明瞭なままである。実践的判断力の範型論は感性的な次元を上手く取り込んでいるようには見えないのである。

　これに対して『判断力批判』では構想力の意義が積極的に論じられている。悟性と共に認識能力として位置づけられる構想力は、趣味判断の模範となる「理念」を、その個別存在者の表象である「理想」を表出する能力によって捉える。[6] その際、構想力は「共通感覚（sensus communis）」[7]と協働することにより、単なる主観的な想像を越えたある種の普遍的な、しかしたんに概念的ではなく形象的でもある理想を手に入れることができるとみなされるのである。[8]

〈型〉論の帰趨はここにかかっている。一方では『純粋理性批判』（特に第二版）と『実践理性批判』における理性の形式を重視して、あくまで概念的な普遍的思考によって、個と全体の媒介を模索するという方向性がある。他方では『判断力批判』を重視して、第一批判と第二批判とをその中に位置づけ直し、身体的・感性的な多様を一つの形象にとりまとめる構想力を通して個と全体の媒介を追求するという方向性がある。

身体的動作を含む〈型〉論は基本的に後者の方向性に入るだろう。〈型〉論は、個と全体との媒介を、たんなる概念的な思量によってではなく、何らかの具体的な行為の模範や礼法を通して実現すると考えるからである。そのような具体的な形が必要なのは、人間が身体を有する存在であるからにほかならないが、身体を有するということの意味は多様である。本論は以下において、カントの業績を踏まえながら、身体を有する人間における個と全体の媒介という課題をそれぞれ独自に追究したジンメルとカッシーラーを考察したい。

第二節　ジンメルのカント解釈とモダニズム

漱石よりも九歳年長になるゲオルク・ジンメル（Georg Simmel 一八五八－一九一八）は、モダニズムを思想的に表現した哲学者・社会学者であるが、[9] その思想の中核を形成するに影響したのはそのカント研究である。ジンメルのベルリン大学におけるカント講義をまとめた『カント』から、ジンメルのカント理解を確認しておこう。[10]

ジンメルは、世界を自我の表象作用（Vorstellen）とみなす点にカント哲学の核心を求め、ここにカント哲学の意義の深みと限界があるとした。まず、カント哲学の意義の深みとは何か。それは、カント認識論の循環にある。すなわち、カントにおいて認識は、アプリオリな規範に従うから真であるとされつつ、他方でこの規範は、それによって規制されている科学（モデルとしてのニュートン力学）が疑い得ないものとして妥当しているから妥当するとされる。ジンメルによれば、このように「たがいに保証し合う正当化以外にその作業を正当化してくれるものがなくても、やむをえないのである」。なぜなら、このような循環を回避するために、例えばアプリオリな規範の神的源泉のようなものを想定するならば、かえって神秘の迷妄に逆戻りしてしまうからである。この科学的な知の自立的な循環構造によって、「科学の領域を自己完結的統一体として扱い、この領域以外の法廷への控訴を免じた」カントの哲学を、ジンメルは「主知主義（Intellektualismus）」と特徴づける。[11]

では、カント哲学の限界とは何か。それは、人間の生の多様な経験が、科学的経験に統合されてしまったことである。道徳に関してカントは、その領域を心理学的な領域からも認識の領域からも切り離して、道徳的自律の領域を確保するのだが、いったん確保されたこの領域における判断基準、つまり道徳的行為と非道徳的行為の識別基準は、実生活からは切り離された「論理的無矛盾性」[12]に求められる。カントの限界は、このような倫理的規範の生活からの切断、つまり経験の主知主義的矮小化に求められる。

『カント』講義から拾い出した以上の二つの契機は、ジンメルの近代理解のポイントでもある。近代という時代の特性は、一言でいえば世界像の主知主義化であり、これは一方で、普遍的な理性にもとづいた自立的な世界像の確立を、他方で、科学的経験をもとにした一元的世界像による多様な生の狭隘化を、意味するのである。

ところで、このようなカント的な世界像の自立化を文学・芸術の領域へと拡張し、生の狭隘化に対抗したのが、一九世紀末葉から二〇世紀初頭にかけて起こったモダニズムであった。モダニズム運動の特質とは、先行する形式によって飼い慣らされた感覚に覚醒をもたらす表現を志向し、見慣れたもの・ありふれたものではない何かを表現しようとする点にある。たとえばモダニズムのモットーの一つとなった「芸術のための芸術」とは、芸術の道徳的使命を信ずる旧世代に対するモダニストの反発の表現であると同時に、芸術家は自らにのみ責任を負うという精神を言い表したものである。[13] 芸術は宗教や道徳から切り離され、それ独自の領域として自立し、それ故に芸術家は、自らの法則にのみ忠実となることが可能となる。批評家のクレメント・グリーンバーグは、このようなモダニズムの自己批判的傾向の原型はカントの批判哲学にあるとし、カントをもってモダニストの嚆矢とみなしている。[14]

実は、ジンメルにとってもカントは芸術的モダニストの哲学的先駆であった。逆に言えば、ジンメルはモダニズムの経験を通してカントを解釈しているのである。それは、ジンメルの『カント』講義・全一六回のうち一回しか割り当てられていないカント美学に関する叙述から明らかである。ジンメルは『判断力批判』について「おそらくは彼の天才のもっとも輝かしい痕跡をとどめているもの」とし、「この著作は、現代の美的意識の最上のものを先取りするような美的享受の究極的諸問題についての反省をふくんでいる」[15]と評する。カントは美を感性的な快から切り離し、実在性に対する関心を伴わない快適さとして形式に局限したが、このようなカントの原理は、ジンメルによれば、「〈芸術作品は芸術作品たるかぎり、その意味をけっして――たとえ部分的にであろうと――芸術以外のものから借りてきてはならない〉という、現代の純粋芸術の考え方を先取りしていた」[16]のである。ただしこのようなカントの美的確信は、「美的対象への彼の事実的な関係からではなく、美しいものという概念を、感覚的に快適なものとか、真なるもの、倫理的に言って善いものと実に厳密に区別しようとする学問的な知性の要求からただ間接的に得られた」[17]のであり、この意味では『判断力批判』の議論も、主知主義から倫理的なものの自立化を導いた『実践理性批判』と並行している。しかしジンメルにとって『判断力批判』がいっそう重要なのは、そこにおける趣味判断の仮説が「彼［カント］が放棄する気のない近代的人間の個別的主観性と、それに劣らず彼が必要としている万人の超個人的な共通性とを、美的領域の内部で融和させようとする深遠な試みの最初のもの」[18]だからである。

ジンメルは『判断力批判』の可能性、つまり先述したカントと〈型〉論の関わりにおける第二の可能性に気づいていた、といえよう。しかしながら、ジンメルにとって『判断力批判』は結局は偉大なトルソーにすぎなかったようである。そもそも『カント』講義において『判断力批判』は一回しか論じられなかったのであるが、その他のところでもジンメルは専ら第一批判と第二批判の「主知主義者」カントにしかふれないのである。理由はおそらく、『カント』の最終第一六講義にもあるように、カントの一八世紀的個人観に限界を感じていたためである。ジンメルによれば、カントの道徳的人格は「普遍的人間」と称すべきものであり、一九世紀が提起しているところの「差異をもちその特性によって特殊化された人格」[19]、言い換えれば「個性的人間」が欠落しているのである。このためにジンメルは、『判断力批判』の可能性をカント解釈においてではなく、「普遍的人間」と「個性的人間」とを媒介する自身の社会学的美学において追究していったのだと思われる。

第三節　社会学的美学と文化の悲劇

ジンメルが『判断力批判』の可能性を独自の社会学的美学によって展開しようとした背景には、すでにふれたように近代社会における個人に関する社会学的洞察があった。

最初の社会学的著作である『社会分化論』（一八九〇）の第三章「集団の拡大と個性の発達」でジンメルは、狭い圏域における義務は第三者に対するものとして明瞭に意識されるが、より広範な社会圏に対する義務は、具体的な第三者にではなく自己に対する義務として現れるという。カントの道徳的自律は、この広範な社会圏という歴史的な条件において生じた道徳学説なのである。一定の強制が繰り返し幅広い方面から加えられたものが、習慣となり、衝動となる。自律的な個人が感じる自己に対する義務とは、このように広範な社会圏からの強制力が内面化したものであって[20]、この点からみるならば、カントの道徳的義務や人格は、社会的諸関係の関数ということになる。

ところで、広範な集団と個人とに分かたれた社会は、社会が必要とする多種多様な機能を実現するために分化する。社会の機能分化は、個人の意識の分化をも伴い、それだけいっそう社会の統合も自我の確保も複雑な営みとなっていくが、このような負担を補償する社会化の形式が「摸倣」である。社会分化の諸形式のなかで分断された大衆は、しらずしらずのうちに周囲に起こる出来事を摸倣する。「しばしばわれわれはある音曲を聞いて、まったく無意識にか半ば無意識にそれを合わせて歌い、ある生き生きとした活動をみては、自分の体をしばしばきわめて奇妙な仕方でそれに合わせる」[21]。ジンメルはこのような人間の摸倣行為を、葛藤を調整し相互理解をうながす主要な手段として解釈し、もっとも頻繁に摸倣を促すものを「行為の規範」[22]とみなす。このように、近代の分化社会において個人の倫理的行為を実際に導き、個と全体との調和を促すのは美的・感性的なものなのである。

ジンメルは、美的形象についての洞察力溢れる数々のエセーを残しているが、そこでも美的なものを通じた全体と個の媒介が主題となっている。[23]その中の一つ「社会学的美学」(一八九六)[24]のなかでジンメルは、美的な形象であるシンメトリーが社会形態に対して有する意義を論じ、本来は実用のためのものである社会形態のシンメトリックな造形は、徐々にその目的を美的なものへと移行させるという。例えば、専制的支配のシンメトリーの形態は効率的な支配という実用的な目的のためのものであるが、シンメトリーの形態が美的な機能を発揮するにともない、その形態は実用性から離れて、美的な意味をもつにいたり、その魅力によって人々を吸引するようになっていく。他方、自由主義的な国家では、専制的支配と親和性をもつシンメトリーとは反対の非対称性が好まれる。しかしながら、非対称性もまたシンメトリーとは異なった意味において美的な意義を有するのであり、それが体制に人々を吸引する力となるという。シンメトリーの有する美が、個々を一つの全体のなかに有意味なる仕方で位置づける理想を表現するのに対して、非対称性の有する美は、個々を独立させることで全体の内的生命を表現する。このようにジンメルは、社会的形態すなわち〈形式〉の美的・感性的特質に、個と全体とを関係づける機能を見て取っている。

しかし、以上の美的なものの媒介機能の解明にも関わらず、ジンメルを支配したのは文化に対するペシミズムであった。晩年の『生の直観』(一九一八)においてジンメルは、生を「より多くの生」と「生以上のもの」という二つの定義で表されるダイナミクスと捉え、[25]ダイナミックな生が生み出すスタティックな文化の形式は、生から取り残されて形骸化し、生と形式とは必然的に離反するとした。生と形式のこの葛藤をジンメルは「文化の悲劇」とよぶ。[26]生と形式が調和するとすれば、それは形式が生そのものの流動を生き抜くことにおいて可能であろうが、しかし形式にはそのようなダイナミズムはない。形式が生のダイナミズムと一致しうるとすれば、それは平時の文化形式ではなく、非常時の特殊な形式においてでしかないであろう。[27]

ジンメルの社会学的美学は、なぜに文化の悲劇を乗り越えることができないのであろうか。本論はこの問題について十分な解答を与える準備はないが、フリスビーの解釈にもとづいてひとまず見通しを獲得しておくならば、[28] やはりそれには美的に獲得される全体性の問題が関わっているように思われる。ジンメルにおいて形式は、生の形式、つまり、生によって生み出されるものである。しかし、生み出された形式は、流動的な生の全体性を部分的に実現するものでしかない。この点に、形式と生の葛藤が由来する。この葛藤を収めるには、生の全体性の獲得を諦め、諸形式の認識に満足していればよい。しかし、ジンメルは生の全体性を手放そうとはしなかった。流動的な生の全体をそのまますうつしとる形式がないとすれば、可能なのは、部分的形式による全体の象徴的獲得である。これが全体と個別を媒介しようとするジンメルの社会学的美学の仕事の意味であり、彼のモダニズム的美的経験の表現である。

カント批判の文脈に戻ってみよう。ジンメルはカントを主知主義者とみなし、『判断力批判』に示された理論的可能性を、一九世紀の社会変化を踏まえた「社会学的美学」によって発展させようとした。しかしながら、美的な媒体を通して個人と社会とを媒介するという枠組みは、社会的形式と個人的生の関係が形式と生の形而上学的な対立とみなされるために、破綻が運命づけられている。それは、ジンメルのモダニズム的美的感覚において捉えられた生と、社会学的に把握された形式との葛藤ともいえよう。ジンメル社会学の悲劇的構造は、この学と美との対立にある。

ジンメルの議論を〈型〉論に引き入れてみるとどうなるだろうか。繰り返しになるが、「主知主義者」カントの哲学は〈型〉や〈形式〉への批判的態度を根拠づけることはできても、〈型〉や〈形式〉そのものを根拠づけるものではない。それに対してジンメルは、『社会分化論』において道徳的自律を普遍的な社会圏の成立と関連させたように、例えば晩年の『社会の学の根本問題』(一九一七)でも社会形式と人間とを関連づける。一八世紀的な普遍的個人とは「自由競争」社会の基礎であり、一九世紀的な個性的個人とは「分業」的組織の形而上学的基礎である。(29) このように、社会的な〈形式〉のもとにおいて個人は――まだ抽象的な理念にとどまるとはいえ――〈型〉的なものに鋳造される。ジンメルの社会学的美学の課題は、このような歴史的な理念――「普遍的人間」の自由と平等、「個性的人間」の差異と独自性――を二〇世紀初頭の現実に即して総合し、個と全とが調和する〈型〉と〈形式〉を描くことであったように思われるのである。

社会的な秩序と人間のあり方とを相互に関連づけるジンメルの視点は、カント後の〈型〉論の一つのあり方を示唆しているように思われる。ジンメル哲学がこの両者を媒介させるために美的形象に偏ったのは――むすびでも述べるように――ドイツ社会の特質にもよると思われるが、しかしそれは、個性が求められる時代における〈型〉論が美的なものに向かうことを先駆的に示しているようにも思われるのである。

第四節　カッシーラーによるジンメル批判

ジンメルがモダニズムの経験を哲学思想に定着させようとした第一世代であったのに対して、ジンメルより一六歳年下のカッシーラー(Ernst Cassirer 一八七四―一九四五)は、それを体系化しようとした第二世代の思想家であると思われる。カッシーラーはベルリン大学でジンメルの講義を聴講し、そこでヘルマン・コーエンの名を教えられて、コーエンのもとで哲学を学ぶためにマールブルクにうつった。カッシーラーとジンメルの思想は注目すべき類似点が多いのだが(30)、両者を対照して理解するために、まずはカッシーラーによるジンメル批判を確認しておくことが有益である。

ナチズムに追われたユダヤ人哲学者カッシーラーは、亡命地スウェーデンで出版された講演録（一九三九）の中で、生と形式とのあいだの不断の緊張関係と文化の悲劇を強調するジンメルを、形式を抜け出て純粋な生に沈潜しようとする「神秘主義者」と批判した。「神秘主義は文化の形象世界をすべて否認せずにはいられないし……「名称と形象」から解放されずにはいられない。われわれがあらゆる象徴を断念することを、またわれわれが象徴を粉砕することを神秘主義はわれわれに要求する」[31]。ジンメルの文化の悲劇論は文化と生の間に不可避の葛藤をみるが、カッシーラーによれば、それは生に対する形式、特にシンボルの意義を見損なっている。この論点は、すでに主著『シンボル形式の哲学　第一巻　言語』（一九二三）においてカッシーラーが強調していたことでもあった。

カッシーラーによれば、ジンメルに典型的にみられる文化ペシミズムは、「精神のあらゆる基本形式（Grundform）」が「おのれは部分ではなく一つの全体なのだと公言」し、「無条件なものを獲得しようとする」態度に原因がある[32]。このような態度は、自らを真の根源とし、文化の様々な形態をその派生態とみなす。しかし文化的な派生態が増加すればするほど、それらは生の根源を覆い隠すヴェールと感じられるようになり、それを剥いで、根源そのものが求められるようになる。しかし、カッシーラーはこれに反対する。「もし文化というものがすべてある特定の精神的な像＝世界、特定のシンボル形式の創出のために働いているということが明らかになるならば、哲学の目標はこうしたすべての創造物の背後へ立ち戻るところにではなく、むしろそれらの創造物をその根本的な形成原理から理解し意識化するところにあることになろう」（傍点引用者）[33]。

カッシーラーの「シンボル形式の哲学」がジンメルの生の哲学の隘路を克服する意図をもっていたということ

は、以上から読み取れると思われる。しかし、カント研究から出発して「「歴史」が意味するのは、たんに体験されるにすぎない直接の出来事を、科学を形成する精神の先天的条件にしたがって形成することであり、これはちょうど「自然」が意味するのは、感覚的に与えられた質料を、悟性のカテゴリーによって形成することと同じである」（傍点引用者）[34]と述べているジンメルの学問的モチーフは、カッシーラーからそれほど遠く隔たっていないようにも思われる。カッシーラーの批判が的を射たものであったかどうかは別に検討しなければならない課題であるが[35]、ここではひとまず両者の議論の傾向の違いを、両者のカント解釈、ならびにそれと関連するゲーテ解釈からさらに探っておきたい。

ジンメルにとってゲーテは、カントと同じく、あるいはそれ以上に重要な思想家であった。ジンメルは、カントとゲーテを対照的な思想家として描き、両者を接合する方向に進むべき道を見いだすが、その接合の方式は、基本的にカントの意義を認めながらその限界を指摘して、それを克服する思想家としてゲーテを位置づけるというものである[36]。この両者に関する対照的理解は『判断力批判』をめぐっても現れる。ジンメルによれば、『判断力批判』における自然の目的論的説明は「研究上の仮設」でしかなく、カントは結局、現象の機械論的説明にとどまったのである[37]。それに対してゲーテは、自然を機械論や目的論という区別を超えた、永遠に新しく自己を形成・変形する生として捉え、その自然の生の自己実現の形式を「メタモルフォーゼ」や「類型形成」と言い表し[38]、有機的自然の生の形式を表現したのである。

ジンメルの解釈とは異なって、カッシーラーはカントとゲーテの共通性に重点をおき、理性の創造的・形態化の能力を通して両者をつないでいる。カッシーラーの『自由と形式』[39]（一九一六）のなかでゲーテの中心思想として理解されているのは、ここでもメタモルフォーゼである。メタモルフォーゼならびにその元になる原植物（原現象）は、そもそも植物に関する考察から生み出されたものであるが、ゲーテはこれを精神の世界にも適用し、この世界全体を原現象とメタモルフォーゼから理解する。カッシーラーは、このように世界を捉えるゲーテの心的能力を、カントの用語で「生産的構想力」とよぶ。[40]

同じ頃に書かれた『カントの生涯と学説』のなかでカッシーラーは、カントの『判断力批判』の「有機的生命の現象」と「目的の理念」をゲーテの原現象に相当するものと解釈している。[41] つまり、ゲーテの原現象（原植物）が個物のなかの普遍である「典型」として理念的なものと経験的なものとを媒介したように、「有機的生命の現象」と「目的の理念」は、物自体と現象との二元論を超え出た、いわば物自体の典型となって、「自然的生命と精神的生命との全体を概観し、これを内側から「理性」の唯一の有機体として把握」[42]せしめるのである。

このように、いわばゲーテの目でカントを理解することによって、カッシーラーは生産的構想力を拡張し、現実を精神の創造的な形成作用の所産としてみることが可能となる。これによってカッシーラー（の理解するカント）は、流動的な生の文化的な諸形態を「諸断片として」ではなく「具体的総体性において、また汎通的連続的連結において」[43]捉えるのである。もっとも、これと同じ働きをジンメルはゲーテのなかに見いだし、彼自身もそれを生という思想で継受・展開していたと考えるならば、ジンメルとカッシーラーの違いはそれほど決定的とはいえないのかもしれない。生の思想をカントの名で語るのか（カッシーラー）、ゲーテの名で語るのか（ジンメル）、そこに両者の違いがあらわれているように思われる。

これを〈型〉論の視点からみてみると、ジンメルが美的形象を通して全体と個を融和しようとしたのに対し、カッシーラーは精神の形態化作用から全体と個の繋がりを明らかにしようとしたと対比できる。ジンメルが「融和」を目指すのに対して、カッシーラーは「繋がり」の解明を目指す。いずれも、個と全体との媒介が概念的論理的思考だけで可能になるとは考えず、その身体的な基礎に注意を払っている。ジンメルは、例えば「模倣」のような、身体を有する人間の相互作用という基底から美的なものの作用を観察する、社会学的美学を遂行した。それに対して、カッシーラーは、精神の諸形態を創造する人間の身体に基盤をおく、シンボル形式の哲学を構想するのである。

第五節　媒介としてのシンボル形式

シンボル形式の哲学とは、新カント派の科学史・思想史研究から出立したカッシーラーが、論理的判断機能（論理学や科学）のみならず精神の様々な形態化作用（言語、神話、芸術、等々）にもカント的な批判的思考を展開して、精神の形態化作用の各領域に「コペルニクス的転回」を起こそうとするものであった。

認識作用が、単なる直観によって現実を模写することではなく、感性を通じて得た素材（実はすでにそこで構想力も働いている）を悟性のカテゴリーを通じて世界へと構成することであるように、それぞれの精神の形態化作用もまた、単なる現実の模写なのではなく、それぞれのシンボル形式を通じた世界への形態化（形態化された結果として客観的な対象としての言語や神話、芸術が現れる）なのである。このようにして、精神の形態化作用は各々のシンボル形式の機能の有する自律性に根拠づけられることになり、またその根拠づけを通して、それぞれのシンボル形式によって形態化される文化領域の限界が確定されるのである。要するに、シンボル形式の哲学とは、カント哲学のモダニズム的特性（論理の自律化と領域の自立化）を、ゲーテのメタモルフォーゼの世界、つまり自然と精神の形態化の領域に適用したものであり、これによってカッシーラーは、理性批判を「文化批判」へと拡張しようとしたのである。[44]

ところで、個と全体とを媒介する形式という観点から「シンボル形式の哲学」を扱う場合、注意しておく必要があるのは、シンボルとは何かという問題である。カッシーラーのシンボル概念は通常の用例の範囲を超えた非常に広い場面で使用されている。例えば、「天皇は日本の象徴である」であるという場合の象徴関係（象徴するものとされるものとの関係）と、「言語はシンボル（象徴）形式である」という場合のそれとは、あまりにも水準が異なっている。このような用法の相違が生じるのは、カッシーラーがハインリヒ・ヘルツの物理的認識論から「シンボル」概念を導入したためである。ヘルツは、物理学者が操作する概念（時間や空間、質量や力など）は、「感性的世界を支配し、これを法則的秩序のある世界として展望するために認識がつくり出した」「虚像」であるとする。[45]この「虚像」がシンボル（の内容）であり、このような虚像を生み出す精神の機能がシンボル形式である。

ところで、代表的なシンボル形式とは言語、神話、芸術、そして科学である。これらがシンボル形式であるというのは、それぞれのシンボルが何か根源的なものに還元される派生態であるというのではなく、各々が能動的な精神の形成作用によってそれぞれ独自に創造されるものであることを意味する。しかしこれらは、歴史のはじめから明確に区別されていたわけではもちろんない。言語は、身体的な表現運動と連動するものとしては神話や芸術と密接につながっていたし、論理的概念的表現としては科学や数学と重なっていた。とりわけ重要なのは、論理的概念的シンボルとは別の形態創造的な表現としての言語、神話、芸術の太古における一体性である。カッシーラーは、人間の精神性の発達とともに、これらは分離し、それぞれ解放されていくとする。このような解放は、第一節で引いたヤメの議論によれば枢軸時代において決定的に進行したのだろうが、カッシーラーにおいて重要な画期とみなされるのは、ルネサンスと啓蒙の時代である。これらの時代を経てシンボル形式は多様に分化し、文化的諸形態が豊かに生み出されるようになる。このことをカッシーラーは近代の特質と理解するとともに、それを文化の発展、人間の尊厳を高めるものと評価する。なぜならば、この過程を通じて人間は自律性を高めることができたとカッシーラーは考えるからである。[46] カッシーラーは、カント、ジンメルと同様に、自律性と分化としての近代に可能性を認めるのである。

ところで、シンボル形式を通した文化的形態の産出は、「シンボルの受胎」[47]と「シンボル形式」との相互作用として理解できる。ある描線は地に応じて聖なるものとして現れたり、美的なものとして現れたりする。シンボルの受胎は、この全体と個別、地と図との相互関係によって生起する。こうして生み出されたシンボルの意味は、シンボル形式の自律的な作用を通じて形態化される。シンボル形式の分化を通じて文化的形態が豊かになっていくことは、当初は聖なるものと美的なものが一体であった壁画が、一方は神殿に安置される宗教画となり、他方は美術館におかれる芸術作品となるような事例が示している。政治的支配者かつ宗教的祭司であった共同体の首長の機能が分離していくのも、その事例と考えられる。

シンボル形式とは、地における図のように、シンボル的意味を産出する枠組みを言う。それは、たしかにある種の全体と部分との媒介形式であるが、カッシーラーの論じている形式の範囲は、〈型〉論における個と全体の媒介としてはあまりに広すぎる。そこで、〈型〉論に関わる全体と個の媒介形式として適切なものを試みに取りだすならば、カッシーラー自身がはっきりと論じているわけではないが、国家と市民が挙げられよう。[48] 個別の市民を相互に媒介する形式としての共和国は、独自の文化的・シンボル的形式として理解できる。なぜならば、これは神話的シンボルや美的シンボルの派生態なのではなく、それ独自の自立した領域として確保されなければならないとカッシーラーは考えているからである。[49]

近代の分化過程が倫理的自律を疎外する社会形式を生み出すことにジンメルが文化の悲劇をみていたのに対して、カッシーラーがその点の認識をジンメルと共有していなかったことは先に指摘しておいたとおりである。しかしながら、カッシーラーは近代的な文化の発展を手放しで楽観視していたわけではもちろんない。それどころか、ユダヤ人としての経験からも、共和国の自立性の危うさは充分に自覚していた。では、その危うさはどのように理解されていたのだろうか。

カッシーラーは近代社会の危機を、分化されたシンボル諸形式の融合によって、それぞれの自律性が失われることにみていた。『国家の神話』（一九四六）は、自律性によって可能となる文化的コミュニケーションの場を放逐する、ナチ的な政治神話を批判する試みである。神話的融合に対して、カッシーラーはロゴス的対話である弁証法に訴え、その優れた例としてプラトンの『国家』を取り上げる。カッシーラーによれば、『国家』は哲学によって神話的思惟を限界づけようとする試みである。神話の有する法外な力を追放するという実践的目的を追求する『国家』は、カッシーラーにとって、「相反する両極間の裂け目を架橋すること、つまり限定なきものを限定し、無限なるものを一定の限度に引き戻し、限界なきものに限界を置く…弁証法」[50]の書物であった。つまり哲学は、それぞれのシンボル形式が限界を突破して他を支配しようとするのに対して、弁証法＝対話を通じて限界を定める営みであり、それは優れて政治的な意味をもっているのである。

自律性を破壊するような一つの文化的価値の突出に限界を設け、個と全体とを媒介する多様なシンボル形式を守護すること——シンボル形式の哲学は自らが媒介者となるのではなく、多様なシンボル形式という媒介の批判的監督者であろうとする。このような立脚点が認められるのは、シンボル形式において、すでにして人間が繋がれているという認識があるからである。〈型〉論が課題とした、個と全体の媒介の必要性についての認識はここでは薄い。しかし、そこにはあらゆる政治的な思惟の基礎におかれるべき洞察も含まれているように思われる。それについては最後でふれようと思う。

むすび

漱石の講演の背後に明治日本の歴史があったように、ジンメルやカッシーラーの哲学を読む際に思い起こすべきは、ドイツ第二帝政下における近代化と戦争である。近代化の矛盾や葛藤が露呈する一九世紀後半において、個の生を全体へと媒介する手立てなく翻弄される生の根こそぎ化の痛みを、ジンメルの生の哲学は慰撫したであろうし、[51]戦争に熱狂しさえした。カッシーラーのシンボル形式の哲学は、苦難の歴史を歩む祖国をヨーロッパや近代の特殊普遍的な価値に繋ぎとめようとし、実際に共和国を擁護さえした。近代化が、これらの言説を生み出したのである。ただしこれらの哲学は、生を擁護はしても、結局のところ生をどうするのかという問題については多くを語らなかった。漱石が、型の改造を漠然と語ることはできても、具体的に教育や政治の形式を論じなかったように。そこには、国家と社会が乖離した近代ドイツの政治構造に由来する問題がある。[52]

このようなドイツの学問的伝統は、後にナチズムを生み出したこともあって、しばしばアングロ・サクソンの経験と対比され、特殊に非政治的なものとみなされることが多い。しかし、世界の多くの国々にとって近代化が国家主導的に行われてきたことを考えれば、そのような経験がもたらした学知の特色を反省的に認識し、それぞれの国情に即した〈型〉と〈形式〉の形成・改造に活かしていくことは十分に意味あることと言えないだろうか。

その意味で、本論における生の哲学とシンボル形式の哲学は、個と全体との媒介が必ずしも活発でない社会において、如何にそれを活性化する道があり得るかを示した事例として読むことができる。そしてこの課題は、漱石においてそうであったように、現代日本においても決して人ごとではない。

そこで最後にふれたいのは、積極的には〈型〉論とつながらないかのようにみえる、カッシーラー哲学の有する意義についてである。

カッシーラーは、全体と個を媒介するシンボル形式の現象学は展開するが、シンボル形式によって生み出されるシンボルの意味が、社会的にどのような機能を有するかについては多くを語らない。しかし、カッシーラーの哲学を通し、人間にシンボル形式が与えられていることの意味を考えるならば、その社会的機能について思考を展開することは、決してカッシーラーの意図を踏み越えることではないと思われる。

『シンボル形式の哲学』第三巻の第六章「シンボル意識の病理学に寄せて」は、シンボル形式の「社会的病理学」への展開可能性を示している。カッシーラーは本章で、シンボル形式がうまく機能しない症例の知覚世界を描いている。知覚世界は通常、感性的諸現象の全体がいくつかの中心に分節されることによって成り立ち、それによって体験の直接的内容（直接に感じられる色そのもの）と間接的内容（それを再現前化したもの）とを区別することが可能となる。しかし例えば色名健忘の患者は、その中心の分節化がなされず、従って現に目にしている色彩系列を傑出した一点にとりまとめて表出することができなくなる。そのために患者は「いっそう具体的なとか、〈いっそう生に密着した〉とでも呼べそうなある全体的態度、だが、ほかならぬこの密着のために、いっさいの眺望の自由を欠くという代償を払っているような全体的態度」[53]に陥る。社会や政治に対するシニシズムや無力感もまた、実はこのような全体的眺望の欠如に由来しているのではないだろうか。すでに論じたように、シンボル形式の融合によって特定のシンボル的意味のみが支配的となることにカッシーラーは近代の危機をみた。シンボル意識の「社会的病理学」からみるならば、それは社会自体が色名健忘や失語症に陥っている事態といえないだろうか。そのような社会は、体験の生々しさに密着して、視野の自由を失い、政治の悲劇的進路にしか目が向けられない。

生に相応しい〈型〉や〈形式〉をつくるための判断力や思慮を記述することは、たいへん難しい。しかし、はっきりしていることはある。判断力や思慮を働かせるためには、視界の自由が必要だということである。そのためには、シンボル形式の社会的病理に陥ってはならず、そこに陥らないためには、構想力の回路を社会に張り巡らし、個と全体を繋ぐ複数のシンボル形式による〈型〉の多元性を認め、それらを包摂する集団的アイデンティティの〈形式〉を構想することが大切である。多様な〈型〉を包摂する一つの〈形式〉の中で開かれる社会的知覚は、思慮や判断力を発揮するための眺望を提供するだろう。

【注】

(1) 夏目漱石『漱石文明論集』岩波文庫、一九八六年、六〇頁。

(2) モダニズムという言葉は単に多義的であるばかりでなく、英語、仏語、独語それぞれにおいてコノテーションが異なっているために、整理が困難である。ここでは、一八九〇年から一九三〇年にかけて主として欧米の大都市(ロンドン、パリ、ベルリン、ニュー・ヨーク)を舞台に盛んとなる文学・芸術運動——自然主義、印象主義、象徴主義、未来主義、表現主義など、様々な様式や思潮、さらに哲学・思想の新潮流をも包括する——の総称として理解しておく。このような曖昧な概念を敢えて使用するのは、約半世紀にわたるこの時代の思想的動向を一つの現象としてみるために有効であると考えるからである。

（3）漱石とモダニズムとの関係については、海老根静江「夏目漱石のモダニズム――「俳句的小説」としての『草枕』」お茶の水女子大学人文科学紀要第五三巻、二〇〇〇年、を参照。
（4）以下の記述は、ヤメ『神話　芸術　現実』久保陽一編訳、公論社、一九九八年、に拠る。
（5）カント『実践理性批判』一〇三節。
（6）カント『判断力批判』一七節、一五三頁。
（7）カント『判断力批判』二〇、二一、四〇節。
（8）共通感覚とは「ほかのあらゆるひとの立場に自分を置き移す」ことによって、「自分の判断を総体的な人間理性と照らし合わせ」、個人的な「錯覚」から免れようとする判定能力の理念である。カント『判断力批判』四〇節。
（9）Harry Liebersohn, *Fate and Utopia in German Sociology, 1870-1923*, MIT Press 1988, pp. 140-141.
（10）Simmel, *Kant. Sechzehnte Vorlesungen gehalten an der Berliner Universität*, Dunker & Humbolt 1903, 4. Auflage, 1918.『ジンメル著作集4』木田元訳、白水社、一九九四年。
（11）Simmel, ebd., S. 38.『ジンメル著作集4』五七頁。
（12）Ebd., S. 120.『ジンメル著作集4』一六〇頁。例えば、虚言禁止が定言命法とみなされるのは、思想の告知という言葉の役割と虚偽との間に矛盾が認められるからである。
（13）Peter Gay, *Modernism*, W. W. Norton, 2008, p. 53.
（14）Clement Greenberg, 'Modernist Painting', in: Richard Kostelanetz（ed.）, *Aesthetics Contemporary*, Prometheus Books 1978.
（15）Simmel, ebd., S. 186.『ジンメル著作集4』二四五頁。
（16）Ebd., S. 193.『ジンメル著作集4』二五四頁。
（17）Ebd., S. 197.『ジンメル著作集4』二五八頁。
（18）Ebd., S. 200.『ジンメル著作集4』二六二頁。

(19) Ebd., S. 209.『ジンメル著作集4』二七三頁。

(20) ジンメル『社会分化論・宗教社会学』居安正訳、青木書店、一九九八年、六七頁。

(21) 前掲書、九一頁。

(22) 前掲書、九二頁。

(23) 拙稿「カッシーラーとジンメル——文化の葛藤と架橋」『創文』二〇〇九年一・二月号。

(24) ジンメル「社会学的美学」『ジンメル・コレクション』北川東子編訳・鈴木直訳、ちくま学芸文庫、一九九九年、所収。

(25) ジンメル『ジンメル著作集9』茅野良男訳、白水社、一九九四年、第一章を参照。

(26) ジンメル「文化の概念と文化の悲劇」（一九一一）、『ジンメル著作集7』円子修平、大久保健治訳、一九九四年、所収。また次も参照のこと。「現代文化の葛藤」（一九一八年）、『ジンメル著作集6』生松敬三訳、白水社、一九九四年、所収。

(27) 第一次世界大戦に対するジンメルの熱狂は、ユダヤ人ジンメルの過剰な愛国心とみるよりも、彼の世界観によるのだと思われる。この点に関して、リュッベ『ドイツ政治哲学史』今井道夫訳、法政大学出版局、一九九八年、二二一頁、を参照。

(28) David Frisby, *Fragments of Modernity. Theories of Modernity in the Work of Simmel, Kracauer and Benjamin*, Polity Press 1985, p. 57f.

(29) ジンメル『社会学の根本問題　個人と社会』清水幾太郎訳、岩波文庫、一九七九年、一二八—一二九頁。

(30) Willfries Geßner（Hrsg.）, 'Simmel und Cassirer', in: *Simmels Newsletter*, Vol. 6, Number 1, 1996.

(31) カッシーラー『人文科学の論理』中村正雄訳、創文社、一九七五年、一四二頁。

(32) Ernst Cassirer, *Philosophie der symbolischen Formen*. Erster Teil: Die Sprache, Wissenschaftliche Buchgesellschaft, 10 Auflage, 1994, S. 13. カッシーラー『シンボル形式の哲学』第一分冊、生松敬三・木田元訳、岩波文庫、一九八九年、

三四頁。

(33) Ebd., S. 51.『シンボル形式の哲学』第一分冊、九五頁。

(34) ジンメル「未完の自叙のはじめ」、ジンメル『社会分化論・宗教社会学』、二二六頁。

(35) Vgl. Willfries Geßner, 'Tragödie oder Schauspiel? Cassirers Kritik an Simmels Kulturkritik', in: *Simmel Newsletter*, Vol. 6, Number 1, 1996.

(36) ジンメル『カントとゲエテ』谷川徹三訳、岩波文庫、一九二八年〔原著一九〇六年〕。

(37) 前掲書、五〇頁。

(38) 前掲書、五一頁。

(39) Ernst Cassirer, *Freiheit und Form*, B. Cassirer 1916, S. 377. カッシーラー『自由と形式』中埜肇訳、ミネルヴァ書房、一九七二年、二〇七頁。

(40) Ebd., S. 382. 前掲書、二〇九頁。

(41) カッシーラー『カントの生涯と学説』門脇・高橋・浜田監修、みすず書房、一九八六年、三七六頁。原著は一九一八年に出版されたが、すでに一九一六年には執筆されていた。

(42) 前掲書、三八一頁。

(43) 前掲書、三八一頁。

(44) Ernst Cassirer, *Philosophie der symbolischen Formen*. Erster Teil: Die Sprache, S. 11. カッシーラー『シンボル形式の哲学』第一巻、三一頁。

(45) Ebd. S. 17. 前掲書、四一頁。

(46) Rainer Waßner, *Institution und Symbol*, Lit 1999, S. 85.

(47) カッシーラー『シンボル形式の哲学　第三巻　認識の現象学』、原著一九二九年、第二部、第五章。

(48) Vgl. Rainer Waßner, ebd., S. 82ff.

(49) カッシーラーは、「共和国憲法の理念」(一九二八年)で人権の不可侵性を論じている。

(50)『国家の神話』宮田光雄訳、創文社、九三頁。

(51) 北川東子『ジンメル』講談社、一九九七年、二一九頁、を参照。

(52) クリス・ソーンヒル『現代ドイツの政治思想家』安世舟・永井健晴・安章浩訳、岩波書店、二〇〇四年、序論を参照。

(53) Cassirer, *Philosophie der symbolischen Formen*. Dritter Teil: Die Sprache, *S*. 263. カッシーラー『シンボル形式の哲学』第3分冊、四三八-四三九頁。

第四章　政治的ディスコースにおける概念構築の型
――抽象概念を中心に

大河原　伸夫

はじめに

政治的ディスコースの一つのパターンは、「現実」評価をめぐる論争の展開である。（本稿においては、「現実」を、「ディスコースの担い手たちが現実と理解していること」ととらえる。）有効な評価の前提は、評価の対象が適切に設定されていることである。それ故ディスコースの担い手たちは、「現実」を絶えず吟味する必要がある。「現実」を吟味する際の一つの着目点は、それを構成するのに用いられている諸概念である。そうした諸概念自体に問題があれば、評価対象である「現実」も問題化するであろう。本稿においては、「現実」吟味という文脈で、概念――具体的には、抽象概念――の検討を取り上げる。

「概念」及び「抽象概念」に関し、ここでの用語法を整理しよう。「概念」は、文字とそれに与えられている意味の複合体である。たとえば「食物」という「概念」は、「食物」という文字と、それに与えられている様々な意味――「摂取され、消化されるもの」等々――の複合体である。もちろん「摂取」や「消化」も「概念」であり、「文字」の側面を持つ。「文字」と「意味」の区別は、実体的なものではない。

「抽象概念」は、対応する具象物が存在しない概念である。それ故、その意味は多岐化する場合がある。「食物」のような概念には対応する具象物が存在するので、その「意味」の多岐化は制約されよう。「抽象概念」の場合には、具象物との対応による制約がないので、その「文字」に正反対の意味が与えられることさえある。たとえば「リベラリズム」は、「大きな政府」、「小さな政府」の何れとも結びつけられている。

「現実」を構成するのに用いられる抽象概念は、その意味が多岐化する場合があるだけに、特に慎重な検討を必要とする。抽象概念の検討は、いかなる基準を用いて為されるべきであろうか。認知意味論の分野で、抽象概念の検討基準に関する示唆的な議論が展開されてきている。そうした議論を手がかりに、「現実」吟味という文脈で、抽象概念の検討における一つの基準を提示することを本稿の目的としたい。

本稿のアプローチについて、簡単に述べよう。

1　政治的ディスコースの記述・説明ではなく、ディスコースの担い手自身による、その検討の手だてに関する議論を提示する。

2　政治的ディスコース中のレトリカルな表現ではなく、レトリックと無縁という外観を持つ、目立たない表現に焦点を合わせる。前者に比べ、後者は考察の対象となりにくいからである。

3　概念枠組みではなく、概念を取り上げる。具体的には、抽象概念の構築の「型」に着目する。そうした「型」への着目は、前記の「2」と結びついている。そうした「型」――それが内面化されている限り――に基づく言語表現は、レトリカルなものでないという外観を持つからである。

抽象概念の検討基準に関し、認知意味論の分野に大きな影響を与えてきたG・レイコフ（Lakoff）とM・ジョンソン（Johnson）の一連の研究は、重要な手がかりを提供している。以下、第一節で、彼らの認知意味論を概観する。そして、それを踏まえ、抽象概念の一つの検討基準を提示する。第二節で、彼らの認知意味論に対し為されてきた諸批判について考察する。第三節で、彼らの認知意味論が政治の研究にどのように応用されてきたかを確認する。第四節で、第一節で提示した基準の適用例を示す。なお、以下において、引用文中の［　］内は筆者の注である。

第一節　レイコフとジョンソンの認知意味論と抽象概念の検討基準

レイコフとジョンソンは、その主著*Metaphors We Live By*を一九八〇年に刊行した。その後、Lakoff 1986、Lakoff 1987、Lakoff and Turner 1989、Lakoff 1993、及びLakoff and Johnson 1999が、*Metaphors We Live By*（以下、Lakoff and Johnson 1980）の所論を修正し、あるいはその新たな展開を試みている。Lakoff and Johnson 2003は、一九八〇年以後の研究の推移を振り返っている。本節においては、本稿の目的に即してLakoff and Johnson 1980の所論を要約し、適宜、他の著作にも触れることにする。(1) ここでの要約の内容は、後述するように、少なくとも二〇〇三年の時点における彼らの見解に反していない。

本稿の目的にてらせば、Lakoff and Johnson 1980の核心を成すのは次の議論である。「我々は、概念を別の概念にてらし理解する。すなわち、具体性がより低く、本来的により漠然とした概念（たとえば、感情に対応する概念）を、具体性のより高い概念――それらは、我々の経験の中で輪郭の明確性がより高い――にてらし構築する傾向が、我々にはある」（Lakoff and Johnson 1980, p. 112）。（以下、同書から引用する際、ページ数のみを示す。）「*B*（定義する概念）は、*A*（定義される概念）より、我々の経験の中で輪郭の明確性がより高く、通常は具体性がより高い」。たとえば「愛」と「旅」、「心」と「機械」、「観念」と「食物」、「議論」と「建物」それぞれにおいて、「定義される概念」と「定義する概念」の関係が成り立っている（pp. 108-109）。

すなわち、「我々」には抽象的な概念を、具体性のより高い概念——身体的経験から「直接現出する概念」（p. 119）[2]——を手がかりとして構築する傾向があるということであろう。言い換えれば、抽象概念をそのように構築する型があるということであろう。

さて、Lakoff and Johnson 1980はメタファー論として書かれている。[3]「メタファーの本質は、ある種の物事を、他の種の物事にてらし理解し経験することである［傍点部分は、原文ではイタリックである。以下同じ］」とされ（p. 5）、「議論は戦争（ARGUMENT IS WAR）」、「愛は旅（LOVE IS A JOURNEY）」など、様々な「概念メタファー」が取り上げられている。しかし、「メタファー」自体の定義は明示されていない。Lakoff 1986によれば、メタファーは、「起点領域（source domain）」から「目標領域（target domain）」への「写像（mapping）」である。たとえば「愛は旅」においては、起点領域は「旅」、目標領域は「愛」である。「［両領域間に］存在論的な対応がある。すなわち、愛の領域における存在物（たとえば、恋人、その共通の目標、その困難、恋愛関係など）が、旅の領域における存在物（旅人、乗り物、目的地など）に体系的に対応する。［中略］写像は認識的な（epistemic）対応——それにおいて、旅に関する知識が、愛に関する知識に写像される——を含む」（pp. 216-218）。同様の議論がLakoff 1987（pp. 386-388）、Lakoff and Turner 1989（pp. 107-108, 112, 120-122）、Lakoff 1993（pp. 203, 207, 210, 245）、Lakoff and Johnson 1999（pp. 60-66, 161-164など）、及びLakoff and Johnson 2003（pp. 244, 246, 248など）においても展開されている。概念領域間の「対応」群は、抽象概念の、「直接現出する概念」を手がかりとする構築の産物であろう。従ってそうした構築は、メタファーを生み出すプロセスであるということになる。

レイコフとジョンソンがメタファーについて強調している諸点の中で、本稿の目的にてらし特に重要なものがある。以下、四点取り上げよう。

第一は、「メタファー」（すなわち「概念メタファー」）と「メタフォリカルな表現」の区別である。彼らによれば、「概念システムの中にメタファーがある」ので、「メタフォリカルな表現」が成り立つ（p. 6）。たとえば、「議論は戦争」というメタファーの下で、議論に関し「防御不能」、「戦略」、「勝つ」などの表現が成り立つ（p. 7）。

第二は、メタフォリカルな表現が、レトリックと無縁の字義通りの意味を持つと、一般に認識されることである。「我々の概念システムは、通常、我々が意識しているものではない」（p. 3）。「議論についての我々の慣習的な語り方は、我々がまず意識することのないメタファーを前提している。［中略］議論の言語は詩的、空想的、修辞的ではない。それは字義通りの意味を持つ」（p. 5）。「彼の痛みは消えた」は、「身体的・感情的状態は、人の中の存在物」というメタファーの下における「字義通りの表現」である（pp. 46, 50）。抽象概念を「直接現出する概念」を手がかりに構築するという型に基づく言語表現は、レトリカルでないものと認識されるのである。

第三は、メタファーの「現実」構成的な機能である。「我々の概念は、我々が何を知覚するか、どのように処世するか、そして他者とどのように関係するかを形づくる。我々の概念システムは、従って、我々の日常的現実を定義する上で中心的役割を果たす」（p. 3）。「『議論は戦争』という概念メタファー」に関し、次のように述べられている。「我々は議論について、戦争にてらして語るだけではないという点を理解することが重要である。

我々は実際に議論に勝ち、あるいは負け得る。［中略］議論する際に我々が行うことの多くは、戦争概念により部分的に形づくられている」（p. 4）。「メタファーは、我々のため現実、とりわけ社会的現実、を創造し得る」（p. 156）。

一点、補足しよう。メタファーによる「現実」構成の一つの形態は、「存在のメタファー」による存在物の構成である。「物質的対象（特に我々自身の身体）に関する我々の経験は、並外れて多様な存在のメタファー――すなわち、出来事、活動、感情、観念などを物体・物質（substances）と見るやり方――の基礎を提供する」（p. 25）。このように述べた上でレイコフとジョンソンは、「我が国の名誉がこの戦争にかかっている」、「世界には余りにも多くの憎悪がある」、「デュポンはデラウエアで多量の（*a lot of*）政治的パワーを持っている」、「彼の行動は怒りによるものであった」などを、存在のメタファーの例として挙げている（pp. 26-27）。（これらは、正確には、存在のメタファーに由来するメタフォリカルな表現であろう。）これらの例においては、存在のメタファーに基づき存在物として構成された「名誉」、「憎悪」、「パワー」、及び「怒り」が語られている。なお彼らは、存在のメタファーに基づいて構成される存在物を、「メタフォリカルな物体」、「メタフォリカルな物質」と呼ぶ（p. 31）。また、「パワー」、「自由」、「平等」、「安全」、「経済的独立」等を、「メタフォリカルな概念」と呼んでいる（p. 236）。「メタフォリカルな物体」及び「メタフォリカルな物質」は、「メタフォリカルな概念」に対応する存在物である。

第四は、概念の「メタフォリカルな構築」（p. 13）から、問題のある結果が生じ得ることである。「議論は戦争」というメタファーについて、レイコフとジョンソンは次のように述べている。「メタフォリカルな概念は、我々が概念の一側面（たとえば、議論の戦闘的側面）に焦点を合わせることを許すことにより、その概念の、メタファーと合致しない他の側面に我々が焦点を合わせることを許さないことがある。［中略］議論の相手は、相互理解を達成しようと、自分の時間［中略］を提供していると見ることができる。しかし我々は、戦闘的側面で頭が一杯になると、協力的側面をしばしば見失う」（p. 10）。彼らのこうした見解を踏まえれば、概念のメタフォリカルな構築に関しては、それから問題のある結果が生じているか否かの検討が重要であると言えよう。

以上、レイコフとジョンソンの認知意味論を、Lakoff and Johnson 1980を中心に概観した。Lakoff and Johnson 2003は、一九八〇年以降の研究の展開を振り返っているが、本節でこれまで取り上げてきた諸点は撤回していない。それ故、Lakoff and Johnson 1980を中心に彼らの認知意味論を要約することは、適切と言えよう。

ここで、彼らの認知意味論を——論者により用法が様々である「メタファー」の語を用いずに——次のように要約しよう。「抽象概念は、身体的経験に直接根ざす概念を手がかりに構築される。このことは、通常意識されない。それ故、抽象概念の構築に由来する言語表現は、レトリカルなものとしてではなく、字義通りの意味を持つものとして認識される。身体的経験に直接根ざす概念を手がかりとする抽象概念の構築を通じ、『現実』が構成される。しかし、そうした構築からは、問題のある結果が生じ得る」。

以上においては、抽象概念の「構築」に着目しているが、抽象概念には学習され、受け入れられるという面もある。彼らがそうした面にも着目していることは、「時は金」というメタファーに基づく諸活動が、「近代産業社会」のものであるという指摘（p. 8）などから明らかであろう。従って彼らの認知意味論は、次のようにも要約され得る。「身体的経験に直接根ざす概念を手がかりに構築された抽象概念が、学習され、受け入れられる。このことは、通常意識されない。それ故、抽象概念の構築に由来する言語表現は、レトリカルなものとしてではなく、字義通りの意味を持つものとして認識される。身体的経験に直接根ざす概念を手がかりに構築された抽象概念の学習・受け入れを通じ、『現実』が構成される。しかし、そうした学習・受け入れからは、問題のある結果が生じ得る」。

以上の二種の要約を一括し、「レイコフとジョンソンの議論」と呼ぶことにしよう。こうした議論は、メタファーを、行為者が他者を説得・操作するためのレトリカルな表現とする考え方と対照的である。それはまた、メタファーを問題解決のための思考法と結びつける考え方とも対照的である。(4)

「はじめに」で述べた「抽象概念の検討基準」に戻ろう。「レイコフとジョンソンの議論」を踏まえ、「ある抽象概念を、身体的経験に直接根ざす概念を手がかりとして構築することにより、問題のある結果が生じていないか」という基準を提示したい。

第二節　レイコフとジョンソンの認知意味論に対する批判

抽象概念の検討基準を提示する際、「レイコフとジョンソンの議論」を踏まえることに、妥当性はあるであろうか。この点を確認するため、以下、彼らの認知意味論に対し為されてきた内在的批判について考察する。(5)彼らの議論を踏まえることを不適切とするような欠陥がそれに内在しないのであれば、それを踏まえることに、ひとまずの妥当性があると言えよう。彼らの議論が競合する諸説より優れているか否かを明らかにすることは、ここでの考察の目的ではない。

レイコフとジョンソンは、次のように述べている。「あらゆる経験は、文化的諸前提という広大な背景の下で為される。［中略］しかし、あらゆる経験が文化的諸前提を含むと認めたとしても、『より』身体的な経験――たとえば立ち上がること――と『より』文化的な経験――たとえば結婚式に出席すること――の間に重要な区別を立てることはできる」（p. 57）。

その後彼らは、J・グレイディの「第一次的メタファー」論（Grady 1997）――後述する――を受け入れたことに伴い、身体的経験と文化の関係に関する前記の議論を修正している。彼らによれば、「誰もが基本的に同種の身体・脳を持ち、基本的に同種の環境の中で生きている［中略］ので、多くの第一次的メタファーは普遍的である。第一次的メタファーから成り、文化的基礎を持つ概念フレームを用いる複雑なメタファーについては、話しは別である。それらは文化情報を用いるので、文化ごとに大きく異なり得る」（Lakoff and Johnson 2003, p. 257）。

Rakova 2002は、Lakoff and Johnson 1999において、一方では「直接的に有意味な概念・運動感覚的イメージ図式の普遍性」が主張され、他方では「文化的に規定された概念化という観念」が提示されていると批判している（pp. 228, 230）。しかし両者は、Lakoff and Johnson 2003において、前記のように総合されていると言えよう。問題は、「誰もが基本的に同種の身体・脳を持ち、基本的に同種の環境の中で生きている」ことに根ざした「普遍的」な概念が存在するか否かである。

MacCormac 1985は、Lakoff and Johnson 1980がそうした概念の存在を強調していると解釈した上で、次のように述べている。（そうした解釈が妥当でないことは、先に引用した、「身体的経験」と「文化」に関するLakoff and Johnson 1980の議論にてらし、明らかであろう。）「文化的に伝達された言語を用いることなしには、直接的に現出する空間概念さえ表現することはできない。そして、我々が用いる日常言語は、レイコフとジョンソンによれば、おおむねメタフォリカルなのである。何を基礎として、空間概念は媒介されたメタフォリカルな概念として現出するのではなく、直接現出すると確信し得るのであろうか」(p. 67)。また Leezenberg 2001は、Lakoff 1987が、言語表現を「前概念的経験から直接現出する」概念から説明しようとしていると述べた上で、そうした概念の形成には文化的・言語的要因が関与することを指摘する(p. 142)。(Lakoff and Johnson 1980に関する類似の指摘として、Mutimer 2000, p. 22; 2008, p. 116及びMottier 2008, p. 186がある。)

これらの批判は、Lakoff and Johnson 1980またはLakoff 1987に向けられたものであるが、内容的には、「誰もが基本的に同種の身体・脳を持ち、基本的に同種の環境の中で生きている」ことに根ざした「普遍的」な概念が存在するという主張に対する批判になっている。仮に、これらの批判が妥当なものであるとしよう。その場合、「レイコフとジョンソンの議論」中の「身体的経験に直接根ざす概念」を、それが文化的に「媒介」されることを排除しないように解釈する必要がある。そのように解釈することは、彼らの認知意味論の大枠から外れるとは言えない。前述のように、Lakoff and Johnson 1980はまさにそのように解釈しているからである。

定義される概念

Indurkhya 1992は、「時間は金」という概念メタファーが支配的な文化の中で育った者が、直接的に経験するのは、金としての時間である筈である——何故そうした者が「ある種の物事を、他の種の物事にてらし経験する」と言えるのか、と述べている(p. 298)。この指摘は、「レイコフとジョンソンの議論」中の「身体的経験に直接根ざす概念を手がかりに構築された抽象概念の学習・受け入れを通じ、『現実』が構成される」という点に着目していないと言えよう。

写像

グレイディは、Lakoff and Johnson 1980が概念メタファーの一つとして挙げている「理論は建物」について、三つの問題があると指摘している（Grady 1997a, pp. 270-273)。（第三の問題については、ここでは省略する。）

（1）何故「建物」のある側面は「理論」に写像され、他の側面（たとえば、ドア、窓、床）は写像されないのか――この点が明らかでない。

（2）たとえば「より多いは上（MORE IS UP)」という概念メタファーの基礎には、「量」と「高さ」の間の「経験基盤的な相関」があると言える。しかし、「理論」と「建物」の間には、そうした「相関」がない。この点は、「身体構造と身体的経験が、我々の概念システムを形づくる上で決定的な役割を果たす」という彼らの主張に合致していない。

著者の批判は、「抽象概念は、身体的経験に直接根ざす概念を手がかりに構築される」という「レイコフとジョンソンの議論」を否定するものではない。このことは、著者が、「第一次的メタファー」に着目することによりこれらの問題を解決可能である、と論じていることによく現れている（pp. 273-286)。「第一次的メタファー」は起点領域と目標領域の間の写像であり、前者は「感覚運動的概念」に限定されている。従って、「第一次的メタファー」への着目は、前記の「レイコフとジョンソンの議論」によく合致するのである。

Murphy 1996は、Lakoff and Johnson 1980の認知意味論について、二つの解釈――「強いヴァージョン」と「弱いヴァージョン」――を提示している。そして、それぞれの解釈を前提とした批判を行っている。「彼ら［レイコフとジョンソン」の考えの強い解釈に従えば、メタフォリカルな概念自体には、構造はほとんどない。構造は、『媒体（vehicle）』概念から来る」（p. 178）。Lakoff and Johnson 1980の内容の「強い解釈」は、同書が次のように述べていることから、妥当なものと言えよう。「一部の概念は、ほとんど完全にメタフォリカルに形づくられている。［中略］愛の概念には、『愛は感情』という下位範疇化により、また他の感情――たとえば、好むこと（liking）――との結びつきにより、最小限形づくられる核心がある。このことは、感情の概念に典型的に見られる。そうした概念は、我々の経験の中で直接的には明覚な輪郭を与えられておらず、それ故、主として間接的に、メタファーを介し、理解されなければならない」（p. 85）。（McGlone 2001は、「抽象的な概念は、具体的な概念に完全に寄生している」ということを、Lakoff and Johnson 1980の「主張」と理解している（p. 105）。しかし同書が以上のように述べていることから、そのように理解することは妥当でないと言えよう。）

「弱いヴァージョン」は、「言語的（verbal）メタファー」が「概念構造」に「影響を及ぼす」という解釈である（p. 182）。こうした「弱いヴァージョン」は、Lakoff and Johnson 1980の解釈として成り立たないであろう。本稿第一節で述べたように、同書は、メタフォリカルな表現は概念メタファーに由来すると論じている。メタフォリカルな表現が概念構築に関与するという考えは、同書には見られない。従って「弱いヴァージョン」を前提した場合の、著者の批判（pp. 182-190）は、取り上げる必要はないと考える。

「強いヴァージョン」を前提した場合の、著者の批判は、以下の通りである。たとえば「議論は戦争」というメタファーが成り立っている場合に、議論の参加者が軍服を着るとは、誰も考えない。このことから明らかであるように、「議論は戦争」というメタファーが成り立っていても、「議論」と「戦争」の関係についての解釈が為されなければならない。しかし、そうした解釈がどのように為されるかは、説明されていない（pp. 180-182）。

この批判は、前述のグレイディの批判（1）と同じ趣旨のものである。（Indurkhya 1992, pp. 82-83においても、同様の批判が為されている。）グレイディは、起点領域からの写像がどのように為されるかを、レイコフとジョンソンの認知意味論の枠内で説明している。従って現段階で、「抽象概念は、身体的経験に直接根ざす概念を手がかりに構築される」という「レイコフとジョンソンの議論」を否定するには、グレイディ説に対する批判が必要であろう。

概念メタファーとメタフォリカルな表現

Glucksberg and McGlone 1999は、レイコフとジョンソンの主張――メタフォリカルな表現は概念メタファーに基づいて理解される――に反する実験結果を提示している。しかし実験で用いられたのは、慣習化した意味を持つ「メタファー」（「我々の愛はガタガタするジェットコースターに乗ることである」）、「新しいメタファー」（「我々の愛は海底への航海である」など）、及び慣用句（「激怒した（blew her top）」など）である。何れも、「レイコフとジョンソンの議論」が着目する「字義通りの意味を持つものと認識される」言語表現ではない。従って、著者の実験結果から、彼らの議論を否定することはできないであろう。

Leezenberg 2001は、「概念メタファー」及び「メタフォリカルな表現」の例としてレイコフとジョンソンが挙げているものの中には、適当でないものがあると指摘する。「『心は機械』あるいは『心は砕けやすい物体』のような概念は、我々は息切れしつつある（*We're running out of steam*）、彼は泣き崩れた（*He broke down*）、彼はまいってしまった（*He cracked up*）という文に含まれると主張されている。しかし、これらの文において、心は触れられておらず、必ずしも含意されていない」（p. 140）。これは、的確な指摘であろう。表現に、「概念メタファー」中の「定義される概念」が含まれない場合、その表現が「概念メタファー」に由来するか否かは、不明確になってしまう。

以上、レイコフとジョンソンの認知意味論に対し為されてきた諸批判を概観した。「レイコフとジョンソンの議論」を踏まえた抽象概念の検討基準の提示を不適切とするような欠陥が、それに内在するという論証は、為されていない。（但し、前述のように、「レイコフとジョンソンの議論」中の「身体的経験に直接根ざす概念」は、それが文化的に「媒介」されることを排除しないように解釈する必要がある。）彼らの議論を踏まえて抽象概念の検討基準を提示することには、ひとまずの妥当性があると言えよう。

第三節　レイコフとジョンソンの認知意味論の政治研究への応用

本稿は、政治的ディスコースの記述・説明ではなく、ディスコースの担い手自身による、その検討に着目している。そして第一節で、抽象概念の検討基準をレイコフとジョンソンの認知意味論、具体的には「レイコフとジョンソンの議論」、に基づいて提示した。従来の研究は、「レイコフとジョンソンの議論」に依拠する場合においても、それから政治的ディスコースの記述・説明の枠組みを抽出し、適用している。以下、分野別に、諸研究を概観しよう。ここでは、それらと本稿のアプローチの違いを示すことが目的であるので、取り上げる研究の内容の当否については論じない。なお、「レイコフとジョンソンの議論」を政治研究に応用する際、言語表現が一つの重要な着目点になる。第一節で指摘したように、着目すべきは、レトリックと無縁の字義通りの意味を持つと一般に認識される表現である。(6)

イデオロギー

Lakoff 1996は、現代アメリカの政治的ディスコースの基礎にある、「保守的」及び「リベラル」な「世界観」について論じている。同書によれば、「家族」の「厳格な父親モデル」を基礎に、「厳格な父親の道徳システム」（「道徳性は力（strength）」等々のメタファーから構成される）が成り立っている。これが「国民は家族」というメタファーを介して政治に投射され、「保守的」な「世界観」を生み出している。また、「家族」の「育成的な（Nurturant）親モデル」を基礎に、「育成的な親の道徳システム」（「道徳性は共感」等々のメタファーから構成される）が成り立っている。これが「国民は家族」というメタファーを介して政治に投射され、「リベラル」な「世界観」を生み出している。（こうした議論の応用例について、Cienki 2005参照。）

外交政策

Chilton and Lakoff 1995は、外交政策の理論における「国家（state）は人」というメタファーの重要性を指摘している。「『人としての国家』というメタファーは、我々の日常的な概念システムの一部である。〔中略〕それは専門理論家たちにより採用され、拡充されてきた」（p. 52）。「実際、専門家の理論は、通常、一般人のメタファーを解釈したものを用いる――彼らの理論が直観的に理解可能であり、『常識』の現れであると思わせるのは、このことである」（p. 39）と論じられている。

Rohrer 1995は、湾岸危機（一九九〇―一九九一年）におけるブッシュ大統領の言説を分析している。「国家（NATION）は人」（pp. 117-123）及び「国家は人々の契約（『社会契約』メタファー）」（pp. 130-132）が取り上げられ、「『新しい世界秩序』の論理は、『国家は人』のメタファーを介して国民国家に投射された、『社会契約』の論理に過ぎない」と論じられている（p. 133）。「結論」で、次のように述べられている。「国家は人」などのメタファーは、「その認知的定着（entrenchment）——その、我々の会話における独立的・慣習的・日常的定着物（fixtures）となる能力」に支えられている。『新しい世界秩序』のメタファー・システム［中略］の持つ説得力は、何か新しいものの発明にあるのではなく、社会契約の認知的定着にある」（p. 135）。

国際政治

Schäffner 1995は、冷戦のディスコースから冷戦終結直後のディスコースへの変化の分析である。著者はまず、雑誌論文を手がかりに、一九七九年から一九八九年にかけてのキーワードは「バランス」であったと述べる（pp. 78-79）。そして次のように論じている——「バランスのメタファー」における「起点領域」は、「天秤の皿」である。そうしたメタファーに基づき、たとえば「現在の不均衡を基礎とする交渉によっては、ヨーロッパの核兵器の管理に関する賢明な合意は為され得なかった」、「ＮＡＴＯは、西欧内部からロシアを攻撃する能力を初めて持つＮＡＴＯミサイルの生産開始により、均衡を回復することを決定した」などの表現が生み出されている（pp. 80-83）。

著者はさらに、冷戦終結直後のディスコースについて、ＮＡＴＯの文書を手がかりに、ヨーロッパに関する「建築物のメタファー」を取り上げる。そして、ヨーロッパの「安定性」が、「柱」や「基礎」と関係づけられていると指摘する（pp. 86-89）。

Sandikcioglu 2000は、湾岸戦争（一九九一年）に関するニュース報道の分析である。著者は「概念メタファー」から成る「フレーム」を五つ取り上げ、雑誌記事中の、各「フレーム」に基づく表現を示している。「フレーム」は、「文明対野蛮」（概念メタファーは、「東洋人は野蛮人」など）、「成熟対未熟」（概念メタファーは、「東洋人は生徒」など）等々である（pp. 308-317）。「結論」で、次のように述べられている。「敵を世界（少なくとも、西洋文明）への脅威と概念化すべく、ニュース報道はオリエンタリズムの枠組み［中略］に大きく依存した。［中略］イラクをオリエントの一部とする単純化され、図式化された概念化は［中略］湾岸危機への強硬なアプローチ――それは遂には戦争につながった――を正当化した」（p. 317）。

Drulák 2008は、「国際政治ディスコースのメタファー」の研究方法を提示する。これは、五つの「ステップ」から成る。すなわち、「目標領域と言語コミュニティの選択」、「コーパス収集と概念メタファーの演繹」、「メタフォリカルな表現の探索、概念メタファーの修正」、「［概念メタファーが用いられる］頻度の確定、言語セグメント間の比較」、及び「実際的含意の詳述」である（p. 107）。各ステップについて、EUに関するディスコースの研究から具体例が示されている（pp. 108-115）。「概念メタファー」とそれに由来する「メタフォリカルな表現」の例として、「EUは運動」と「統合の将来の方向」、「EUは容器」と「ヨーロッパの心臓部にいること」等々が挙げられている（p. 112）。

セクシュアリティ等

Stenvoll 2008は、一九五〇年代から一九九〇年代にかけノルウエー議会で展開された「セクシュアリティ、妊娠中絶、及び新しい生殖技術」（p. 30）に関する論議の分析である。特に「滑りやすい坂道（slippery slope）の論理」（「今X――それ自体としては無害であるか、少なくともそれほど悪くはない――を受け入れれば、引き続いて将来必ず起こるのはY――我々全員（あるいは我々のほとんど）が悪いと考えること――である」）（p. 28）を用いた論議に着目している。第一に、「これ［「滑りやすい坂道というメタファー」］は、『政治は物理現象』と呼ばれ得る、構造的・慣習的メタファーの表現である」。第二に、「滑りやすい坂道のイメージは、社会的世界の時間・空間を、規範的な階統制構造――それにおいては、静止という現状は『上』で、従って良く、当該のケースとそれに続く坂道は、近寄るべきでない悪い場所、すなわち『下』へと、我々を導く――へと組織する。このメタフォリカルな表現は、従って、方向づけに関わる慣習的なメタファー――それは『良いは上、悪いは下』と呼ばれ得る――に対応する」。第三に、「政策あるいは法的慣行のような抽象的で複雑な社会現象は、明確に識別可能な物体と表象される。［中略］暗黙の存在論的、慣習的メタファーは、前記の場合と同じく、『政治は物理現象』と呼ばれ得る」。かくて、「危険な坂道のメタファー［レイコフとジョンソンの用語法によれば、メタフォリカルな表現］は、人々が政治を理解し、経験し、実践するやり方を形づくる幾つかの概念メタファーの表現である」（p. 35）。

以上、「レイコフとジョンソンの議論」を応用した政治研究を概観した。それらにおいて、「レイコフとジョンソンの議論」に基づき、政治的ディスコースの記述・説明が為されていると言えよう。

第四節　抽象概念の検討基準の適用例――ルークスのパワー論

「はじめに」で述べたように、政治的ディスコースの担い手による「現実」吟味は、抽象概念の検討を含む。本節においては、「レイコフとジョンソンの議論」を踏まえて提示した抽象概念の検討基準――「ある抽象概念を、身体的経験に直接根ざす概念を手がかりとして構築することにより、問題のある結果が生じていないか」――の適用例を示したい。具体的には、S・ルークス（Lukes）の *Power: A Radical View* 第二版（Lukes 2005）を取り上げる。同書初版（Lukes 1974）は、パワー論の分野で、数多くの論評の対象となってきた。その刊行後三〇年ほどの間におけるパワー論の様々な展開を踏まえ、第二版は執筆されている。その構成は、以下の通りである。

序論
第一章　パワー――ラジカルな見方
第二章　パワー、自由、及び理性
第三章　三次元的パワー

第一章は、Lukes 1974と同じである。新たに執筆された第二章及び第三章の内容は多岐にわたっているが、その中心は、「パワー」概念に関する考察（第二章第一節―第三節、第三章第一節）及び「支配」概念・「支配」の「メカニズム」に関する考察（第二章第四節―第六節、第三章第二節以下）である。

注目すべきは、Lukes 1974における「『パワーの基礎的概念』の定義」が撤回されたことである。「『*A*が*B*に、*B*の利益に反するやり方で影響を及ぼすとき、*A*は*B*に対しパワーを行使すると述べること』によりパワーを定義したのは、誤りであった。パワーは能力（capacity）であり、そうした能力の行使ではない」（Lukes 2005, p. 13）。（以下、同書から引用する際、ページ数のみを示す。）「明らかなのは、ここ［初版］で定義されている基礎的概念が『パワー』ではなく、支配への服従の確保であるということである。［初版の］テキストは、『パワーを持つ者は、彼らが支配する者の服従をどのように確保するのか』という問題［中略］に取り組んでいる」（pp. 109-110）。

さて、前記の、抽象概念の検討基準を、Lukes 2005のパワー論に適用しよう。

まず、ルークスが「パワー」概念――抽象概念――を、「存在物」概念――身体的経験に直接根ざす概念――を手がかりに構築し、パワーを存在物ととらえていることを示す箇所を挙げよう。

「人が社会的世界にどれ位のパワー（how much power）を見るか、そしてそれがどこにあると確認するかは、それをどのように考える（conceives）かによる」（p. 12）。

「人間のパワーは、典型的には、そのようにしようと［作動させようと］選択する行為者により作動させられる（activated）諸能力［中略］、そしてまた、行為者が自らの意思に関わらず持ち得る受動的パワーである」（p. 71）。

「概念枠組みにてらし、パワーと認められるものの範囲が広いほど、人は世界におけるより多くのパワー（more power in the world）を見ることができる」（p. 72）。

「様々な争点に関し、相異なる諸状況において、重要な意図されざる結果を生み出しつつ、指一本上げる必要なく、私がそうし得る［勝利を収め得る］限りで、私のパワーは増大（increased）しないであろうか」（p. 79）。


以上において、パワーは、人が「見る」、所在が確認される、「作動」させられる、「世界」の中の、（「多い」という言葉が適用されている点に見られるように）量を持つ、「増大」する何かである。ルークスは、「パワー」概念を「存在物」概念を手がかりに構築し、パワーを存在物ととらえていると言えよう。このことから、問題のある結果が生じているであろうか。以下、この点を検討する。

ルークスの議論の焦点は、第二章第四節「支配としてのパワー」から、「支配」に移る。「支配」論の導入部分で、次のように述べられている。「支配はどのように作用する（work）のか。パワーを持つ者は、彼らが支配する者の（自発的あるいは非自発的な）服従をどのように確保するのか。これを問うことは、概念的な問い及び分析的な問いを発することである」(pp. 85-86)。この後、第五節「フーコーのパワー論」、第二章最後の第六節「フーコーの応用」、第三章第二節「本質的論争性」、第三節「第三次元の擁護」、第四節「適応的選好」、最後の第五節「『真の利益』及び『虚偽意識』」は、全て支配とそのメカニズムを主題としている。

　ルークスは、「支配」と「パワー」をどのように関係づけているのであろうか。「支配としてのパワーは、それ［「パワーを持つ者のパワー」］がパワーを持つ者の利益を増進し、あるいは損なわず、それに服する者の利益に否定的に影響する場合には、必ず存在するであろう」(p. 86)。「支配としてのパワーについて語ることは、行為者あるいは行為者たちの欲望、目的、あるいは利益［中略］に対する何らかの重要な制約の押しつけを示唆することである」(p. 113)。「支配としてのパワーは［中略］利益に対する制約という観念に訴える」(p. 146)。以上において、「支配」がどのように定義されているかは、明確でない。しかしルークスは、Lukes 2005に対するP・モリスの批判(Morriss 2006)に答える際、「支配はパワーの現実化あるいは結果である」と述べている(Lukes 2006, p. 172, n.1)。この定義が、Lukes 2005においても暗黙のうちに前提されていると考える。

　ルークスのように、「支配」を「パワーの現実化あるいは結果」ととらえれば、「支配」論の中心概念は「パワー」となる筈である。しかし、「支配」概念に詳しい検討を加えた後、ルークスはそれを次のように要約している。「以上の議論の結論は、支配をどのように解釈するべきかという問題への説得力ある諸解答は、ただ一つの解答へと要約されないというものである。自由に関するミニマルな見方の支持者は、次のような擁護可能な主張を行い得る——すなわち、支配とは、住民・マイノリティ・個人に、彼らが選ぶところに従い生きる選択肢を制限する外的強制・制約を受けさせることそのものであるが、彼らは［中略］自律的で合理的な行為者と見られるべきである、という主張である。他方の、ここで概観したミニマルでない見方は、内的制約の問題——『選好形成』、『内面化』、『ヘゲモニー』と様々に呼ばれるものの問題——を提起することにより、そうした［ミニマルな］考えに異議を唱え、それを複雑化する。言い換えればそれら［ミニマルでない見方］は、支配が——人々の判断力を増大させず、減殺し、損なうことにより、そして彼らの自己認識・自己理解をねじ曲げ、歪め、限局することにより——人々の利益に反して作用し得るやり方をとり扱う」（pp. 123-124）。

以上に「パワー」概念が登場しないことに、注目しよう。「支配」概念の中核を成すのは、実質的には（存在物としてのパワーを指し示す）「パワー」ではなく、「自由」、「外的」な「制約」、「内的制約」などである。（ここでは、紙幅の関係で省略するが、「判断」、「合理性」、「本性」、「人間性」、「アイデンティティ」なども、ルークスの「支配」概念において重要な位置を占めている。）このことは、AによるBの利益侵害という、ルークスが着目する事象に、存在物としてのパワーが関係しないことに由来していよう。ルークスのように、そうした事象を「［存在物としての］パワーの現実化あるいは結果」ととらえた場合、そうした事象の考察の中心概念が何であるかが不明瞭になってしまうであろう。Lukes 2005においては、「パワー」概念を「存在物」概念（という身体的経験に直接根ざす概念）を手がかりに構築することから、問題のある結果が生じている。(8)

以上、「ある抽象概念を、身体的経験に直接根ざす概念を手がかりとして構築することにより、問題のある結果が生じていないか」という基準の適用例を示した。

むすび

本稿で論じてきた基準を抽象概念に適用した結果、問題のある結果が生じていると確認されたとしよう。その抽象概念について、何が為されるべきであろうか。

レイコフとジョンソンは、「メタファーを超えて［世界を］見ることができるのは、他のメタファーを用いることによってのみである」(p. 239) という立場をとっている。(同様の議論について、Lakoff and Johnson 1999, p. 168参照。) こうした立場からすれば、問題のある抽象概念については、別の概念を手がかりとする再構築が為されるべきであるということになる。

彼らが挙げている例を見よう。「問題はパズル」という現在支配的なメタファーの下で、「問題は、正しい解決法が通常はあるようなパズルであり、それ［問題］はひとたび解決されれば、永久に解決されたことになる」。かくて我々は、「問題を最終的に解決すること」に精力を注ぐ。しかし「我々がある時点で『解決された』と考えた問題が繰り返し現れる」ことを、我々は経験することになる (pp. 144-145)。

彼らは、「問題はパズル」というメタファーから問題のある結果が生じていることを踏まえ、それに代わり得るものとして「問題は化学溶液の沈殿物」というメタファーを挙げる。このメタファーの下では、「諸問題の全てが、常に存在する。但し、それらは溶解状態にあることも、固体の形をとることもある。［中略］人は、いかなる触媒が喫緊の問題を最長の期間、さらにひどい問題を沈殿させることなく、溶解させるかを発見することに精力を注ぐことになる。問題の再発現は［中略］自然な出来事と見られることになる」(pp. 143-144, 148, 152)。但し、彼らによれば、「我々が生きる際に依拠するメタファーを変えるのは、決してたやすいことではない。［中略］我々の日々の無意識的な活動の多くは、『パズル』のメタファーを手がかりとして形づくられているので、意識的な決定に基づいて素早くあるいは簡単に『化学物質』のメタファーに移行することは到底できない」(p. 145)。

確かに、問題のある抽象概念の扱い方として、レイコフとジョンソンが主張する再構築は有効なものであろう。しかし、抽象概念を身体的経験に直接根ざす概念を手がかりに構築するという型は、抽象概念は独立した意味単位であるという前提の上に成り立っている。そうした前提自体の検討も必要ではないであろうか。この点について論ずることを、次の課題としたい。

【注】

（1）訳出にあたり、Lakoff and Johnson 1980について渡部昇一・楠瀬淳三・下谷和幸訳『レトリックと人生』（大修館書店）、Lakoff 1987について池上嘉彦・河上誓作・他訳『認知意味論』（紀伊国屋書店）、Lakoff and Turner 1989について大堀俊夫訳『詩と認知』（紀伊国屋書店）、Lakoff 1996について小林良彰・鍋島弘治朗訳『比喩（メタファー）によるモラルと政治』（木鐸社）、Lakoff and Johnson 1999について計見一雄訳『肉中の哲学』（哲学書房）を、それぞれ参照させていただいた。

（2）例として、「上 - 下」、「物体」、「直接的操作」が挙げられている（p. 119）。

（3）レイコフとジョンソンがメタファーを論ずる際の基本的関心については、以下を参照。「伝統的に考えられてきたような、根源的に自律的な合理性を我々は持つという前提により［中略］我々は［中略］無意識のメタファーに、気づかぬうちに、批判を欠いたまま、依存することを余儀なくされる。我々に可能な概念的自由を最大化するには、身体化された認知的無意識――それは、我々の心的生活のほとんどを支配する――の存在を否定する諸哲学の欠陥を見抜き、それを越えて進むことができなければならない」（Lakoff and Johnson 1999, pp. 537-538）。

（4）Schön 1979、Yanow 2008など参照。

（5）批判者が自説の正しさを前提とし、彼らの議論は自説に適合しないとする批判（たとえば、MacCormac 1985, p. 59-60）は取り上げない。

（6）レイコフは次のように述べている。「常識は、通常は意識されない概念構造を持っている。［中略］政治的ディスコースの研究を絶対に必要なものにするのは、その常識的な性質である」（Lakoff 1996, p. 4）。レイコフとジョンソンの認知意味論に依拠しようとしつつ、政治におけるレトリカルな表現に着目する研究として、Pancake 1993、Chilton 1996、Zinken 2003、Charteris-Black 2004、Musolff 2004、Charteris-Black 2005、Drulák 2006、Cienki 2008、Vertessen and De Landtsheer 2008がある。

（7）前述のようにルークスは、「支配としてのパワー」に関し、「行為者あるいは行為者たちの欲望、目的、あるいは利益［中略］に対する何らかの重要な制約の押しつけ」に言及している。

（8）この点がLukes 1974にもあてはまることは、別の機会に示したい。

【文献リスト】

Carver, T. and J. Pikalo（eds.）. 2008. *Political Language and Metaphor*, Routledge.
Charteris-Black, J. 2004. *Corpus Approaches to Critical Metaphor Analysis*, Palgrave Macmillan.
Charteris-Black, J. 2005. *Politicians and Rhetoric*, Palgrave Macmillan.
Chilton, P. A. 1996. *Security Metaphors*, Peter Lang.
Chilton, P. and G. Lakoff. 1995. “Foreign Policy by Metaphor” in Schäffner and Wenden.
Cienki, A. 2005. “Metaphor in the ‘Strict Father’ and ‘Nurturant Parent’ Cognitive Models,” *Cognitive Linguistics*, 16（2）, 279-312.
Cienki, A. 2008. “The Application of Conceptual Metaphor Theory to Political Discourse” in Carver and Pikalo.
Drulák,P. 2006. “Motion, Container and Equilibrium,” *European Journal of International Relations*, 12（4）, 499-531.
Drulák,P. 2008. “Identifying and Assessing Metaphors” in Carver and Pikalo.
Glucksberg, S. and M. S. McGlone. 1999. “When Love is Not a Journey,” *Journal of Pragmatics*, 31, 1541-58.

Grady, J. 1997. "Foundations of Meaning," Ph.D. dissertation, University of California, Berkeley.

Grady, J. 1997a. "THEORIES ARE BUILDINGS Revisited," *Cognitive Linguistics*, 8 (4), 267-90.

Indurkhya, B. 1992. *Metaphor and Cognition*, Kluwer.

Lakoff, G. 1986. "A Figure of Thought," *Metaphor and Symbolic Activity*, 1 (3), 215-25.

Lakoff, G. 1987. *Women, Fire, and Dangerous Things*, University of Chicago Press.

Lakoff, G. 1993. "The Contemporary Theory of Metaphor" in A. Ortony, ed., *Metaphor and Thought*, 2nd ed., Cambridge University Press.

Lakoff, G. 1996. *Moral Politics*, University of Chicago Press.

Lakoff, G. and M. Johnson. 1980. *Metaphors We Live By*, University of Chicago Press.

Lakoff, G. and M. Johnson. 1999. *Philosophy in the Flesh*, Basic Books.

Lakoff, G. and M. Johnson. 2003. "Afterword, 2003" in G. Lakoff and M. Johnson, *Metaphors We Live By*, University of Chicago Press.

Lakoff, G. and M. Turner. 1989. *More than Cool Reason*, University of Chicago Press.

Leezenberg, M. 2001. *Contexts of Metaphor*, Elsevier.

Lukes, S. 1974. *Power*, Macmillan.

Lukes, S. 2005. *Power*, 2nd ed., Palgrave Macmillan.

Lukes, S. 2006. "Reply to Comments," *Political Studies Review*, 4 (2), 164-73.

MacCormac, E. R. 1985. *A Cognitive Theory of Metaphor*, MIT Press.

McGlone, M. S. 2001. "Concepts as Metaphors" in S. Glucksberg, *Understanding Figurative Language*, Oxford University Press.

Morriss, P. 2006. "Steven Lukes on the Concept of Power," *Political Studies Review*, 4 (2), 124-35.

Mottier, V. 2008. "Metaphors, Mini-Narratives and Foucauldian Discourse Theory" in Carver and Pikalo.

Murphy, G. L. 1996. "On Metaphoric Representation," *Cognition*, 60, 173-204.

Musolff, A. 2004. *Metaphor and Political Discourse*, Palgrave Macmillan.

Mutimer, D. 2000. *The Weapons State*, Lynne Rienner.

Mutimer, D. 2008. "Waging Wars in Iraq" in M. Kornprobst et al., eds., *Metaphors of Globalization*, Palgrave Macmillan.

Pancake, A. S. 1993. "Taken by Storm," *Metaphor and Symbolic Activity*, 8（4）, 281-95.

Rakova, M. 2002. "The Philosophy of Embodied Realism," *Cognitive Linguistics*, 13（3）, 215-44.

Rohrer, T. 1995. "The Metaphorical Logic of（Political）Rape," *Metaphor and Symbolic Activity*, 10（2）, 115-37.

Sandikcioglu, E. 2000. "More Metaphorical Warfare in the Gulf" in A. Barcelona, ed., *Metaphor and Metonymy at the Crossroads*, Mouton de Gruyter.

Schäffner, C. 1995. "The 'Balance' Metaphor in Relation to Peace" in Schäffner and Wenden.

Schäffner, C. and A. L. Wenden（eds.）. 1995. *Language and Peace*, Dartmouth.

Schön, D. 1979. "Generative Metaphor" in A. Ortony, ed., *Metaphor and Thought*, 2nd ed., Cambridge University Press.

Stenvoll, D. 2008. "Slippery Slopes in Political Discourse" in Carver and Pikalo.

Vertessen, D. and C. De Landtsheer. 2008. "A Metaphorical Election Style" in Carver and Pikalo.

Yanow, D. 2008. "Cognition Meets Action" in Carver and Pikalo.

Zinken, J. 2003. "Ideological Imagination," *Discourse and Society*, 14（4）, 507-23.

第五章　ナショナリズムにおける鋳型と型

石田　正治

以下の行論中の引用文中の〔　〕は筆者が補った記述であり、（　）は原文中に存在するものである。

第一節　問題の所在

人の営為にかかわる「型」という言葉は、「型にはまる」とか「型どおりに」などの形で日常的な場でしばしば用いられる。それだけに、この言葉を、一個の確定的な内容をもつ学術的概念として定義するのはきわめて困難であり、むしろ敢えてそのようなことを試みることに積極的な意義はないように思われる。この言葉の具体的かつ確実な内容は、すくなくとも議論の出発点においては、多くの日常的表現がそうであるように、もっぱらそれが置かれる文脈に依存するものとみなしておいた方がよさそうである。

もとより、そのように想定することは、この「型」という言葉が、文脈のいかんに関わらないある固有性をもつことと矛盾するものではない。そのような固有性とは、多くの人間の営為（思考、志向あるいは行動）に共通する「何か」、あるいは一人の特定の人間の営為であっても、複数の場面においてそのなかにくり返し現れる「何か」、を指示しているということである。では、そのような「何か」は、どのようにして形成され、当の人間にとっての（ユクスキュル的に表現すれば）環世界のあり方とどのような関係をもつのかが、問題になる。この問いは、とりあえずは、一人の人間がもつ固有の型、つまり、その人間がいくつもの異なる状況のなかで示す営為の共通性と、集団的な型つまり多数の人間の営為に存在する共通性とに分けて考えることができる。

一人の人間の営為がもつ固有の型は、状況によって触発され顕在化する傾向性であり、当の人間の表層的自覚的な意識のあり方にとどまらず、それを衝き動かす感情のあり方でもある。いわば、「そうしないでは居られないもの」を主体の内部から生み出すものである。しかしながら、注目しておくべきは、「型」という言葉のなかには、当人にとって否定的な思考や行動のあり方、つまり自覚的な悪癖や病的な嗜癖は含まれていないことである。この言葉は、本来、その示唆するものが何らかの肯定的な意味をもつことを前提としているのであり、そうであるからこそ、「型どおり」という表現には、そこに皮肉がこめられることはあるにしても、「事もなく」「滞りなく」という安心安定の感情が随伴するのである。このように考えると、一人の人間の営為に内在する共通性としての「型」は、その人間の営為を、状況の変化のなかで支え安定させ、そうすることで安心を与えるような、主観的規範として作用するもの、と看做しておくことができる。

個々の人間がもつ固有の「型」は、当の人間にとって、それに従うことで肯定的な意味における「自分らしさ」の感覚を得ることができるものに違いない。「自分らしさ」の感覚、つまり、自分は他ならぬいつもの自分のように考え行動しているという感覚は、自己の内的統一性の感得であると同時に、他者と異なる固有性を保っているという自覚でもある。この固有性の保持という感覚が、他者との関係の不在によってつくられるものではないことは、言うまでもない。臨床心理学者E・エリクソン（Erik H. Erikson）によれば、同一性という感覚（sense of identity）は、自分がずっと同じでありつづけているという感覚には違いないが、それは自分らしくしている（being one's self）という感覚であると同時に、「他の人々が、〔自分にたいして〕もっとも好意的な時に、思っていてくれるような存在に自分がなろうとしている」という感覚であり、「うまくいっている」（being all right）という感覚でもある。(1) 一人の人間の営為における主観的に肯定的な固有性としての「型」の議論は、こうして「他者」の存在を展望することになる。

小論との関係で重要なのは、同一性感覚が肯定的に成立つうえで、他者の示す判断がもつ意義の大きさである。もとよりその「他者」は、アカの他人ではなく、個々の近しい存在であると同時に、ある共通性を帯びた、つまり、ある「型」をもつ統一的な「全体」として、たとえば「世間」として、想像されるものである。(2) 個々の人間の側からみれば、自己の営為あるいは「あり方」について判断を示す個々の他者は、それが集団的な型を具現しているとみえる限りは、つねに統一的な「全体」を代表する者として認識される。それゆえに、個々の他者が「私」にたいして示す態度や言説は、その他者の背後にあるはずの全体が保有する態度や言説に他ならない。そのような態度や言説は、「私」をとりまく環世界のあり方を示すものであり、それらが「私」にとって肯定的であることは、生き続けるために不可欠である。エリクソンが幼児を育てる母親について述べていることは、このことの例示になるであろう――「母親は子供のなかに〔最初の〕信頼感をつくりだすのだが、彼女は、それ〔母親にたいする信頼感〕を、乳児の個々の要求に細心に応じるように世話をすることによってのみつくりだすのではなく、自分がその世話を、その文化がもつ生活様式（their culture's life style）という信頼にたる枠組みに合致しておこなっているという、自信をあわせもつことによって、なし遂げている」。(3) 母親が母親としての自分の同一性を保持するには、幼子を愛しているという自覚だけでは不十分で、その母親がみずから規範とする「生活様式」、すなわち自分が属している文化の日常規範的表現に、自分の行動が合致しているという自信が重要だというのである。エリクソンのいう「生活様式」が、先に示した「多数の人間の営為に内在する共通性」としての「集団的な型」に相当するのはいうまでもない。このように、「集団的な型」は、個々の人間が同一性を成立させておくうえで不可欠な準拠規範であり、それゆえに、個々の人間が「型」をもつことを可能にする枠組みであるに違いない。このように考えたうえで、さらに確かめておくべきは、個々の人間のもつ型は集団的な型を母型とするのではないか、ということである。エリクソンが「儀式化」(ritualization)という概念をもちいて論じていることは、これを肯定する論拠となるであろう。以下、その論述を追ってみることにする。

エリクソンは、「儀式化」とは、日常生活における「唯一のきちんとした振るまい方」を「実地に教え込むこと」だという[4]。彼は、その実例の一つとして、北部カリフォルニアの先住民ユーロク族のシャーマンが語った伝統的な食事の正しい作法を紹介している。この部族はクラマス河が太平洋に注ぎ込む河口地域に住んでいて、おもに鮭をとって自給自足していた――「彼らは、クラマス河によって二分された直径一五〇マイルの円形の地域が、この世界にあるべきものをすべて含んでいる、と考えていた。……彼らは眼前の水平線に向かって祈った。その水平線の向こうに、超自然的な『家』があって、そこから、気前の良い精霊たちが彼らに生活の資を送ってくれると考えていたからである。すなわち……海の向こうには鮭の故郷がある。……天空が鹿を送ってくれるという信仰があり、さらに、北部の海岸地域から貝殻の通貨(shell money)〔貨幣として通用する貝殻〕がやってくる……」[5]。この局限された世界のなかで、人はあくまでも禁欲的かつ受動的に振る舞わねばならない。食事にかんする幼児教育は、この定常的な貧しさを受容するためのものであった――「『ものごころつくようになった』

子供は、〔厳格に席次がきめられている食卓で〕指図どおりの仕方で食べるように教えられた。子供は、スプーンにほんの少しだけ食物をのせて、スプーンをゆっくりと口に運び、食物を噛んでいるあいだスプーンを下ろし――そして味わい呑み込むあいだは、なによりも、お金持ちになると思い描かなければならなかった。みんなの思いが貝の通貨と鮭のことに集中しつづけるように、食事中はだれもが沈黙していた」(6)。このような、かつては適切なものであった生活の仕方は、多くの人類学者が現地調査のなかで出会う老人たちが語る証言の例にもれず、細部にわたって、神によって創られた存在にふさわしい「道徳的かつ美的な廉直さを示す」ものだと、エリクソンはいう(7)。ユーロク族の子供たちは、このような食事の仕方を、周囲の大人たちが日常的にくり返しておこなう儀式化によって身につけたのである。儀式化は、精霊を信じて祈ることだけが豊かに暮らすための方法だという一般的な信念を、食事をとるというもっとも日常的な行為に浸透させて、この日常的な営みにこのように宗教的な意義をあたえたが、それは日常的所作にかかわる規範をたんに熟知させるだけではなかった。たとえば、ユーロク族の成人男子は、樹から貝の貨幣が成り下がり季節でもないのに鮭が河をのぼるという幻影を、みずから喚起することができる、という(8)。彼は、このように幻影をみれば、鮭を送ってくれる精霊が動くに違いないと信じているのである。儀式化の影響は彼らの深層にまでおよび、自我全体のあり方を規定したといえよう。

エリクソンは、儀式化は「限定的な自然と技術の範囲で、人間のさまざまな傾向性を一つの文化体系に適合したものにするような、一揃の行動類型の形成をうながすもの」だという。ここでいわれている「一つの文化体系」が、その中核に、集団全体が共有し依拠する「生活様式」を内包することはあきらかであり、それゆえに文化体系は個々の日常的な営為の態様を規定すると考えてよい。集団のもつ「型」とは、このような文化体系の日常的営為における表現といえるであろう。エリクソンの議論は、臨床心理学の知見にもとづいて、個々の人間にとっての「きちんとした振るまい方」すなわち「型」が、集団のもつ「型」にあわせて、それと調和するように創出されるという事情をあきらかにしていることになる。彼は、この儀式化は、「生き生きとした文化」においては、「衝動的な逸脱にも強迫的な自己抑制にもおちいらせないような創造的な形式化」を意味している、というのである。(9)小論の文脈にひきつければ、儀式化は、集団的な型が、いわば「鋳型」として、その集団に属する個々の人間の「型」を生み出す過程を意味していたのである。個々の人間が、自我の斉一性と持続性、すなわち同一性を確立し、かくして自分の型をもつためには、自己が帰属する集団内に共通する固有の営為の様態としての型を、準拠すべき規範として、つまりは「鋳型」として、示されることが必要であった。エリクソンの議論は、「鋳型」が同一性確立という人間の心理的必要を充たすものであることを、説得的に示したのである。

ユーロク族の一員としての「きちんとした振るまい方」という「鋳型」は、水平線の向こうの気前の良い精霊にたいする信仰を核心としていた。これは、おそらくは遙かな過去からエリクソンが一九四三年に出会ったシャーマンの若い時まで続いていた、部族の「型」であった。「型」のこのような長期にわたる持続は、彼らの文化に伝統による正統性という規範力をあたえ、それがまた精霊信仰を堅固なものにしていたのであろう。では、近代の、本質的に世俗的な世界において、国民と呼ばれる人間集団のもつ「鋳型」は、なにを核心として、どのような儀式化によって、個々の成員の「型」を創出するのだろうか。この問いを、ナショナリズムの形成と世界的普遍化とに注目しながら考察するのが、以下の課題である。

第二節 「国民的共同体」の形成

儀式化は、個々の人間の同一性が確立され安定的に維持されるうえで不可欠の、相互作用（interplay）であった。また、この日常的に絶えず反復される営みによって、その集団の文化と行動規範が次の世代に受けつがれていくのである。国民という近代になって登場した本質的に世俗的な集団においても、もちろん、同一性の確立・維持に儀式化を必要とする人間の心理的機制は変わらないであろうが、ユーロク族について観察されたような事象をそのままあてはめて考察をすすめることはできまい。国民という集団において、儀式化はどのような形式をとるのだろうか。

このことを考えるには、まず、国民という集団の特質をあらためて見ておく必要がある。周知のように、B・アンダーソン（Benedict Anderson）は、この集団を「想像された政治的共同体」（imagined political community）と定義し、そのような想像の核心に、「深い水平的な comradeship」すなわち「たがいに運命を共にする者同士」という感覚があると指摘している。[10]このような想像の仕方によって、同一の国家に帰属する人間たちは、たとえたがいに見ず知らずであっても、その安危が他人事ではないと感じられるような同胞になる、というのである。ここでの問題は、そのような「運命を共にしている」という感覚、あるいは「運命共同体」というべき想像の産出と、儀式化という心理的機制との関係である。

アンダーソンは、前近代のヨーロッパにおいて、カトリック信仰の揺らぎが聖なる言語としてのラテン語の地位を低下させる一方、資本主義の漸進的な発達が出版資本により広い市場をもとめさせ、印刷技術の画期的な進歩とあいまって、さまざまな俗語出版物が普及できたことに注目している。企業的に採算のとれる俗語出版が興隆しえたのは、狭い地域でのみ通用する口語俗語が、出版俗語というなかば人為的な言語によって整理統合されて、口語の無秩序な多様性が克服されたおかげであった。アンダーソンは、このことが「国民意識」（national consciousness）の形成に果たした意義の大きさを、つぎのように指摘している――「もっとも重要なこととして挙げるべきは、出版俗語が、ラテン語の下位、口語俗語の上位に、交換とコミュニケーションの統一的な場（unified fields of exchange and communication）を創造したことである」[11]。この過程において、それぞれに特定の出版俗語を読解できる者たちは、この言語の流通する場に「数十万、いや数百万の人々がいること、そしてまた、これらの数十万、数百万の人々だけがこの場に所属するのだということ」を次第に認識するようになった。アンダーソンは、さらに、自己を特別な集団の一員として自覚することは、「国民」に帰属しているというやがて登場する意識の原型だという――「各地のさまざまな俗語の使い手たちは、出版によって読者同胞（fellow readers）に結びつけられて、その世俗的で特有で可視的な不可視性（secular, paticular, visible invisibility）において、国民的なものと〔やがて〕想像される〔ようになる〕共同体の胚を形成したのである」[12]。「不可視性」は、個々の人間をあたかも一個の有機体における一つの部位でもあるかのように包摂する「全体」が、各人の脳裡にのみ存在する、つまり主観的にのみ認識されることを示唆するものと理解すべきであろう[13]。このような想像において、個々の人間の周囲に事実として存在する可視的な人間たちは、それぞれ、この不可視の「全体」を体現する同胞として意味づけられるというのである。

口語俗語に人為的な操作を加えることで構成された出版俗語が、個々の人間に、同一の言語を使用する他者を同胞として想像させるというアンダーソンの主張は、たとえば、和辻哲郎がアリストテレスの『政治学』を解釈しながら次のように述べていることによって、補完することができよう――「言葉は個人のものとして、しかも自他の間に共通なものである。しかし何人も言葉を自ら作りはしない。言葉は社会的産物として個人に与えられるのである。だから我々は共同のものとしての言葉を個人のものとして用い、しかもその個人のもの〔である言葉〕の内にある共同性のゆえに我々は言葉によって共同態に帰り行くのである」[14]。「共同態」とは何か。その意味するところを和辻は次のように解説している――「倫というシナ語は元来『なかま』を意味する。……父子や君臣はそれぞれ特殊な、しかも重大な意義を持つ『なかま』であるが、それは父子関係君臣関係でありつつまたこの関係における父子君臣なのである。……人倫が人間の共同態を意味していることは明白だと言わねばならぬ。従って人倫五常とは人間共同態における……五つの不変なることである。……〔それらは〕まさに……〔『転変する生活がそれにおいて転変し行く』ような〕秩序あるいは道にほかならぬ。しかるに人間共同態は本来かくのごとき秩序にもとづくがゆえに可能なのである。……〔たとえば、「父子有親」というように〕父子の共同態には『親』〔しん〕がある。『親』がこの共同態における秩序である。しかし『親』なくば父子の共同態そのものは可能でない。従って『親』は父子の共同態を可能ならしめる根柢である」[15]。これから見れば、「共同態」とは、他者が自分自身の同一性を保障する存在である時に、その他者とのあいだにある、所与の秩序だった関係を意味するものと理解できよう。

そのように理解できるとすれば、言葉は、それを理解する者と同じ言葉を理解する他者とのあいだの、それなりの秩序だった関係をつくりあげることになる。そのような関係においては、たとえ顔をあわせることがない者同士でも、同一の出版俗語を媒介として、相互の行動を理解し予想することが可能である。言うまでもなく、このような関係のあり方は、エリクソンのいう準拠規範としての生活様式に符合している。アンダーソンの次のような叙述は、このような理解と符合している――「〔当然に出版俗語をあやつれる〕リールの工場主はリヨンの工場主と〔文書の〕頻繁なやりとり（reverberation）だけで結びついていた。彼らには互いの在り様を知るべき理由もなかった。……〔たがいに面識がなく、血縁がなくとも〕彼ら〔ブルジョアジー〕は出版語によって彼ら自身の数千の同類の存在を一般的にありありと思い浮かべる（visualize）ようになった。……世界史的観点からすれば、ブルジョアジーは、本質的に想像を基礎として一体性（solidarity）を達成した最初の階級であった」[16]。もとより、このような出版俗語による文書のやりとりで結びつくようになったのは、ブルジョアジーだけではない。アンダーソンは、一九世紀のヨーロッパにおいては、このような一体性がそれぞれの出版俗語の通用範囲一杯にまで広がっていた、と指摘している[17]。「読者同胞」という、自らそのなかに包摂される不可視の全体の存在、すなわち、その内部では自分自身の生活様式と共通する生活様式が行われているような全体が存在していると確信する想像は、一つの出版俗語の流通範囲を覆うにいたったのである。このような一体性を得た人間たちが「国民的なもの」と想像される共同体の胚」を形成したことになる。そうであれば、次の問題は、伝統的な地縁によるのでもなく血縁によるのでもないこのような一体性が、なぜ、運命を共にする者同士という、のっぴきならない感情を産みだすのか、ということである。

第三節　「運命を共にする」という感情

問題は、ある特定の出版俗語を媒介として秩序だった関係をもち、したがって共通する生活様式をもった、「読者同胞」に帰属しているという意識が、どのようにして運命共同体としての一体感をもたらすのか、ということであった。まずは、この問題を心理学的な次元で考えてみることにする。

S・フロイト（Sigmund Freud）は『集団心理学と自我の分析』において、人間の自己愛は「ある憎悪の心構え」つまり攻撃性を「基本的な性質」とするが、「これらの偏狭さは、すべて集団形成〔集団の一員になり、そうありつづけること〕にさいして、また集団の中で、一時的にあるいは永続的に消滅する」という。[18] 集団のなかで「個人はみな同形であるかのように行動し、他人の性情に堪えて、それとおなじようにふるまい、他人にたいしては、少しも反撥の感情を感じない」のである。ここに言われている「集団」は、「〔成員が〕相互に何か共通なもの」換言すればなんらかの「共通性」をもつことが前提とされていて、たんに多くの人間が居あわせているようなものではない。[19] むしろそれは、アンダーソンのいう「共同体」と同質のものを指すと考えるべきであろう。フロイトはこのような共通性の実体は「〔集団内の〕他の人間とのリビドー的結合」だという。

よく知られているように、リビドーは、「量的な大きさ」をもつ「衝動のエネルギー」であり、「愛として総称されるすべてのことに関係している」。[20] それゆえに「集団形成の本質は、集団の成員相互のあらたなリビドー的結合のうちにある」ことになる。[21] 集団としての凝集性をあたえるこのリビドー的結合の本質は、「同一化」すなわち子供が親のふるまいを無意識に模倣することに典型的に表現されるような、「『手本』とみなされた他我〔他者の意識のあり方だけではなく、無意識のあり方をも含む全体〕に似せて自我〔自己の意識のあり方と無意識のあり方〕を形成」しようとする心理的な「努力」である。[22] フロイトは、この同一化の過程が「一人の自我」が「他人の自我」のなかに「ある点で重要な類似」を、無意識に感じとることで開始される、という。いったん始まった同一化は次のように進行する――「〔無意識領域において始まった〕同一化から、道は〔対象とされた相手の〕模倣を経て、〔意識領域における〕感情移入へ、つまりそれによって、一般に他人の精神生活にたいする態度〔の取り方を決めること〕が可能とされるゆえんの、機制〔相手の心の動き方〕の理解へと通じている。……〔同一化は、その対象となった〕人物にたいする攻撃を制限し、その人物をいたわり、彼を助けるという結果をもたらしている」。[23]

通常の人間をして「良きサマリア人」のような態度をとらせるこのような結果が、「共同体」という想像に照応する成員間の親近感あるいは親和性と同質であることは言うまでもあるまい。

では、「重要な類似」とはどのようなものか。フロイトは、カトリック教会と軍隊とを例に挙げて説明している。彼によれば、両者の共通点は「集団のすべての個人を一様に愛する首長がいる」という幻想が影響力をもっていることである――「万事はこの幻想にかかっていて、これが消えるならば……教会も軍隊も崩壊するであろう」[24]。では、両者の成員が共通して内包する「類似」はなにか。「〔キリストは信徒にとっては『父のかわり』であり〕教団と家族との類似が強調されたり、信者たちがキリストにおける兄弟、つまりキリストのめぐむ愛による兄弟とよび合うのには深い根拠がある。個人のキリストへのむすびつきが、彼ら相互のむすびつきの原因でもあることはうたがうべくもない。同様のことが軍隊にもいえる。司令官は彼の兵士をとくに愛する父親であり、それゆえに兵士はたがいに戦友である」[25]。同一化を惹起する「重要な類似」は、相手が自分と、準拠すべき同一の情緒的規範、すなわち「そうしないではおられない」衝動のあり方を、共有していると感じあうことだと理解して、大過あるまい。そうであれば、この情緒的規範は、エリクソンがユーロク族を例にとって論じていたような、「唯一のきちんとした振るまい方」としての、特定の文化が持つ「生活様式」と重なりあうことになる。

ペンローズ（Jan Penrose）が「特有の生活の仕方（a particular way of life）としての文化とナショナリズム運動との関係」を論じるなかで、次のように述べていることは、このような推論を補強する論拠になるであろう――「〔みずからの領土territoryを主張するには〕人間の集団（a group of people）は、自分たちが他とあきらかに区別される人間たち（a distinctive people）を成していることを、説得的に明示しなければならない。……生活の特有の仕方としての文化という観念がすべてのナショナリズム運動にとって決定的な意味をもつのは、この要求のなせる業である。……〔なにがそのような必要を満たすと考えられるかは一定していないが、それを示すとされるものは〕

常に何らかの文化的な観念である。……生活の特有の仕方を反映したそれとわかる特性（tangible characteristics）が〔みずからの〕『固有性』（distinctiveness）の主張と不可分である。このようなそれとわかる特性が、分離運動や統合運動を含むナショナリズム運動をして人々の心を捉えさせる『文化的基盤』（cultural bases）を成している」[26]。ペンローズのいう特定の文化を反映した「生活の特有の仕方」が、エリクソンのいう特定の文化がもつ「生活様式」と同義であることは自明であろう。教会あるいは軍隊のような人為的集団におけるように、同一の国家に帰属する人間のあいだで同一化が惹起されて、人が互いを運命を共にする者同士だと感じるようになるかどうかは、一つの文化に特有の生活様式が共有されているかどうかにかかっていたのである。小論の問題にひきつけて表現すれば、国民一人ひとりのもつ「型」は、その国民集団が一般に共有する生活様式を「鋳型」として創り出され、その結果として「運命を共にする者同士」という国民意識が醸成されるのである。

そのような「鋳型」はどのような経緯によって姿を現したのだろうか。アンダーソンが指摘するように、フランスとアメリカ合衆国以外の諸国家においては、主としてフランスにおける市民革命の、偶発的要素に満ちた経過が明確な筋書きをもった「物語」として伝えられ、「青写真」として受容された[27]。これらの諸国家においては、あるべき国家の姿が、この「物語」「青写真」にのっとって、場合によっては前近代国家それ自体によって、あるいは、すでに地歩を固めつつあった新興の資本主義的階級によって、実現可能な形に変形されたうえで、前近代におけるものとは歴然と異なる鋳型として形成された。市民革命という民衆的ナショナリズムの昂揚を前にした支配的集団は、みずからの既得権益を確実にしさらに拡大するために、民衆の動向を先取りしようとしたのである。H・シートン＝ワトソン（Hugh Seton-Watson）が「公定ナショナリズム」（official nationalism）と名づけた事態がこれである[28]。シートン＝ワトソンはこれを中央ヨーロッパからロシアにいたる王朝国家の支配地域について論じたのだが、アンダーソンが指摘するように、このような現象は、それ以外の地域においても、革命後のフランスやアメリカ合衆国においてさえも、みられた。[29] これらの逸早く市民革命が完了した国家においても、国家の支配集団が是とする国民的生活様式は、民衆が前近代からひきついだものとは異質だったのだろうか。

L・ファラー（L. L. Farrar）たちの議論はこれを肯定している。彼らは、市民革命後のフランスについて、W・ドイル（William Doyle）やE・ホブスボーム（E. J. Hobsbawm）などの先行研究をひきながら、つぎのように指摘する――「歴史家はしばしばフランス革命を国民の近代的観念と結びつけている。……しかしながら、単一の統一的な国民（a unified nation）という鮮明な想像（vision）は決して現実のものにはならなかった。階級的利益は革命の過程を通じて前面に押しだされていた。ブルジョアジーは『非常事態においては民衆の助力を受ける用意があったが、身分の低い階層といつまでも権力を分け合うつもりはなかった』のである」。[30]「人民主義的・民主主義的でかつジャコバン的な愛国主義」は労働者たちに権利意識を植えつけようとしたし、たしかに都市の大衆はいくつかの重大な局面で活躍はしたが、「概して言えば、彼らは〔政治的場面から〕除外されるか自ら辞退するか」していた。圧倒的多数を占める農民にいたっては、「自分たちの目的を早々と達した」時点で、彼らにとってての大革命はすでに終わってしまっていたのである。[31] さらに、革命はフランス帝国の全土で一様に進行したのでもない。パリ市民を蜂起させた状況は、やはりパリ固有のものであり、パリの革命状況にたいする態度も地域ごとに大きく違っていた。「初発の段階をすぎると、たしかに革命は、主に都市とくにパリの問題になった」のであり、「結果としては、強制（force）と扇動（manipulation）がますます必要になった」。かくして「革命は、国民的一致（national unanimity）を表現するものではなく、むしろ『政令を、断固として、国境の内部にあますところなく実施しようとする、新たな政治体制による国民的支配（national sovereignty）』を表現するものになっ

せて振りまかれた[32]。政府支持の世論をつくりあげるために、ナショナリズム的言い回しが印刷媒体を「土砂降り」させて振りまかれた」のであり、

市民革命を経て姿を現した統治体制があらたな秩序を支えるにたる文化と生活様式を必要としたことは自明であろう。まずは革命そのものを正当化するためのパンフレット類が「土砂降り」させられたとしても、それだけでは、この必要を満たすことにはなるまい。旧体制下でもっぱら教会がおこなっていた教育を、国家の管理下におくことが、かくして日程に上ったのである。この事態について小山勉は、「学校の制度化と国民国家形成とは、フランスにおいては同時連関的に発展してきた」のであり、「教育の具体的組織化にかんする計画案や措置に、一貫してギゾーのいう『人心の支配』（gouverment des espirits）が意図されていた」と論じている[33]。

小論の関心にひきつければ、この「人心の支配」のための教育において規範とされた文化や生活の仕方がどのように形成されたか、が問題になる。アンダーソンは、近代ナショナリズムの萌芽が、封建国家の内部に登場した出版言語を駆使できる人間たち、つまり「読書階級」によって担われていたと指摘していた。その構成について、彼はつぎのように述べている――「一八四〇年になっても、当時のヨーロッパでもっとも先進的な国家であったイギリスとフランスにおいてすら、全人口のなお半数近くが文盲だったことからすれば、『読書階級』とは何らかの権力をもつ人々を意味していた。より具体的にいえば、彼らは、貴族や郷紳、廷臣それに聖職者という旧支配階級にくわえて、庶民出身の下級官吏、専門職業者、商工業のブルジョアジーという勃興しつつある中流階層であった」[34]。

これらの集団のなかから国民国家の担い手たる官僚とブルジョアジーが出現した。新たな国家的教育制度の設計と運営も、また、彼らの役割であったことはいうまでもない。国民国家において国民的「型」となる鋳型は、

彼らのあいだで封建体制末期までに醸成されていた文化と生活様式にもとづいて創出されたに違いない。しかし、封建的支配階級に属していた貴族や郷紳、廷臣、聖職者の文化や生活様式と、新興の中流階層が旧体制末期までに身につけていた文化や生活様式とは、一体となってあらたな文化的範型をつくりだしえるほど類似していたのだろうか。A・トクヴィル（Alexis de Tocqueville）は「然り」と答えている――「貴族とブルジョアの教育と生活様式を比べてみれば、すでに多くの類似点が見出される。ブルジョアは貴族と同程度の知識を有しており、しかも大いに注目すべきことに、まったく同じ施設で知識を修得していたのである。両者はともに、同じ光によって啓蒙されていた。……パリはだんだんフランスのただ一つの指導者となって、すべての知性を同一の型にはめ、それに共通の外観を与えるにいたった」(35)。封建的支配体制を覆して登場した国民国家は、読書階級の文化と生活様式を範型とした国民教育制度によって、封建末期にすでに存在していた階級的利益の差異を克服するにたる「人心の支配」を実現しようとしたのである。

年少の段階から始められる学校教育は、ユーロク族の例のような、血縁集団のなかで伝統にしたがっておこなわれていた儀式化に代替し、同時に、家族や近親者が幼児におこなう躾のあり方を規定した。つまり、国民的日常における「唯一のきちんとした振るまい方」が、国家の管理下におかれた公教育という、あらたな儀式化によって身につけさせられるのである。ユーロク族における儀式化が彼らの深層心理のあり方まで規定したように、国民国家においても儀式化は顕在意識の領域を超えて、「そうしないではおられない衝動」を、国家のためには敢えて死をも甘受するという情緒あるいはそのような心性を、一人ひとりの人間の内奥に植えつけている。アンダーソンのつぎのような詠嘆はそのことを端的に示している――「結局、この〔国民集団を運命共同体であるかのように想像する〕同胞愛こそが、過去二世紀にわたって、数百万の人々を、殺戮にむかわせ、いやむしろ進んで死にむかわせたのだ」[36]。小論における最後の課題は、この国民国家の儀式化が実際にどのような鋳型によっておこなわれたかを、日本帝国について垣間見ることである。

第四節　鋳型――軍人勅諭の歴史認識

一人の人間の同一性が、自我の斉一性と持続性とを、自分自身と他者との双方が承認することで成り立っているように、一つの国民集団が集団としての同一性を主張するには、すなわち、「他とあきらかに区別される」特有の存在だと自認し他にむかってそのように主張するには、自分たちは、同一の集団としてのまとまりを遙かな過去から今日まで、いくつもの曲折を経ながらもつづけてきた、という認識が必要である。太古以来、集団の外形は血族集団から制度として整備された国民国家にいたるまで変化してきても、そこに存在する人間たちは、「われわれ」としての結びつきを保ってきた、という認識である。ナショナリズムの語る言説の核心に、悠久の過去についての言及がなんらかの形で含まれるのは、このためである。このような言説を、革命的転換によって伝統的な国家制度を一擲した国民国家の支配集団が語りうるには、この大転換が集団の同一性を逸脱させるものではないとする論理が必要である。革命的変革は、遠い過去に、すくなくとも封建時代以前に、実現されていた集団の本来の姿への回帰として、意味づけられねばならない。この必要を充たして近代国民国家の歴史的正統性を語ることは、国民的「型」をつくりだす基本的な作業であり、年少者にたいする公教育の不可欠の要素だが、それ以上に、国民一般にたいする教宣政策として重要であった。そのような歴史言説が、過去の出来事をたんに時間軸にそって羅列するようなものでありえないのは、いうまでもない。語られるべきは、今日の必要に応じて意味づけられた過去、すなわち国民国家の歴史認識であった。

これを日本帝国について瞥見するまえに、ナショナリズムと歴史認識・歴史叙述の関係を一般論として整理しておくべきであろう。アンダーソンのつぎのような議論は、そのための手がかりとなろう――「ホブズボームはこう指摘している。『フランス革命は、近代的な意味で組織された党派や運動によってなされたのでも指導されたのでもなく、また体系的なプログラムの遂行をめざした人々によって行われたのでもなかった……』。しかし、ひとたび起こると、それは出版物の堆積していく記憶に入っていく。……つかまえどころのない事件の連鎖は、ひとつの『こと』となり、フランス革命というそれ自体の名称を得た。……ほとんど同様に、南北アメリカの独立運動は、それについての出版が行われるようになるとすぐに『概念』、『モデル』、そして実に『ブループリント』となった。……〔この過程で起こったこれらの概念と矛盾する出来事は〕とるにたらぬ変則としてしか映らなくなった。そうしたアメリカの混乱の中から、想像の現実（imagined realities）が姿を現した。……こうしたなかで、一九世紀アメリカ合衆国を語る『旋法』（'modal' USA of the nineteenth century）から大量の奴隷の存在が、南の共和国を語る『旋法』からこれらの国々の言語的共通性が、『音脱落』したこと（'elision'）ほど驚くべきことはない」[37]。

アンダーソンは「音脱落」についてこれ以上触れていないが、このナショナリズム特有の歴史叙述の仕方を考えるには、さらにさかのぼって、歴史を叙述するということの意味そのものを一考しておく必要がある。H・ホワイト（Hayden White）は、歴史叙述は物語性を内包するものだという――「出来事の記述が歴史的記述だと受け取られるためには、それらの事件が本来起きた順序に従って記録されるだけでは十分ではない。それらが別な順に、つまり物語（narrative）の順序に並べられ得るという事実があってこそ、それらの信頼性に疑問がつきつけられる余地を生じながらも、同時に実際に起こった出来事（reality）を示すものと看做されるのである。……歴史記述（the historical account）は実際の事態に形式を与え、そうすることでそれを〔その形式にとって〕望ましいものに作り変える（makes it desirable）が、そうすることで、事態の推移の過程を、話（stories）にしか備わっていない形式的な一貫性（formal coherency）にあわせる（impose）のである。……歴史的物語（historical narratives）は完成させられ、自己完結もさせられ、またそれについて全体を貫く筋があったと示すこともできる。そのかぎりでは、歴史的物語は実際に起こった事態に理想のかおりをあたえるのである。だからこそ……歴史的物語の筋は……物語の技巧によって出来事に付加されたのではなく、一群の出来事のなかに『見出された』のだと表現されねばならないのである」(38)。

歴史叙述がそのように物語と不可分だとして、問題は、歴史がそのなかで叙述される歴史状況と叙述の語り口との関係である。ホワイトは別の論文で、歴史叙述は「ある種の歴史的出来事 historical accident」であり、「特定の歴史状況の一産物 a product」だと指摘しているが、M・セルトー（Michel de Certeau）も、「過去の解読は〔そうするうえで史料がいかに大きく影響するにしても〕つねに今の出来事 current events の読み方にひきずられる」と指摘して、つぎのように論じている――「過去を解読することと現在を解読することとは、〔現在の〕歴史状況が否応なく押しつけてくる困難な問題との関係で、見事に結びつけられる。解読には前提がつきまとう、言い換えれば、つねにそれぞれの時代のキリスト教信仰の状況にむすびついた、解釈の『諸モデル models』がつきまとうのである」(39)。歴史叙述がそのなかでおこなわれる「いま」の歴史状況と叙述者の状況認識は、歴史叙述のあり方を規定する枠組みだというのである。

国民意識を根付かせ深化させるという課題そのものが、国民国家とともにつねに存在していることはあきらかだが、ホワイトやセルトーの議論に従えば、そのような課題が語られる状況がかわれば歴史叙述の「モデル」も変化し、その語り口は、国家の支配秩序が前提とする国民の自画像に合致した固有のものになるはずである。こうしてみれば、「音脱落」は、国民国家の前史に革命的変革を必然とする「筋」を忍び込ませて、国家の歴史的正統性をしめし、国民的鋳型の輪郭をしめすための不可欠の手段であるといえよう。このようにみてきたうえで、日本帝国の正統性を語るのに、どのような音脱落をともなう歴史的言説が鋳型として語られたかを瞥見するために、「軍人勅諭」を直接の題材にする段階に達した。しかし、まずは、なぜ「軍人勅諭」をとりあげるのかを説明しておく必要がある。

日本帝国の敗北の直前まで、国民、すくなくとも圧倒的多数の国民のなかには、帝国の体制を変革しようとする動きはなかった。かつて特攻隊の一員として戦死した若者の日記と遺書を分析したときに指摘しておいたように、天皇が詔勅によって敗戦を宣言するその瞬間まで、天皇は、フロイトが『集団心理学と自我の分析』のなかで論じた、リビドー的結合によって集団の凝集性をつくりだす「首長」の役割を果たしつづけていた(40)。国民各自は、現人神たる天皇への崇敬と忠誠を共有することによって、他の個々の国民と同志的に結合していた。日本帝国においては、その最後の日まで、想像の共同体の重心は天皇にあったのである。天皇即国家という信仰箇条は「皇国」という概念となって、国家への貢献は天皇への貢献であり、それは同時に愛しい家族に象徴される国民共同体への貢献であると特攻隊員に確信させた。特攻を志願する立場にいなかった大部分の日本人にとっても、皇国の危急存亡にさいして自己を顧みないということは、当然の内的な行動律であった。

天皇の統合力の大きさからして、彼が公式にかたる歴史的物語とそのなかで示される歴史認識が、きわめて強力な、むしろ絶対的ともいうべき規範力をもって、個々の国民の型をつくりだす基本的な鋳型となっていたことには疑問の余地がない。なかでも明治一五年（一八八二年）一月に渙発された「軍人勅諭」は、天皇親政の歴史的正統性を前面にうちだしており、天皇にひきいられた日本帝国の自画像の原点であり、範型として検討するにあたいするだけの重要性をもっている。「勅諭」の具体的な検討にとりかかるためには、そのまえに平安末期から江戸期にいたる期間の天皇制について、信夫清三郎の叙述にしたがって概略を見ておくべきであろう。

天皇は、建武の中興に失敗して以来その権力を衰退させ、戦国大名の登場にいたって、物的基盤である荘園も失い、政治的な権力をほとんど失ったが、同時に、あらたな役割を担うようになった。信夫はつぎのように述べている――「〔政治権力を喪失した〕天皇がもっているのは、文化が象徴する伝統の権威であり、それゆえに政治の覇業を正当化するとともに権威づけるものとして格好であった。……彼ら〔卑賤から身を起こした群雄〕は、まず系図を買いもとめ、あるいは平氏の後裔を称し、あるいは源氏の子孫を称した。血縁を貴ぶ古来の風習は、なおつよく日本の社会を支配していた。系図を買って貴種であることを証明した群雄は、つづいて天皇を奉じ、朝廷の官位を手に入れた。彼らが天皇に伝統の権威をみとめるのも、そもそも天皇が『万世一系』の皇統をついでいるという血統の信念にもとづいていた」(41)。このように、天皇は、時々の政治支配者に正統性を付与する存在として、自らを作りあげた。幕藩体制の支配集団が内憂外患のなかで事態に対応するだけの創造性を枯渇させるなかで、変革の担い手として登場した下層士族が、山鹿素行・本居宣長以来の日本主義・国学思想が強調した儒教・慕夏思想批判を拠り所として、伝統的な天皇制への復帰を構想したのは自然な経過であった。しかし、天皇のもとに統一された日本国家という構想は、彼ら下層士族のなかにしかなかった。農民たちの蜂起は、幕末の嘉永五年（一八五三年）には一揆騒擾をあわせて三八件にのぼったが、それらはいずれも一地方の枠をこえず、全国に拡大して政治権力の奪取を窺うというまでにはいたらなかった。「幕藩体制は、ゆらぎながらも、村落共同体を通しての規制になお力を残していた。……全般の主導権はなお領主と武士の手中にあり……政治文書が語り遺している支配階級の政治関心は、圧倒的に外患――西欧の衝撃――をめぐっていた」と、信夫は論じている。(42)「日本」という想像の共同体の影は、倒幕を主導した士族のなかにしか浮かんでいなかったのであり、住民の大部分を占めた農民たちの脳裡にはまだまったく存在していなかった。

維新過程は民衆の状況認識を置き去りにして急進した。薩長を主体とする倒幕勢力の権力奪取は、王政復古から版籍奉還にいたる朝藩体制をへて、明治二年(一八六九年)七月、天皇を推戴する絶対主義体制を生み出したのである。信夫はこの体制が、国学者に補佐された神政的絶対主義(明治二年七月―明治四年七月)、国学者にかわって洋学者を登用した啓蒙的絶対主義(明治四年七月―明治八年一月)、立憲的絶対主義(明治八年二月以降)と遷移したと論じて、啓蒙的絶対主義から立憲的絶対主義への移行についてつぎのように述べている――「啓蒙的絶対主義は、一八世紀のヨーロッパにおいて後進国としての東欧諸国が先進国としての西欧諸国に追いつくために啓蒙思想をとりいれつつ西欧化による近代化を志向したところにうまれた絶対主義の合理化形態である。日本の絶対主義が啓蒙思想家を動員しつつ遂行した法典編纂・学制・徴兵制・地租改正という一連の改革は、まさにプロイセンやオーストリアなどの東欧諸国の〔公定ナショナリズムによる〕啓蒙的絶対主義が遂行した改革に匹敵する。……啓蒙的絶対主義は、西欧化と近代化の富国強兵政策をもって万国対峙の国家建設をすすめたが、万民はなお政治的に無権利状態にとどまっている。政治的・社会的特権を万民に解放して『国民』を形成しなければ、万国対峙の国家建設は完了しない。……日本の絶対主義の一つの大きな特徴は、新しい事態にたいするおどろくべき適応能力にある。啓蒙的絶対主義は、立憲的絶対主義への移行を開始する」。(43)啓蒙的絶対主義は、士族を中心とする民権主義を胚胎させ、これを推力として立憲的絶対主義への変貌を遂げる。まさに驚くべき適応能力である。

以上を前置きとして「軍人勅諭」の文面を検討する。この勅諭が渙発された明治一五年（一八八二年）は、信夫の区分に従えば、すでに国民形成を直接の課題とする立憲的絶対主義の段階であり、勅諭が語りかける相手は国民集団の全体以外ではあり得ない。それゆえにこれはその後の公教育のなかで語られる歴史言説の原型となったのであり、それから逸脱した言説が教育の場で語られることはありえなかった。

歴史叙述は勅諭前半の冒頭で展開されている――「我国の軍隊は世々天皇の統率し給ふ所にぞある。……昔神武天皇躬づから……兵どもを率ゐ中国〔なかつくに〕のまつろはぬものどもを討ち平げ給ひ、高御座に即せられて天下しろしめし給ひしより二千五百有余年を経ぬ。……古は天皇躬づから軍隊を率ゐ給ふ御制にて……大凡兵権を臣下に委ね給ふことはなかりき。中世に至りて文武の制度皆唐国風に倣はせ給ひ……兵制は整ひたれども、打続ける昇平に狃れて朝廷の政務も漸文弱に流れければ、兵農おのづから二に分れ、古の徴兵はいつとなく壮兵の姿に変り遂に武士となり、兵馬の権は一向に其武士どもの棟梁たる者に帰し、世の乱と共に政治の大権も亦其手に落ち、凡七百年の間武家の政治とはなりぬ。世の様の移り換わりて斯くなれるは人力をもて挽回すべきにあらずとはいひながら、且つは我国体に戻〔悖〕り且つは我祖宗の御制に背き奉り、浅間しき次第なりき。降りて弘化嘉永の頃より徳川の幕府其政衰へ剰外国の事ども起りて其侮をも受けぬべき勢に迫りければ、朕が皇祖仁孝天皇《にんこうてんのう》皇考《ちちのみこと》孝明天皇いたく宸襟を悩し給ひしこそ忝くも又惶けれ。然るに朕幼くして天津日嗣を受けし初、征夷大将軍其政権を返上し大名小名其版籍を奉還し、年を経ずして海内一統の世となり古の制度に復しぬ」[44]。

具体的な時期は一切示されていないが、一二世紀の鎌倉幕府開幕から一九世紀の倒幕にいたる約七〇〇年間の武家支配を、「国体」「祖宗の御制」に反した変態として、その正統性を全面的に否定するという論旨は、見誤りようがないほど明快である。[45] 日本国家のあるべき姿は古代国家において形成された天皇親政であった。天皇は政権と兵権とを総攬し、民衆はその下で一体となって生産と兵役に従事したのである。維新体制の正統性は、国家をこの本来の姿に戻したことであった。しかし一九世紀後半の万国対峙の状況において、維新はたんなる復古ではありえない。明治国家は、天皇を絶対君主としていただく、国民国家でなければならない。そこに、天皇制国家それ自体が民衆を先導する、中欧東欧の王朝国家にならった公定ナショナリズムが求められた理由があったのである。

かくしていくつかの音脱落が必要とされる。顕著なものは、まず、古代天皇制における被征服隷属者集団の存在が無視されていることであり、第二に、鎌倉以降の天皇が武家支配に正統性をあたえる存在だったことが無視されていることであり、さらに第三には、維新が熾烈な内戦によって実現され、さらに政権樹立後も一〇年間にわたって士族反乱が続発したことが無視されていることである。第一の音脱落によって、万世一系の天皇のもとに結集する水平的な共同体こそが日本の伝統的理念であったという伏線が示唆され、第二の音脱落によって、武家政治の長期にわたる持続から天皇制を切りはなし、武家政治を伝統からの逸脱・変態と断定することが可能であった。第三の音脱落によって、天皇が、征服者としてではなく、万民に待望された救済者として自己を語りえたことはあきらかである。形成されつつある国民共同体を、伝統的支配者に接合するという公定ナショナリズムの課題は、「古の制度」への復帰、「国体」と「祖宗の御制」への一致として表現されたのである。

勅諭前半の残余は、天皇と国民共同体の結合が伝統的な深さをもつと強調することにあてられている――「是〔将軍・大小名が天皇に服したのは〕文武の忠臣良弼ありて朕を輔翼せる功績なり。歴世祖宗の専蒼生を憐み給ひし御遺沢なりといへども併我臣民の其心に順逆の理を弁へ大義の重さを知れるが故にこそあり。……夫兵馬の権は朕が統ぶる所なれば其司々をこそ臣下には任すなれ、其大綱は朕親之を攬り肯て臣下に委ぬべきものにあらず。子々孫々に至るまで篤く斯旨を伝へ、天子は文武の大権を掌握するの義を存して、再中世以降の如き失態なからんことを望むなり。朕は汝等軍人の大元帥なるぞ。されば朕は汝等を股肱と頼み、汝等は朕を頭首と仰ぎてぞ、其親は特に深かるべき。朕が国家を保護して上天の恵みに応じ祖宗の恩に報いまゐらする事を得るも得ざるも、汝等軍人が其職を盡すと盡さざるとに由るぞかし。……汝等皆其職を守り朕と一心になりて力を国家の保護に盡さば、我国の蒼生は永く大平の福を受け、我国の威烈は大に世界の光華ともなりぬべし」。

天皇と国民の結合は、歴代天皇の慈愛と、臣民の「順逆の理」あるいは「大義」を貴ぶ心性によってなされていたのであり、維新にさいして将軍・諸侯がしめした従順は、このような伝統的な結びつきの深さを前提としてはじめて可能であった。天皇の課題は、君臣一体という伝統性を、近代的徴兵制度によって創出された国民軍の「頭首」と「股肱」の、有機体として一体化した関係において、実現することであった。そのためには「天子が文武の大権を掌握」すべきことを「子々孫々」まで伝えて、再度「中世以降の如き失態」が生ずるのを防がねばならない。このようにして徴兵によって形成された軍人と天皇が「一心」になれば、国民の福利の増進と国家の対外的威信発揚が可能であるという展望が示されて、勅諭の前半が結ばれ、軍人としての具体的な行動規範の列挙に移るのである。維新以前の支配体制の正統性を全面的に否定することで維新の争乱を正当化し、古代国家を範型として提示することで天皇親政のもとの、君臣一体・一君万民の近代国家というキメラの歴史的正統性を語り、その正統性を、国家的威烈の世界的伸張と国民福利の増進という確信に満ちた展望によって裏打ちするという筋書きの、公定ナショナリズムの物語は、鮮明で恣意的な解釈の余地がない。

この物語のうえに、軍人たる者の身につけるべき徳目が五ヶ条にわたって示される。(46) 一瞥すると、第一条は、

「軍人は忠節を盡すを本分とすべし」と書き出して、「国に報ゆるの心」が強調され、「世論に惑はず政治に拘はらず、只々一途に己が本分の忠節を守り、義は山嶽より重く死は鴻毛よりも軽しと覚悟せよ。其操を破りて不覚を取り汚名を受くるなかれ」と結ばれている。以下、第二条では「礼儀を正しくすべし」として、上命下服、上下一致が強調され、第三条では、「武勇を尚ぶべし」として、「粗暴の振舞」を戒めながら、「小敵たりとも侮らず大敵たりとも懼れず己が武職を盡さむ」ことが述べられ、第四条では、「信義を重んずべし」として、「信とは己が言を践行ひ義とは己が分を盡す」ことと説き、第五条で「質素を旨とすべし」として「文弱」「軽薄」に流れることを戒めている。

軍人勅諭は、第二次大戦の敗北にいたるまで、兵営の内部で、日常的な物理的強制力をともないながら、兵士一人ひとりに身体化された。前半でも「大義」が強調されていたが、これらの軍人としての徳目は、武家支配の正統性が前半で全否定されていたこととは対照的に、封建時代に武士が身体化していた行動規範と大きく重複している。神政的絶対主義の段階が短期で打ち切られたことに示されるように、国学思想は天皇に超越的な権威を付与したところで役割を終え、万邦対峙の世界のなかで国家の独立を維持すべき帝国の能力、とくに軍事的能力は、封建時代の武士的精神を基礎として構想されたというべきであろう。

ヨーロッパにおいては、国民という集団の胚が封建体制下の読書階級によって形成されて、彼らの文化と生活様式があらたな国家における鋳型となったように、倒幕過程の推力となった士族層の行動規範と思考様式は、天皇の軍隊をつくりだす鋳型となったのである。もとより、この軍人勅諭以外の詔勅も、兵営であるいは学校で、職場で、反復してその趣旨を教え込まれた。それは、たしかに、日本帝国がおこなった儀式化であり、いくつもの詔勅によって示された天皇と帝国の自画像が、個々の国民に、それに適合する自画像すなわち行動規範としての型を描かせる、鋳型の基本的な部分を構成していた。

それがどのような型を生み出したのか。詳論する紙幅はないが、以前紹介した特攻隊員の日記を引用することで、それに代えたい。[47]彼は、特攻を志願すると決意したことを昭和二〇年（一九四五年）一月二五日の日記につぎのように記している――「特別攻撃隊員ニ志願スルヤ否ヤ、論ヲ待タズ、ワガ身アルハ国アルガ故ナリ、国ナクシテ家ナシ、生アラバ死アリ、特別攻撃隊ニ参加シテ玉砕スルハ、我ニトリ最上ノ死場所ナラム」。[48]また四月七日の日記には、内閣総辞職の報をきいた感想をつぎのように記している――「挙国戦に邁進するの秋、国の最大幹部の動揺あるは遺憾なれども、我々の兎角云う所にあらず。世論にまどはず政治にかゝはらず、命のままに動くが軍人の本分たるべし。速に敵米を倒すべき手段あるを祈るや切」。[49]出撃直前に記した遺書は、「母上強く生きて下さい。日本の勝つ日を思ひます」と結ばれている。[50]君臣一体という鋳型において、国家は天皇と一体化して祖国たる皇国となり、家族は皇国と一体のものとされていた。この鋳型によって創られた型において、自己の身命を放擲して愛しい母の健勝を願う心性は、国家の勝利を祈る心性と不可分だったのである。

【注】

（1）E. H. Erikson, *Childhood and Society*, W. W. Norton, 1964, pp. 35, 42.

（2）エリクソンは、「自我の外界とは、自我にとって重要な他者の自我から成り立っている」と指摘している。西平直『エリクソンの人間学』、東京大学出版会、一九九三年、一二頁。

（3）Erikson, *op. cit.*, p. 249.

（4）E. H. Erikson, *Toys and Reasons: Stages in the Ritualization of Experience*, W. W. Norton, 1977, p. 80.

（5）Erikson, *Childhood and Society*, *op. cit.*, p. 166.

(6) Erikson, *Toys and Reasons*, p. 80.
(7) *Ibid.*
(8) Erikson, *Childhood and Society*, *op. cit.*, p. 177.
(9) *Ibid.*, pp. 81-82.
(10) Benedict Anderson, *Imagined Communities: Reflections on the Origin and Spread of Nationalism*, Verso, 1983, pp. 5-7.
(11) *Ibid.*, p. 44.
(12) *Ibid.*
(13) アンダーソンは「顔と顔をあわせる原初的な村落より大きいすべての共同体は（そしておそらく、そうした原初的村落ですら）想像されたものである」と述べている。*Ibid.*, p. 6.
(14) 和辻哲郎『人間の学としての倫理学』、岩波書店（岩波文庫）、二〇〇七年、六六頁。
(15) 同書、一一－一三頁。「親」は「親愛」の意。小林勝人訳注『孟子』上、岩波文庫、一九六八年、二一一－二一三頁。
(16) Anderson, *op. cit.*, p. 77.
(17) *Ibid.*
(18) ジークムント・フロイト（小此木啓吾訳）「集団心理学と自我の分析」（『フロイト著作集』第六巻、人文書院、一九七〇年、二三〇頁）。
(19) 同書、二〇六頁。
(20) 同書、二一一－二二二頁。
(21) 同書、二三二頁。
(22) 同書、二二三頁。
(23) 同。

(24) 同書、二二四頁。
(25) 同。
(26) Jan Penrose, "Essential constructions? The 'cultural bases' of nationalist movements," *Nations and Nationalism*, Vol.1, No. 3, 1995（reprinted 2005 by Periodical Service Company）, p. 398.
(27) Anderson, *op. cit.*, pp. 80-81.
(28) Hugh Seton-Watson, *Nations and States: An Enquiry into the Origins of Nations and the Politics of Nationalism*, Methuen, 1977, p. 148.
(29) Anderson, *op. cit.*, p. 86. fn.
(30) L. L. Farrar, Jr., Kiernan McGuire, John E. Thompson, "Dog in the night: the limits of European nationalism, 1789-1895," *Nations and Nationalism*, Vol. 4, No. 4, 1998（reprinted 2005 by Periodical Service Company）, p. 549.
(31) *Ibid.*
(32) *Ibid.*, pp. 549-550.
(33) 小山勉『教育闘争と知のヘゲモニー――フランス革命後の学校・教会・国家』、御茶の水書房、一九九八年、六頁。
(34) Anderson, *op. cit.*, pp. 75-76.
(35) アレクシス・ド・トクヴィル（小山勉訳）『旧体制と大革命』、ちくま学芸文庫、一九九八年、二三〇頁。
(36) Anderson, *op. cit.*, p. 7.
(37) *Ibid.*, p. 81.
(38) Hayden White, *The Content of the Form: Narrative Discourse and Historical Representation*, Johns Hopkins U. P., 1987, pp. 20-21.
(39) Hayden White, *Tropics of Discourse*, Johns Hopkins U. P., 1985, p. 29; Michel de Certeau（tr., Tom Conley）, *The Writing of History*, Columbia U.P., 1988, p. 23.

(40)石田正治「人はなぜ国家のために死ぬのか」(『法政研究』六九巻三号、二〇〇三年、五四二―五五五頁)。
(41)信夫清三郎『日本政治史 I』、南窓社、一九七六年、四一頁。
(42)同書、三五三―三五四頁。
(43)同書、i―iii頁。
(44)勅諭の原文には句読点も濁点も振られていないが、便宜的に、適宜句読点をおき濁点を付した。以下の引用においても同様。なお、ルビは原文の通り。
(45)日本思想史家村岡典嗣は「国体」を解説してつぎのように述べている――「我国の有する国家的性格の先天的又形相的方面ともいふべきもので、即ち万世一系の皇室を中心とした家族的国家といふ事である。かかる国体が世界の諸文化国のうちに、いかに我国の特色であるか、而して又そが、古今を通じていかに顕著に実現せられたかは歴史上に証明せられたところとして明白であろう。もとより中世以来武家政治の出現の間に多少ともその不明徴を来した事などはあった」。村岡『国民性の研究』、創文社、一二六頁。
(46)第二次大戦以前に教育をうけた男子のほぼ全員が、この徳目を暗誦できていたといわれている。
(47)石田、同論文。
(48)『特攻』第四六号、特攻隊戦没者慰霊平和祈念協会、二〇〇一年、三頁。
(49)同書、四頁。
(50)同書、五頁。

第六章　多文化社会のシティズンシップ教育
――メタ・アイデンティティの政治学に向けて

竹島　博之

第一節　はじめに

現在、グローバル化が急速に進展し、地球規模での結びつきや統合が進んでいる。国際社会は、ますます一つの世界として実体化しつつあり、単一のネイションを前提に築かれた各国の諸制度は、再編をせまられている状況にある。グローバル化は、若者の政治的無関心、民主主義の危機、福祉国家の衰退、ネオリベラリズムの台頭、民族的・文化的な多様性の拡大を世界各国にもたらしている。これらの現象は、国民国家の諸制度に様々な方面から挑戦を突きつけているのである（飯笹 2007: 130）。

教育も例外ではない。現在の学校教育は、グローバル化する現代世界に対応すべく様々な変革をせまられている。本稿では、そうしたグローバル化によってもたらされた多文化社会におけるシティズンシップ教育のあり方を取り上げよう。シティズンシップ教育は、新しい時代状況に対応した市民としての資質、すなわち「シティズンシップ」を子どもたちに育成することを目指している。つまりシティズンシップ教育とは、グローバル化・多文化化時代に即した市民の「型」を子どもたちに習得させるものなのである。それは、これまでの同質的なネイションを前提とした国民国家的な市民の「型」とはおよそ異なるものになるであろう。

シティズンシップ教育は、すでにイギリス、カナダ、オーストラリアをはじめ広く世界各国でその必要性が認識されており、実際に学校現場へ導入する動きが進んでいる(1)。国によって内容に違いがありながらも、いずれの国も取り組んでいるのが、「多文化共生」というテーマである(2)。すなわち、グローバル化する現実において強く求められている市民の資質とは、他者・異質者との共存を可能にするような立ち居振る舞いの「型」なのである。

これまでの国民国家は、人々に何らかの「共同性」を与えることによって、個々人のアイデンティティを形成するための拠り所を提供してきた。だがグローバル化は、ヒト・モノ・カネの自由な移動によって、宗教、文化、民族が複雑に入り乱れる不安定で流動的な状況を作り出す。また欧州連合の東欧への拡大に見られるように、現在、新しい政治体が多くのネイションやエスニック集団を飲み込む形で立ち現れている。そのため国民国家への帰属意識は揺らぎを見せており、ナショナル・アイデンティティによって「自分が何者であるか」という問いに答えることが、容易ではなくなりつつある。

われわれのアイデンティティは今後どのようになっていくのか。そしてこの問題に、教育はどのように関わってくるのだろうか。本稿では、主にアイデンティティに焦点を当てながら、シティズンシップ教育が多文化共生を導く市民的立ち居振る舞いの「型」を育むような方向性を探ってみたいと思う。

第二節　シティズンシップ教育と非リベラルなマイノリティ

シティズンシップ教育の先進地であるイギリスにおいて、現在、教育現場で非リベラルなマイノリティにいかに対応するかが大きな課題となっている。

（1）一神教と寛容

多文化社会に対応できる市民的資質を育成するためには、西欧文化やキリスト教などひとつの文化や宗教に教育内容が偏ることなく、異なる民族・文化・信仰を持つ者の権利をそれぞれ尊重し、多様な生き方を肯定するような態度を育成することが重要となる。けれどもそうした形の多文化教育にはマイノリティ、とりわけムスリムの側から批判が寄せられており、「すべての宗教を平等に捉えようとするあまりすべての宗教を相対化し、その結果イスラム教といった一神教の絶対性を否定して」いると彼らは主張する（木原 2002: 98）。

ムスリムが望むのは、イスラム教の教えや信仰心を深める信仰教育である。多文化に配慮しながら宗教の多様性を教え、他宗教の信徒に対する寛容を求める現行のシティズンシップ教育は、彼らにとってあまりに世俗的であり、西欧的価値観の押し付けとして受け止められたのである。

こうした信仰教育を実施する方法として、各宗教ごとに別々に授業を行う「平行教授法」があるが、これでは異質な他者の文化や宗教を学習することにはならない。シティズンシップ教育にとっては、多様な背景を持つ生徒が同じ教室で同じ内容について学習する「共通教授法」が望ましい。しかしながらイギリスでは、「共通教授法」によるイスラム教徒の時間にイスラム教徒の子どもが一斉に教室から退出してしまって、事実上、宗教教育が成り立たなくなるような事例が報告されているのである（木原 2003: 124―125）(3)。

信仰心の篤いイスラム教徒の在学する学校は、他者との「共生の作法」を教えることが最も必要とされるはずである。にもかかわらず、そうした多文化状況にある学校ほどシティズンシップ教育の実践が困難になる、という根本的な矛盾が生じているのである[4]。

寛容の精神や多様性の尊重は、異質な他者との共生を可能にするための必要不可欠な理念である。寛容や多様性といった価値さえも否定する一神教や宗教的原理主義を前にしたとき、われわれは、あえて彼らに対して寛容や多様性を尊重するよう説くべきなのであろうか。それとも逆にわれわれは、寛容を否定する思想・信条までをも寛容しなければならないのであろうか。

この点において、現代のシティズンシップ教育は大きなジレンマに直面している。というのも、他の宗教を理解しようとしない一神教徒や宗教的原理主義者に対して寛容の精神を強制すれば、それ自体が不寛容となり、多文化共生をひとつの柱に掲げるシティズンシップ教育の理念に反することになる。他方で、宗教別に「平行教授法」を実践すれば、異質な他者との共生を学ぶはずのシティズンシップ教育そのものが成り立たなくなってしまう。このように一神教や宗教的原理主義は、シティズンシップ教育やリベラルな多文化社会に大きな課題を突きつけているのである。

(2) 文化本質主義のパラドクス

こうしたムスリムの姿勢は、ヨーロッパ社会にひとつの深刻な反動を呼び起こしてしまっている。弱者やマイノリティが自らの文化的差異を本質化してしまうことは、かえって自らを抑圧や排除の対象に貶めてしまうことへとつながってしまうのである。

ムスリムが求めているのは、受入国の西洋文化を受容することなく、ヨーロッパにいながらも自らのイスラム信仰を保持できることであろう。だが、長谷川一年がいみじくも指摘しているように、フランスの極右政党である国民戦線は、マイノリティの依拠する「差異への権利」を逆手に取るような形で、マイノリティの排斥を主張している。彼らによれば、フランス国民も移民も、無理な共生は互いの文化的アイデンティティを毀損するので、お互いの文化を守るためにむしろ移民は出て行くべきだと論じる。これはまさに多文化主義を装った排外主義のレトリックに他ならない。「同化を拒むマイノリティ集団から出された『差異への権利』の要求がマジョリティによって横領された場合のアポリアがここにある」（長谷川 2006: 119-122）。

ムスリムが自らの文化的独自性を強調し、その承認を求めることが、逆に移民排斥や「人種なきレイシズム」（バリバール）を招きよせてしまうというパラドクス。文化本質主義は、抑圧されたマイノリティが自己の尊厳を主張し、自己の承認を求める際に陥りがちな落とし穴である。そうした文化本質主義に依拠して、寛容や多様性を拒むムスリムの態度は、受入側の非寛容や排除を意図せず招き寄せてしまっている。したがって、こうした逆説的な事態を回避し、ヨーロッパとイスラムが共存するには、ヨーロッパ側に寛容や多様性の尊重を求めるのみならず、それと同時にムスリム側からの歩み寄りも欠かせないのである。

多文化社会を構築するために、寛容や多様性の原理さえも否定するこうしたマイノリティといかに共生したらよいのだろうか。以下では、この問題をアイデンティティに焦点を当てながら考察していこう。

第三節　ナショナル・アイデンティティから複合的アイデンティティへ

(1) ナショナル・アイデンティティ

近代の国民国家には、「ひとつの共同体にひとつの文化があり、またひとつのアイデンティティが形成されうる」というフィクショナルな想定があった（城・宋編 2005: 13）。ネイションにおける文化の共通性を強調するフィヒテであれ、ネイションでありたいという人々の意志を強調するルナンであれ、自分たちの身近なところに外見も生活習慣も異なる人々、例えばドイツ語を上手に話すトルコ系移民やフランス人意識を持ったアラブ系移民が暮らしている、などといった事態を想定していなかった。フィヒテとルナンは国民国家を基礎づける二つの規範的なモデルを提供した理論家であるが、いずれの議論においてもネイションの同質性はあらかじめ前提とされていたのである（杉田・早川 2006: 174）。

同質的なネイションを前提にした近代国民国家においては、人々のアイデンティティの形成にもネイションの存在が深く根を張っていた。これまでアイデンティティは、エリクソンが論じたように、個人の自己認識における心理的核心として捉えられてきた。アイデンティティは、自分に一貫性と同一性を付与する中核であり、「自分が何者なのか」という問いに答えを与えてくれるものであった。そうした自己の核となるアイデンティティを中心にして、それを家族などの身近な人たちの目に映る「私」が包み込み、さらにその外側を社会生活における他者から認識される「私」が包み込むという形で、個人の自我は同心円的に形成されてきた。そしてその際にネイション・民族・宗教といったものは、「私」に一貫性と同一性を担保するアイデンティティの不可欠な構成要素として重要な位置を占めてきたのである。(5)

デイヴィッド・ミラーも述べているように、アイデンティティとは個人が自由に選べるものではない。われわれは白紙から出発して、その後に本当に価値ある物事を自由に選んで自分に書き込むわけではない。われわれのアイデンティティの形成は、「みずからの所属する共同体や制度――家族、学校、教会など――によって教えこまれてきた諸価値から出発する」のである（Miller 1995: 44=76）。これまでの大半の日本人にとって、幸せな家庭であれ豊かな人間関係であれやり甲斐のある仕事であれ、「日本人であること」があらゆる行動の背景にあり、それはあえて確認するまでもない自明の前提だったのである。

（2）複合的アイデンティティ

それに対して現在のヨーロッパでは、欧州統合とその地理的な拡大に伴い、従来とはまったく異なる多面的で重層的なアイデンティティが発現しつつある。

アリステア・ロスによれば、特に子どもたちは、自らのナショナル・アイデンティティを引き続き保ちつつも、それと同時にサブ・ナショナルな地域やスープラ・ナショナルな統合体へも自己を一体化していく。そのため、国民国家という「単一の対象しか持たなかった過去の帰属意識は、はるかに複雑で多様な『入れ子』構造を持った忠誠意識へと展開」している。現代ヨーロッパの若者たちは、二重の意味で「市民」になることを学ばねばならない。「その際の市民とは、伝統的な政治単位における市民であり、かつヨーロッパで発展しつつある新しい政治状況における市民でもある」（Roland-Lévy and Ross 2003: vii-viii）(6)。

このような状況にある個人は、自らのアイデンティティを状況や場面に応じて選択し、相異なる集団のメンバーとしてのアイデンティティをその時々によって選択するようになる。そうなれば、政治制度への忠誠心も国民国家一辺倒ではなく、多様な形をとることになるだろう。「複合的アイデンティティ（multiple identity）」という観念は、ヨーロッパの中でいまや広く共有されつつあり、多くの若者たちは、「自己規定のあり方としてのこのような複合的アイデンティティの観念に、ある種の心地良ささえ見出しているのである」（Roland-Lévy and Ross 2003: 110＝169）。

ここで、ロスとロラン－レヴィの挙げている一つの興味深い例に触れておこう（Roland-Lévy and Ross 2003: 4-5＝16-18）。それは、トルコ人とドイツ人の両親を持ち、現在はドイツに住むバイリンガルの一〇代女性である。彼女の宗教は「ムスリム」で、宗教によって自分が何者なのかを見定めることがある。けれども普段は、聞く音楽、着る服装、その振舞いという点で、自分は西洋文化の中に生きる若い女性だと自覚している。また「ドイツ性」もしくは「トルコ性」に自らのアイデンティティを感じることもあれば、その二つが結びついているという点に自分らしさを見出すこともある。さらにはドイツとトルコどちらかの政治共同体に一体感を持つこともあれば、自分の独自性は、ドイツ語とトルコ語の二言語を操ることができる点にあると考える場合もある。

彼女は、どこに自己のアイデンティティを見出すかでその権利や義務が異なってくるし、参加や関与の度合いも異なってくる。彼女が持っている複数の多様なアイデンティティズによって生じる要請のいくつかは、ときに相互に矛盾し、それらの間に優先順位をつけなければならないことも起こるだろう。このような女性は、現代ヨーロッパにおいてもはや珍しい事例ではなくなっており、その数はますます増える傾向にある。それだけでなくロスとロラン－レヴィは、グローバル化や欧州統合によるモビリティの高まりによって、今後五〇年でこのような女性の事例こそが、むしろヨーロッパの標準になるだろうと予測している。(7)

複合的アイデンティティを持つ人々は、場面に応じて臨機応変に現れる複数の「私」がいわば自分の中に並存しており、従来のような自己に一貫性と同一性を与えてきた基幹となるアイデンティティが不明確となっている。テッサ・モーリス＝スズキは、こうした一人の個人の中にさえ多文化的な要素が複雑に混在するアイデンティティのあり方を「内なる多文化主義」と名づけている（スズキ 2002: 259）。そして人々が依拠するのは、何もエスニック・グループに限られるわけではなく、ジェンダー、年齢、障害の有無なども自らのアイデンティティを形作る重要な準拠点となるだろう。こうして人々が依拠する集団は無限に生じる可能性があり、複合的アイデンティティを持つ人々は、状況に応じて「複数のアイデンティティを流動的に渡り歩いたり、あるいはそれらに同時に依拠したりすることもある」のである（杉田・早川 2006: 188-189）。

ここで現れているのは、単一で強固な共同性というものを必ずしも前提とはしない非本質主義的なアイデンティティのあり方である。アイデンティティとは可変的なものであり、「他者との相互作用の中で作られていくもの」である（浅井 2006: 3）。「アイデンティティはつねに暫定的なものであり、新たな出来事、あるいはさらなる批判的な思考が、私たちにアイデンティティを修正するよう迫るであろう」（Miller 1995: 44＝77）。そして現代人の特徴は、様々な集団や異質な他者との関わりの中で複合的で重層的なアイデンティティを作り上げているところにある。

こうしたアイデンティティの複合性や重層性を前にすれば、ネイションという単一の共同性に依拠してきた国民国家が、どれほど現実の人間のあり方に対応できていないかが明らかになる。それだけでなく、多文化主義のような「特定の文化的アイデンティティに配慮すればよいというだけの解決策がいかに不十分であるか」ということも明らかになるであろう（杉田・早川 2006: 190）。

第四節　二つのアイデンティティ論――Z・バウマンとS・ホール

このような新しいアイデンティティのあり方は、どのような構造をなしているのだろうか。この問題を、「リキッド・モダニティ」で著名な社会学者ジグムント・バウマンと、カルチュラル・スタディーズの代表的な理論家であるスチュアート・ホールに即してそれぞれ考えてみよう。

（1）Z・バウマンのアイデンティティ論

バウマンのアイデンティティ論を整理すると、現代人のアイデンティティは、相互に深く結びつく以下の七つの特徴へとまとめることができる。

i．現代的アイデンティティの特徴

①断片化

まず第一の特徴は、アイデンティティの断片化である。バウマンによれば、液状化した近代世界（リキッド・モダン）は、秩序の体系性や全体性が失われ、現実はバラバラな断片と化しており、それに伴ってわれわれの生活も「まとまりを欠いたエピソードの連なりに切り分けられてしまってい」る。例えば先ほどのハーフの女性がEU市民、ドイツ国民、イスラム教徒、文化的西洋人、女性、ハーフやバイリンガルといった断片を抱えているように、現代人は「一人の人間としてあまりにも多くのアイデンティティを背負わされ」ている。このため自分を自分たらしめる首尾一貫性について、ほとんどの人が困難を抱えている状況にある（Bauman 2004=2007: 38）。

現在では価値のヒエラルキーが崩壊し、アイデンティティの組み合わせを完成させたり、最良の組み合わせを見つけたりすることが不可能となっている。ただ時々の状況に即して、「小片を組み合わせ続けること、できることはそれしか」ない（*ibid.* 91）。したがって現代におけるアイデンティティの構築とは、一種の「ブリコラージュ［外見上は結びつかない様々な要素の寄せ集め］」（レヴィ＝ストロース）を作ることなのである（*ibid.* 84）。

②人為性

現代では、もはやアイデンティティが「あらかじめ与えられた」ものではなく、あたかも芸術作品を創り出すかのように「自らの手で創造し、編み出すもの」となっている（*ibid.* 3）。「行動しないこと」さえも、ひとつの「行動」と見なされるのであり、「波に身を任せることすら創造的な芸術の一部と見なされ、そういう形で記録される」（*ibid.* 6）。現代人のアイデンティティは、「発見されるというより発明されるもの、努力目標、『目的』……さらなる闘争によって保持する必要のあるもの」となっているのである（*ibid.* 42）。

だが、どのようなアイデンティティを構築することが望ましいのか、明確なビジョンや指針があるわけではない。「どの成功の一歩が、後で振り返ると正しいものに見えるか、あるいは、撒かれた種のうちのどれが実りをもたらし、おいしい果実をつけるのか、どの花のつぼみが突風や蜂の急襲によってしおれてしぼんでしまうのか、正確に予測できない」のである（*ibid.* 6）。そのため今日の世代は、常に短期的な見通しのもとで行動することとなり、「『今ここ』から引き出せる刹那的な快楽に身を任せ」ているのである（*ibid.* 5）。

③一時性

こうした今日のアイデンティティを理論化するとすれば、それは根や根絶といった比喩で表すのは適切ではなく、「錨を降ろすや錨をあげるという比喩に換えた方がいい」（ド・サングリー）という（*ibid.* 11）。急速な時代の変化に対応するためには、このプロセスを繰り返しながら、自らのアイデンティティを常に革新し続けなければならない。アイデンティティは永遠なものではなく、むしろ「永遠の一時性」をその特徴としている（*ibid.* 42）。このためわれわれは、たえず移動し、たえずコミュナルな準拠対象を求め、たえずアイデンティティを構築し、維持するよう努めざるをえないのである（*ibid.* 56）。

こうした時代においては、アイデンティティを「いつでも脱ぎ捨てられる軽いマントのように」身にまとうことが賢明であるという。これをバウマンは、「クロークルーム・コミュニティ」と呼ぶ。「クロークルーム・コミュニティ」は、観客が出し物を見るためにクロークの留め金にコートをかけている間だけ持続し、留め金からコートを外すとすぐに解体される。そのメリットは寿命の短さと、それに加わって「楽しむのに必要なコミットメントが少なくて済む」点である。このように帰属したり、コミットしたりする際に重要なのは、距離を保つことであり、「すべての扉を開けておくこと」なのである（*ibid.* 60-62）[8]。

④可変性

アイデンティティは今日、不動のものではないし、一生涯保証されるものでもなく、交渉することも取り消すこともできる。それは「永遠に生成の途上」にあるのだ（*ibid.* 10）。自らの判断や行動の仕方で、アイデンティティはいったん形成された後でも絶えず変更可能である。「たゆまぬ変化」こそ、現代のアイデンティティの大きな特徴なのである。

こうしたアイデンティティのあり方は、ある種の「実験主義」とでも呼びうる傾向を帯びるようになる。「アイデンティティ構築は、止めることのできない実験の形をとるようになってい」る。「実験は決して終わることが」なく、「現在誇示しているアイデンティティが、獲得できる最良のものかどうか、もっとも大きな満足を与えてくれ」るものがないかどうか、常に試し続けるようになっているのである（*ibid.* 131）。

⑤心地よい拠り所の喪失

現在のように移動性が高い世界では、多くの人々が「生まれながらの住処」を離れて生活し、自分が「完全に溶け込めるような場所」を持っていない（*ibid.* 37）。このような安心してくつろげる拠り所が失われている現状こそ、アイデンティティを切実な問題として浮かび上がらせる背景である。あらゆる場所が自分の本当の居場所とは感じられないことは、難民や移民だけの問題ではなく、『リキッド・モダン』の時代のすべての男女が共有しあう一つの特性」となっているのである（*ibid.* 37）。

「どこにいても完璧にはくつろげないこと、また本当の意味ではくつろげない」ことは、われわれがより大きな自由を謳歌するための代償でもある（*ibid.* 39）。こうした現実に耐え切れず、インターネットの世界に救いを求める者もいる。(9) だがネットの世界は、心地よい一体感を与えてくれる堅固な共同体の「適切な代替物とはなりえ」ないだろう（*ibid.* 54）。

⑥自己責任

アイデンティティの構築を支えてきた共同体や権威の力は、今や失われてしまった。その結果として、「アイデンティティは自由に飛びまわっている状態にあり、機転を利かしたり、道具を使ったりして、飛んでいるそれを捕まえる役割は、今や個々人にまかされてい」るのである（*ibid.* 59）。

近代以降、「アイデンティティの構築は、個々人が自分の生涯にわたって取り組まねばならない作業」となった。「出生証明書」だけでは不十分であり、「人生全体」で自分が何者なのかを、説得力を持って証明する必要がある。とはいえ、これまでの近代世界には、「キャリアの道筋」として「さまよっている人でも自分がどれだけ進んだか測れる里程標で区切られた、明確に敷かれた軌道が備わっていた」(*ibid.* 85)。ところが後期近代は、社会的制度が「液状化」し「指針の破棄や里程標の撤去」が行われたため、アイデンティティの構築が個人の選択の問題へと責任転嫁されているのである(*ibid.* 86)。

⑦両義性

バウマンによれば、われわれはますます自由になっているが、そのぶん不安定にもなっている。わずらわしい関係にとらわれなくてすむ一方で、安定した拠りどころも失われていく。現代人は両義的な欲望を抱いており、「絆のない生活」や「結びつける紐のない」関係の新しさを「熱望しながらも恐れている」のである(*ibid.* 102)。

バウマンが指摘するのは、いわば現代人のアイデンティティは、「解放」と「帰属」との間で揺れ動くわれわれのアイデンティティの矛盾をはらんだ性格である。いわば現代人のアイデンティティは、より多くの選択の自由という「リベラル」な要求と、安らげる帰属を望む「コミュニタリアン」的要求との複合体という形をとっているのである。われわれの中で「これら二つの考え方は、きまり悪そうに同席してい」る(*ibid.* 122)。したがって現代のアイデンティティは、「個々人の自己創造の自由に対する希望と、確固たる安全に対する強力な願望との間の複雑で不安定な相互作用の産物なので」ある。そして「これら二つの間の緊張関係はゆるむこともなければ解消することも」ないのである(*ibid.* 10)。

ii．多文化共生への戦略

これらの特徴は、現代人のアイデンティティに大きな不安定さをもたらしている。そしてこうした不安定さこそが、バウマンによれば、宗教的な原理主義への傾倒を生み出す原因なのだという。ナショナリズムや宗教的原理主義は、「不確かな変動のさなかにあって平穏で安全な避難所」を与えるものである（*ibid.* 100）。

特にバウマンは、そうした運動が「共通の敵」を「統合の支え」としている点に注意を向けている。バラバラの個人を結束させるために、「共通の敵」の存在が捏造される（*ibid.* 128）。「アイデンティティ闘争」は、「われわれ」を統合する一方で、異質な「彼ら」を除去し、排除しようとすることではじめて成り立つ。閉鎖的な文化やコミュニティにこもり、差異とともに生きる困難を拒むことで、自己のアイデンティティを確実にしようとする衝動が、ナショナリズムの再興や原理主義の台頭の背景にある。

こうした傾向に対処するためにバウマンがとる戦略は、偏狭なアイデンティティを、もっと包括的なアイデンティティのあり方に組み替えること、そしてそれによって「排除の境界線を後退させること」である（*ibid.* 125）。心地よい地域社会に撤退して閉じこもっても、凶暴なグローバル化の有害な影響から逃れることはできない。そうした対処は場当たり的であり、不平等や脆弱性のはびこる無法状態を長引かせるだけである。「私たちはみな依存しあっており、私たちがもっている唯一の選択肢は、お互いの弱さを確認しあい、共通の安全を保障しあうこと」しかないのである（*ibid.* 136）[10]。

（2）S・ホールのアイデンティティ論

次に、カルチュラル・スタディーズの理論的主導者の一人であるスチュアート・ホールの文化的アイデンティティ論を概観してみよう[11]。

ホールによれば、アイデンティティとは主体的な「位置取り（positioning）」のプロセスであるという。個人は、支配的な言説や意味を外側から押しつけられ、それらに呼びかけられ、それらに応答しながら、暫定的に自らの

「社会的位置」を取る。「あらゆる発話は特定の位置から発せられる……。位置なくして意味もありえない。何らかのスタンスをとることがまず必要だ」（ホール・酒井 1998: 134-135）。ただしこの際には、支配的な言説やイメージからの呼びかけを単にそのまま受け取るのではなく、そうした呼びかけに対する個人の主体的な「位置取り」の働きが存在しているのだという。[12] ホールにとって、アイデンティティとは動態的な「プロセス」に他ならず、「『あるもの』というだけではなく『なるもの』なのである」（Hall 1990=1998: 93）。

とりわけ多文化時代のアイデンティティにおいては、そのハイブリッド性が大きく高まり、超国家組織、ネイション、エスニック集団、宗教、人種、地域、ジェンダー、社会階層、家族、職場など、ときに相矛盾する複数の表象の中で不安定さや矛盾を抱えこみながらも、自らの立ち位置を定めなければならなくなる。したがってグローバル化時代のアイデンティティは、国民国家が前提としてきたような、一つの共同性を核に同心円的な階層構造を構築するという形態にはもはやなりえない。これからのアイデンティティは、様々なカテゴリーの接合がなされる交差や再交差の場として現れるのである。

そこでホールのとる戦略は、アイデンティティを縛りつけている「係留ロープを緩める」ことへと向かう。「アイデンティティは、特定の地点に堅固にはめ込まれも固定されもしていないが、同時にまったく自由に浮遊できるわけでもない」（Procter 2004=2006: 191）。アイデンティティは、保守的ナショナリストが前提とするような過去に永続的に縛られるものではないし、またポストモダン的に「永遠に彷徨い遅らされるノマド的なものでもない」（Procter 2004=2006: 193）。ホールにとって重要なのは、位置取りが常に恣意的で偶発的であることを自覚しながら、「本質や純粋性によってではなく、ある必然的な異質性と多様性の認識によって、つまり差異と矛盾することなく、差異とともに、差異を通じて生きる『アイデンティティ』」なのである（Hall 1990=1998: 101）。

日本人なのか外国人なのか、あるいはフランス人か移民か、などといった二項対立図式では、現代のアイデンティティを正しく捉えることはできない。というのも、「差異の境界は異なる参照点次第で断続的に再定位される」からである（Hall 1990=1998: 95）。前述したバイリンガルの少女は、純粋な白人ヨーロッパ人を前にしたときには自らをムスリムと位置づけるであろうが、アラブに居住する純粋なムスリムを参照点にすれば、西洋人、少なくとも西洋化されたムスリムとして自己を位置づけることになるだろう。このように多文化社会の人間は、その時々の状況や他者との相互作用の中で「常に自己を新たなものとして、変換と差異を通じて生産／再生産する」のである。

（3）メタ・アイデンティティ

こうした「断片的な状況の中においては、アイデンティティやポジショニングについての新しい思考法が必要」であると、ホールは述べている（ホール・酒井 1998: 140）。またバウマンも、先に触れたように、閉鎖的アイデンティティをより包括的なアイデンティティのあり方へ組み替える必要性を説いている。そこで本稿では、彼らの問題意識を踏まえて「メタ・アイデンティティ」という考え方を導入したい。

人は様々な他者と接する中から、そのつど様々なクラス（集団や階級など）にアイデンティファイし、そうした集積が自己を形成していく。すなわち「個体としてのアイデンティティは、大枠としては、さまざまなクラス・アイデンティティのそれ自体個性的な布置」なのである（細見 1999: 9）。そうであるとすれば、グローバル化する世界で自己意識が日々断片化していく中で自己の統合を何らかの形で保持しようとすれば、それぞれが一貫したつながりをもたない複数のアイデンティティズを統括するような自己意識、いわば様々なアイデンティテイズをマネージメントするメタ・アイデンティティといったものが必要になってくるだろう。[13]

参照点が変わるたびに、ムスリムとしての自己、西洋文化の中に生きる自分、ドイツ国民としての自分、トルコ語とドイツ語のバイリンガルである自己が立ち現れる。これらのアイデンティティの断片は、ひとつのナショナリティやエスニシティに一体化することによって、統一的に束ねられるものではない。かといってアイデンティティの断片化を放置すれば、そこに残されるのは、その場の状況に流されリアクションするだけで、何も蓄積されない空虚な自己である。

多文化状況の中で自己の成立を可能にするためには、自分自身の「内なる多文化主義」を自覚し、それによって自己の内外の差異を肯定し、それと共に生きるという方向性をとることが必要となるだろう。とはいえホールが述べているように、人は「どんな物語が自分にとって大事なのか、どんな物語を自分に語ることができるのか、どんな物語なら自分の生きる糧になるのか、どんなものなら堪えられ、どんなものなら堪えられないのか」を常に問わざるを得ない（ホール・酒井 1998: 136）。まさにこの問いに応じるのがメタ・アイデンティティなのである。[14]ここでいうメタ・アイデンティティとは、それ自体が何らかの対象にアイデンティファイするのではなく、自らの多様なアイデンティティの個性的布置を自覚し受け入れた上で、自己の中の多様性を束ねるような自己意識のことである。

第五節　多文化共生に向けて

こうしたアイデンティティ論を踏まえた上で、最初の問いに戻ろう。ヨーロッパに居住する寛容や多様性といった価値さえも否定する一神教徒に対して、多文化社会に生きるわれわれはいかに対応すべきなのであろうか。

ウィル・キムリッカはその著書『多文化時代の市民権』の中で、多民族国家を安定的に成り立たせるためには、社会的統一の基礎となる「多文化をつなぐきずな」が必要だと論じている。キムリッカによれば、そうした「きずな」を築く際には、人々が価値観、文化、歴史、伝統を共有することが重要なのではないという。そうではなく、人々がアイデンティティを共有することこそが、多文化社会を統合する上での基盤になるのだと主張している（Kymlicka 1995=1998: 283）。

例えば、スウェーデン人とノルウェー人は、多くの価値を共有しているにもかかわらずアイデンティティは共有していない。それに対して、メキシコ系アメリカ人、アフリカ系アメリカ人、アジア系アメリカ人などは、価値観や文化は共有していないかもしれないが、同じアメリカ人としてのアイデンティティは共有している。こうした「～系」ではあるけれども自分はアメリカ人なのだという形で、アイデンティティを構築しそれを共有することが、多文化社会を成り立たせる最も重要な要素なのである。

そしてキムリッカによれば、こうしたアイデンティティの共有は、それぞれの民族的・文化的なアイデンティティを抑圧するのではなく、逆にそれらを涵養することによって可能になるのだという。「異なった民族集団出身の人々がより大きな政体への忠誠心を共有するのは、その政体が自らの民族的アイデンティティを従属させる場ではなく、それを涵養する場となっている、と彼らが考える場合だけ」である（Kymlicka 1995=1998: 284）。多文化時代の現在では、「単一性」ではなく「多様性」を基礎にして社会秩序をどのように構築するかという視点が欠かせないのである(15)。

この点に関して興味深い指摘をしているのは、フランスの大学で教鞭をとる小坂井敏晶である。小坂井によれば、二〇世紀前半にフランスへやってきた南欧・東欧系の移民は、出身地別に共同体を形成し、そのおかげで慣れた文化的環境から異質なフランス社会に少しずつ同化することができた。それに対して、現在、同化の程度が低いと非難されるアルジェリア出身の移民は、彼らを支えるアラブ・イスラム文化共同体がフランス社会で未発達であり、一時的に避難できる憩いの場がない。そのために反動として、民族的アイデンティティの象徴たるスカーフや伝統にしがみつき、さらには急進的なイスラム原理主義に傾倒してしまうのだという（小坂井 2002: 166）。

人は自らの文化的な環境から強引に引き離され、アイデンティティを深く傷つけられたと感じるとき、素直にホスト国の文化を受容することができなくなる。そして逆に、原理主義のような極端な伝統・宗教・文化的象徴に固執することで、自らのアイデンティティを立て直そうとする。対照的に、見知らぬ社会環境の中で孤立することを回避し、自らの文化的アイデンティティが肯定されるとき、異質なホスト国の文化を受容できるようになるのである。

欧州連合の試みは、まさにこうした事実に適合するものである。欧州連合は「ヨーロッパ人意識」の形成をその中心目標として掲げているが、とはいえここでいう「ヨーロッパ人意識」とは、均一的なヨーロッパへの帰属意識などではなく、複数のヨーロッパ人意識の存在を肯定するという点に最大の特徴を有するものである。そしてヨーロッパにおけるシティズンシップ教育は、「等質化された『ヨーロッパ人（The European）』を育成することを否定し、いうなれば複線的なヨーロッパ理解に基づいて各個人が自己のヨーロッパ意識を培うこと、その結果として多様な『ヨーロッパ人（The Europeans）』が育成されることを目指している」のである（久野 2004: 279）。

カトリック系ヨーロッパ人、プロテスタント系ヨーロッパ人、アジア系ヨーロッパ人、アフリカ系ヨーロッパ人、イスラム系ヨーロッパ人……。こうした様々な民族的・文化的・宗教的背景をもつ多様な人々が共に生きている場こそがヨーロッパであり、こうした多様性を認める寛容な人々が「ヨーロッパ人」である。このような意味でのヨーロッパ人意識を育むことが、ムスリムのアイデンティティを肯定し、彼らとの共生を可能にする第一歩になるのではないであろうか。

第六節　おわりに——ヨーロッパのムスリムへ

内藤正典によれば、ヨーロッパのムスリム移民では、イスラム信仰に覚醒していくのが直接イスラム世界からやってきた移民の一世ではなく、ヨーロッパで生まれ育った二世・三世の若者に多いという（内藤 2004: 193）。ヨーロッパでは、イスラム原理主義者が侵入して移民たちを洗脳していると考えられがちだが、実際はそうではない。ホスト社会からの疎外や差別、それによるアイデンティティの危機を経験してきたからこそ、ヨーロッパ生まれの若者たちがまさにいま原理主義化しているのである。

そもそも本物のアイデンティティの探究や真正な自我の実現といったものは、西洋近代が一貫して追い求めてきたテーマである。アイデンティティという考え方自体が、西洋の産物なのである。本当の自分をムスリムであることに求めるという発想は、西洋近代という媒介を経てはじめて生じうるのであり、ヨーロッパで生まれ育った二世や三世の若者がムスリムとしてのアイデンティティに目覚めるという現象も、まさにこの事実を裏づけている。その意味で「西洋世界にとって多文化主義はいわば内部からの挑戦」なのである（長谷川 2006: 125 傍点筆者）。この挑戦を克服するには、西洋近代が追い求めてきた「真のアイデンティティの実現」という呪縛から逃れ、「本物のアイデンティティ」対「偽のアイデンティティ」という二項対立図式を脱構築することが必要なのである。

ヨーロッパに関して述べると、「〜系」であるが自分はヨーロッパ人なのだという意味でのヨーロッパ人意識は、特定の対象に一体化するのではなく、多様性を前提にした統合を目指すメタレベルでのアイデンティティであると言える。こうしたメタ・アイデンティティとしての「ヨーロッパ人アイデンティティ」を覚醒させ、例えばイスラム教徒であれば自分は「ヨーロッパのムスリム」なのだという「位置取り」に導くことこそが（中谷 2006: 107）、一神教的な信仰との共存を可能にする道筋であるように私には思われる。

自らがヨーロッパ人であることを認めたとしても、その人がいかなる種類のヨーロッパ人になるのかに関しては、依然として幅広い可能性が残されている。ムスリムにとってのヨーロッパは、自分たちの外部として定位されがちである。だが「ヨーロッパのムスリム」として、自らのアイデンティティをより広い枠組みへと組み替えることができるようにすることが肝要なのである。そのためにはキムリッカの述べるように、彼らの文化的アイデンティティが肯定され、承認されることが前提条件である。

ヨーロッパにおいて一神教的な信徒と共生をはかるためには、受入側も移民の側もそれぞれ、こうしたメタレベルでのヨーロッパ人意識に覚醒することが欠かせないであろう。そして様々な文化的・宗教的アイデンティティを育む多文化社会を作り上げることができるかは、メタ・アイデンティティにマネージメントされた立ち居振る舞いの「型」を、どれだけ多くの人々に身に付けさせることができるかにかかっている。まさにシティズンシップ教育こそが、多文化共生を可能とするようなこうした市民的行為の「型」を育むという役割を担うものなのである。

＊本稿は、二〇〇八年一〇月一二日に関西学院大学で開催された二〇〇八年度日本政治学会研究大会での研究報告「多文化社会のシティズンシップ教育——アイデンティティ論の視点から——」（分科会Ｆ８「市民教育の思想と理論」）に、加筆と修正を加えたものである。

【注】

（1）この点については、各国のシティズンシップ教育を比較した最新の研究である嶺井 2007が参考になる。また竹島 2006も参照。

（2）シティズンシップ教育の内容は、必ずしも多文化共生に限られるものではない。そのテーマは多方面にわたり、通常は人権、平和、環境、開発などの地球的規模で考えなければならない課題が含まれている場合が多い。こうした共通性とともに、シティズンシップ教育の内容やあり方が各国によって大きく異なる点も、踏まえておかなければならないだろう。詳細は嶺井 2007を参照。

（3）イギリスでは、共通教授法の下で行われた宗教の授業の際に、親の判断で子どもを学校の宗教教育から退出させることができる権利を認めているため、こうした事態が生じうる。

（4）しかも皮肉なことに、寛容や多様性といった原理を受け入れやすい白人系・カトリック系コミュニティではこうした問題が起こることは少なく、むしろ非西洋的なマイノリティが多数を占めるコミュニティや、複数の民族や文化が混在する多文化的なコミュニティほど、寛容や多様性が受容されにくく、こうした問題が起きる傾向にあるという（木原 2002: 104）。

（5）日本の小学校社会科は、こうした同心円的なアイデンティティを国民の中に生み出す上で重要な役割を果たしている。

この点の詳細については、竹島 2004: 46-47を参照。
(6) この箇所は、Alistair Ross, "Series Introduction: European Issues in Children's Identity and Citizenship" であるが、邦訳では「監訳者まえがき」の中に要約として掲載されるという形式をとっているため、ここでは原書の頁数のみ記載している。
(7) 今日、国境を越えた人々の移動は日々加速しており、出生国以外の地で生活している人々の数は、二〇〇〇年の時点でおよそ一億二〇〇〇万人にのぼると推定されている（スズキ 2002: 143）。
(8) こうした淡白なコミットメントの中に、「かつてデモクラシーの育成の土壌となっていた集団的連帯感が定着して、成熟する余地は」ない。アイデンティティの断片化と、その前提となっている帰属の分散化や短期化は、連帯感や一体感の喪失、所属意識や信頼の希薄化によってデモクラシーの危機をもたらしているのである（Bauman 2004=2007: 61）。
(9) 「私たちはめったに得られない濃密な関係を、大量の希薄で浅い接触に置き換えている」（Bauman 2004=2007: 111）。
(10) そのためには、グローバル化の有害な影響を「民衆の民主的な統制下に」置き、グローバルな力が「人類の共生と社会的公正の倫理的原則を尊重し、守るよう強制しなければな」らないとバウマンは主張している（Bauman 2004=2007: 137）。
(11) スチュアート・ホールは、ジャマイカ出身の黒人で、イギリスに留学し、現在はイギリスに居住するカルチュラル・スタディーズを代表する理論家である。自らのカリブ・アイデンティティやヨーロッパ人としての自己意識を考える中から多文化時代のアイデンティティの理論的考察に向かった。ホールの経歴に関する詳細は、Procter 2004=2006: 17-25を参照。
(12) アイデンティティは、その時々の偶然的な意味の固定化に依存している。けれども他者からの「呼びかけ」に呼応した自己の「位置取り」は、自然で永続的な「終わり」なのではなく、戦略的で恣意的なものである。位置取りは、一時的な停止を越えて開放され続けているのである（Hall 1990=1998: 97）。
(13) こうした考え方自体は、フェミニズムの領域ですでに論じられているものである。自分に当てがわれる「役割が複雑になればなるほど、それを統括するメタレベルでの自己、つまりは「本当の自分」といった感覚が、必要とされてくるのである」（千田 2005: 268）。ただし本稿では、メタ・アイデンティティを何ものにも一体化しないものとして論じており、諸々のアイデンティティの奥にある「本当の自分」という意味で用いているわけではない。

（14）バウマンによれば、以前のようにマルクス主義が大きな影響力を保持していた時代は、「階級」が「メタ・アイデンティティ」としての統合力を有していた（Bauman 2004=2007: 68）。ただし、バウマンのいう「メタ・アイデンティティ」は、何ものかへの一体化を含意しない本稿での意味とは必ずしも同じではない。

（15）単一の支配的な文化がその政治共同体を支えてきたという虚構を脱構築すること。そして政治共同体を豊饒にし、活性化させてきたのは、むしろ秩序の中にある文化の多様性であるという視点が重要であろう。

【参考文献】

Bauman, Zygmunt（2004）*Identity: Conversations with Benedetto Vecchi*, Polity Press〔= 2007『アイデンティティ』伊藤茂訳、日本経済評論社〕

Hall, Stuart（1990）"Cultural Identity and Diaspora", in Rutherford, Jonathan eds., *Identity: Community, Culture, Difference*, London: Lawrence & Wishart〔= 1998「文化的アイデンティティとディアスポラ」小笠原博毅訳、『現代思想』Vol.26-4、青土社〕

Hall, Stuart（1996）"Who Needs Identity?", in Hall, S. and Paul du Gay, eds., *Questions of Cultural Identity*, London Sage Publication〔= 2001「誰がアイデンティティを必要とするのか？」宇波彰訳、スチュアート・ホール＋ポール・ドゥ・ゲイ編『カルチュラル・アイデンティティの諸問題――誰がアイデンティティを必要とするのか？』大村書店〕

Kymlicka, Will（1995）*Multicultural Citizenship: A Liberal Theory of Minority Rights*, Oxford University Press〔= 1998『多文化時代の市民権――マイノリティの権利と自由主義』角田猛之他監修、晃洋書房〕

Kymlicka, Will（2001）"Education for Citizenship", *Politics in the Vernacular: Nationalism, Multiculturalism, and*

Citizenship, Oxford University Press
Miller, David（1995）*On Nationality*, Oxford University Press〔＝2007『ナショナリティについて』富沢克・長谷川一年・施光恒・竹島博之訳、風行社〕
Procter, James（2004）*Stuart Hall*, Routledge〔＝2006『スチュアート・ホール』小笠原博毅訳、青土社〕
Roland-Lévy, Christine and Ross, Alistair eds.（2003）*Political Learning and Citizenship in Europe*, Trentham Books〔＝2006『欧州統合とシティズンシップ教育――新しい政治学習の試み』中里亜夫・竹島博之監訳、明石書店〕
浅井亜紀子（2006）『異文化接触における文化的アイデンティティのゆらぎ』ミネルヴァ書房
飯笹佐代子（2007）『シティズンシップと多文化国家』日本経済評論社
木原直美（2002）「多文化社会における市民性教育の可能性――英国5市の取り組みを中心として」『比較教育学研究』第二八号、日本比較教育学会
木原直美（2003）「イギリスにおける宗教教育の葛藤と多文化共生」江原武一編『世界の公教育と宗教』東信堂
久野弘幸（2004）『ヨーロッパ教育――歴史と展望』玉川大学出版部
小坂井敏晶（2002）『民族という虚構』東京大学出版会
城達也・宋安鍾編（2005）『アイデンティティと共同性の再構築』世界思想社
杉田敦・早川誠（2006）「ネーションとエスニシティ――アイデンティティの政治」川崎修・杉田敦編『現代政治理論』有斐閣
スチュアート・ホール／酒井直樹（1998）「《対談》文化研究とアイデンティティ」本橋哲也訳、『思想』第八八七号、岩波書店
千田有紀（2005）「アイデンティティとポジショナリティ――一九九〇年代の「女」の問題の複合性をめぐって」上野千鶴子編『脱アイデンティティ』勁草書房
竹島博之（2004）「小学校社会科における政治教育」『教育実践研究』第一二号、福岡教育大学教育学部附属教育実践総合

センター
竹島博之（2005）「政治教育におけるシティズンシップの育成」『教育実践研究』第一三号、福岡教育大学教育学部附属教育実践総合センター
竹島博之（2006）「政治教育——グローバル化時代におけるシティズンシップの育成」シティズンシップ研究会編『シティズンシップの教育学』晃洋書房
竹島博之（2008a）「グローバル化時代のアイデンティティとシティズンシップ教育」『政治研究』第五五号、九州大学政治研究会
竹島博之（2008b）「グローバル化する現代世界とシティズンシップ教育」『世界と議会』第五二三号、尾崎行雄記念財団
テッサ・モーリス＝スズキ（2002）『批判的想像力のために——グローバル化時代の日本』平凡社
内藤正典（2004）『ヨーロッパとイスラーム——共生は可能か』岩波新書
中谷真憲（2006）「宗教教育——フランスにおける非宗教性原理と公民教育」シティズンシップ研究会編『シティズンシップの教育学』晃洋書房
嶺井明子編（2007）『世界のシティズンシップ教育——グローバル時代の国民／市民形成』東信堂
長谷川一年（2006）「多文化教育——統合と多様性の間で」シティズンシップ研究会編『シティズンシップの教育学』晃洋書房
平田利文編（2007）『市民性教育の研究——日本とタイの比較』東信堂
細見和之（1999）『アイデンティティ／他者性』岩波書店

第七章　国際社会における「型」の変容
——クインシー・ライトとカール・シュミット

大賀　哲

私は国際社会（International Community）を現代政治におけるギリシア演劇のコーラスとして愛好している。誰もそれを見たことはないが、その歌声は背後で響いていて、皆がそれにあわせて役割を演じている。私たちの鼻先で、新たな普遍が育まれていることはとても興味深いことである。

——トゥルジョット——[1]

はじめに

「国際社会」という言葉が氾濫している。[2]とくに昨今の国際政治の場面で「国際社会の意思（the will of the international community）」という言葉が頻出している。この言葉は、NATOのコソボ空爆を正当化する修辞として用いられ、[3]その後形を変えて多くの政治言説の挿入句として用いられて来た。むろん国際社会の定義や示唆内容は人や地域によって異なるが、少なくとも「国際社会」という言説そのものに一定の拘束力が付着し、ある一定の政治動員を可能にする規範資源として流用されていると考えて良いであろう。

多くの政治言説がそうであるように、「国際社会」もまた、誰が如何なる文脈でそれを語るのかによって、異なった磁場を形成している。例えば、「国際社会」に類する語の用例は、拡く捉えればFamily of Nations、Community of Nations、International Community、International Society等多岐に渡っている。また歴史的に見れば「国際社会」はそれほど新しい概念でもない。国家・民族・宗教・階級を超えた文字通りユニヴァーサルな普遍世界が存在するという思考は、人類史と共に旧い。[4] また現代のような国家を越えたインターナショナルな意味合いでの国際社会論が華々しく開基するのが国際連盟期である。しかし、冒頭のトゥルジョット（Michel-Rolph Trouillot）の引用が辛辣に指摘するように、国際社会という「具体的な場」が存在するわけではない。それ故に、それがどのような言説領域（a domain of discourses）[5]を指し示しているのかが、国際社会の思考の「型」を形成する。

国際政治学の理論史を紐解けば明らかなように、「国際（International）」の示唆する対象がそもそも論争的であり、それが単に「国家間関係」を示唆するに留まるのか、それとも国家を越えた「グローバルないしトランスナショナルな事象」を示すのか、それ自体議論が分かれるところである。所謂、英国学派（English School）[6]の議論は、北米型国際政治学の説く「国際システム」——国家間関係をシステムと捉え、大国間のパワーポリティックスを基調とする——に対して「国際社会」を対置し、その上で（単なる権力闘争を越えた）国家間関係における秩序や規範の存在を同定しようと努めたものである。但し、この議論は国際社会についての理論分析というよりは、国際政治学業界におけるアメリカ的伝統とイギリス的伝統の対置を所与とした上での神学論争の如き趣きがあり、国際社会といった場合に、それが国家間の社会であるのか、国家を越えた地球社会の如きものを想定すべきであるのかについては、明示的な結論には至っていない。

かつて、カール・シュミット（Carl Schmitt）がその『憲法論』においていみじくも指摘したように「国際的」と「国家間的（zwischenstaatlich）」とは似て非なるものである。シュミットは次のように述べている。

「国家間的」というのは、「インターナショナル」と異なり、諸国家、すなわち政治統一体が確立した境界を持ち、対外的にまとまり、他国の介入と浸透を許さず（impermeabel）、互いに対立しており、自ら自己の実存の問題についての決定権を保持していることを意味する（政治的実存についての他の者の決定を許さないのは、まさしく「主権」である）。これに反し、「インターナショナル」というのは、（正しいドイツ語の表現では）まさに国家的区別の排除と破棄、国家の境界を度外視する浸透と結合を意味する。(7)

すなわちシュミットは、主権を前提とする「国家間的」と、究極的にはそうした主権的境界の破棄を企図する「国際的」を峻別したのであった。このように「国際」という後の示唆内容は多義的であるが、今日氾濫する「国際社会」という言説を改めて検討することには如何なる意義があるのか。本稿では、「国際社会の言説史」と「国際政治学史」(8)は不可分の関係にある、という作業仮説に基づいている。というのも、歴史的に見た場合「国際政治学」ないし「国際関係論」という学問の存在意義は必ずしも自明なものではない。周知のように、制度的な意味で国際政治学が大学教育に導入されたのは第一次世界大戦後である。しかし国際政治学を単に二国間以上に跨る（または国境を越えた）政治的行為の分析と定義するのであれば、寧ろそうした志向性を一九世紀以前の哲学者や思想家のテクストの中から見出すことはそれほど困難ではない。また、中世の神学者、近世・近代の法学者によって担われてきた議論——例えばキリスト教共同体における秩序論、または正戦論、主権論の系譜——の中から「国際政治学」的な問題意識の少なくともその萌芽を見い出すこともあながち的外れとは言い得ないであろう。これを敷衍するならば、哲学者・思想家・神学者・法学者等がそれぞれの専門分野の立場に基づいて国家間関係について所論を展開するという意味における「国際政治論」は、通常の国際政治理論史の射程よりも遥か以前から存在していたことになる。

すなわち、単に国際関係に関する学知として国際政治学を定義するのであれば、敢えて「国際政治学」という枠組みを設定して議論することの積極的な価値は見い出し難い。換言すれば、国家の対外関係を分析するのであれば従来の政治哲学ないしその発展系としての外交論で展開可能であるし、国際関係の法的構造や国家間条約、及びそれに伴う国家間の権利義務関係を検証するのであれば、それは国際法学の領域である。かくしてここに国際政治学の根幹を揺るがすひとつの問いが浮上する——哲学・政治学・神学・法学等の個別分野から国際政治論を展開するのではなく、敢えて「国際政治学」という枠組みを設定する意義は如何なるものであるのか、と。

本稿の視座から言えば、二〇世紀において文字通りインターナショナルな「国際社会」という新たな視座が登場し、そうした時代の要請への応答として「国際政治学」という学際領域が必要とされたと考える方が自然であろう。そして、「国際社会の学」としての国際政治学の学知的創生を考えれば、国際連盟が設立され、(肯定するか否定するかは別にして)国際平和についての議論が花開いた一九二〇年代が、国際政治学の学知形成のひとつの画期をある程度代表するものであろう。(9) 例えば、国際連盟規約(一九一九年)の時点では国際社会に相応する語の用例は見られないが、ハーグ条約から不戦条約に至る一連の過程を敷衍すればそこに(国家間的ではない)ある種のインターナショナルな国際社会が想定されていることは明らかである。また日本語において「國際社會」

という訳語が登場するのは、ローレンス（Thomas Lawrence）の *The society of nations* が一九二二年に『國際社會史論』[10]として翻訳・刊行された時期であると推察されるし、国連脱退直後の外交文書には「國際社會の情勢」という文言が登場する。[11]

前置きが長くなったが、本稿の目的は、国際政治学黎明期における国際社会に関する視座の変化を、国際社会の「型」の変容として捉えるものである。先述の問題意識に即して言えば、本稿における型とは「言説領域」である。すなわち、国際社会をどのように把握するのか、その視座が国際政治学に関わる思考に如何なる影響を及ぼしたのかそれらを「国際社会の型」として捉え、その変容を検討する。換言すれば、二〇世紀前半の国際社会に関する言説は、所謂ヨーロッパ公法としての「国家間関係」の型から「インターナショナルな国際社会」の型へと大きく変化した——むろん、そこには様々な限界と隘路があったのだが——、その変容に「政治における型」という観点からアプローチするのが本稿の趣旨である。

この問題はむろん国際政治学だけではなく国際法学の学知形成にも関連する問題であるが、この点は国際政治学／国際法学という分野の垣根を越えて包括的な議論がされてきたとは言い難い。このことの背景には、国際政治学創生に関しての矮小化が挙げられる。[12]一九四〇年代から五〇年代にかけて、国際政治学における法学批判および後続のリアリズムの登場によって、国際社会を法や規範の側面から論じることは、（少なくとも国際政治学の内部においては）忌避され、かかる理想主義的な国際社会論を克服したところに国際政治学が定立されているとの認識が学知言説を支配した。[13]その最も象徴的な例が、ケナン（George Kennan）の「法律家＝道徳家アプローチ批判」である。このことを広く学知形成の面から捉えれば、国際政治学の創生は、国際社会における政治学的視座と法学的視座の峻別（および意識的な没交渉）に立脚していると言えよう。一方の国際法学は、かかる傾向を、国際法学に対する国際政治学の「宣戦布告」として捉え[14]、他方の国際政治学においては、法によって国際社会を論じる視座は、浅薄な理想主義として「負の烙印」[15]が押されてきた。結果、国際政治学は「国益か国際法遵守か」、そして国際法学は「合法か違法か」という狭い二者択一の中でのみ議論する傾向にあった[16]。

言うまでもなく、戦間期の国際法学の議論はケナンが言うほど単純なものではないが、本稿は上述のような国際政治学／国際法学の対立・齟齬についての学説史的介入を目指すものではない。寧ろ、そうした対立関係を踏まえた上で、国際社会論における二つの型を、「ヨーロッパ公法」と「インターナショナル・ロー」[17]の対比の中から捉えるものである。それ故に、本稿では法学と政治学の間の一切の峻別・対置を前提とはしない。それは言い換えれば、「法と政治」あるいは「法から政治へ」という地点からは出発しない、ということを含意している[18]。法学的に見れば、政治とは法を構成するひとつの関数であり、政治学的に見れば、法とは政治的秩序におけるひとつの構成要素である。少なくとも国際社会に関する思考において、法学と政治学の厳格な区別は不可能且つ不必要なものである。法学的前提から出発した国際社会論は、その性格上、秩序的志向を随伴するものとなるし、逆に政治学的前提から出発した国際社会論も、法的・規範的構造を無視し得ないものとなる。そこで本稿では、主として一九二〇年代の文脈に引き付けてクインシー・ライト（Quincy Wright）とカール・シュミットの国際社会論を考察しながら、国際法学／国際政治学を横断する国際社会における「型」の変容にアプローチする。周知のように、クインシー・ライトは国際連盟とインターナショナルな国際社会を擁護したインターナショナル・ローの法学者である。対してカール・シュミットは国際連盟の欺瞞性を論難したヨーロッパ公法の法学者である。本稿は、この二人の法学者――とはいえ、何れの議論も政治学的示唆を多分に含むものではあるが――を検証することで、国家間関係から国際社会への「型」の変容、展開、限界を検討することを試みる。

第一節では、本書趣旨である「政治における型」にひきつけて、本稿における「型」の捉え方を考察する。第二節では、先述のヨーロッパ公法とインターナショナル・ローを取り巻く一九二〇年代の時代状況を概観する。さらに第三節・第四節では、ライト（インターナショナル・ロー）とシュミット（ヨーロッパ公法）の国際社会論を比較検討する。この狙いは、ライトがどのようにインターナショナル・ローを基盤とした国際社会論を構築し、さらに、かかる国際社会論に対してシュミットが如何にして国家間関係を擁護したのか、その意義と限界を詳らかにすることにある（この時期、ライトとシュミットの間に具体的な論争があったわけではないが、本稿ではインターナショナル・ローとヨーロッパ公法のそれぞれの代表論者の議論から国際社会論の是非を再構成することによって、それを理論的な指標としながら「型」論としての検討を試みる）。これらの議論を踏まえた上で、最後に国際社会を「型」として考えることの可能性について検証する。

第一節　本稿における「型」の概念——その弾力性

本書に通底する問題意識は、政治学における「型」の役割に着目し、そこに如何なる政治的含意があるのかを考究することにある。本稿も同様に国際政治学における「型」と、その政治的含意に着目するものである。本稿では、「型」を、それ自体で完結した言説領域、とりわけ一連の規範言説群の集合として捉える。ここで言う規範言説とは、「あるべきこと」・「為すべきこと」等の当為命題群を意味している。ここで本稿が着眼するのは、国際社会の「型」が持つ規範性ではなく——おそらく規範性に照射するのであれば、「国際社会の法制化」、「国際社会における規範形成」等が適切なテーマであろう——、むしろ国際社会における「型」の変容である。規範言説群から成る「型」は、それ自体が強い社会文脈性を帯びると考えられる。それ故にそれぞれの文化共同体の枠内で「型」にどのような規範的含意があるのかを探ることはむろん有用であるが、多様な文化規範が重層的に交錯する国際社会にこの議論を転用した場合、そうした「型」がどのように特定の形から他の形へと変容し得るのかを検証する必要が生じる。

「型」の変容を考える場合、規範の変容の議論を転用するのが有効ではないかと考えられる。規範は通常、先行する規範が存在し、複数の規範が競合する中で、最終的に特定の規範が普遍化されていく。また新しい規範が、先行する規範を単に駆逐・排除するのではなく、それらを複合化して全く新しい規範が生成される可能性も考えられ得るし、古い規範から新しい規範へと移行する過程で、様々な形で翻訳・翻案・編集がなされる可能性があろう[19]。

これを「型」論へと移し変えた場合、本稿が着目するのは、そうした「型」の持つ弾力性である。例えば武道や茶道を考えれば想像し易いが、これらの作法においては最初から自己完結的な流儀が完成されているわけではなく、多様な流派が競合する中で、その都度、比較優位な「型」が普遍化されていく。また「型」の競合は、他の「型」や旧い「型」を排除して新しい「型」が生まれるのではなく、むしろ複数の「型」が複合化されて、新たな「型」が生まれる場合もあり得よう。つまり、型とは、一般に考えられているような人間の行動様式を拘束する「縛り」というよりは――むろん、そういう側面もあるが――、その時々の状況に応じて伸縮自在に変化する「弾力性」を持った規範形成過程である。作法や流儀と呼ばれるものは通常、模範とすべき基本「型」を持っている（例えば、作法書や指南書の類）ものであるが、これらの作法は多様な場面で多様な用途に応じて応用され得る。その場合に、「型」は行動様式の範となる一方で、その場面・文脈に応じて伸縮自在にその作法を変化させる。「型」には人の行動を束縛する・制限するという一面と、他方では「型」があることによって行動様式に一定の幅が生まれ得るという弾力性が存在する。すなわち、「型は通常は、自由を制限するものと考えられている。しかし、それがよい型であれば、人を自由にするものである。（中略）型は混沌とした世界に座標軸を立てるようなものである」[20]というわけである。

さらに日本語における「型」の語義を考えた場合、そこには「経験」と「反復」によって獲得され、洗練される「わざ」という含意もある。[21]これは「型」を何らかの作法・流儀に対しての訓練・規律の体系として捉えた場合、模範となるべき「型」を反復することによって「わざ」が磨かれ、修得されるという過程を意味している。ここで「型」と「わざ」との関係を考えれば、多様な用途で「型」を用いる（経験・反復する）ことによって、弾力性が生まれ「わざ」が磨かれ得るということであろう。おそらく、既存の「型」を単に繰り返すだけでは「わざ」は生まれない。作法書や指南書が想定していないような多様な場面でこれを用いることによって「わざ」が磨かれていくのではないだろうか。

これをさらに政治学的に捉えるならば、ある「型」――思考のパターンとしてはすべて、それを生み出した時代と地域に拘束される――が、多様な場面で本来の文脈を離れて思考されることで、その型に弾力性が生まれ、強化されていく。このことは政治的な言説の「型」を思考する上で一定の示唆を与える。政治的な言説はそれが多様な文脈で用いられることによって、多様な含意を包摂し、その都度再定義されるという性質を持っている。この観点に立つならば、以下のバーテルソン（Jens Bartelson）の指摘は正鵠を射たものであろう。

ある言葉を定義するとは、その言葉が用いられるある文脈の中で、ある判断基準に基づきながら、その言葉の意味と指示対象について約束事を取り決めることを意味する。しかし、文脈と判断基準はともに時間と空間の変化に伴って増殖するので、いかなる概念も、用いられる文脈と目的が多様化するに従って、多様な意味を吸収する可能性がある。すると、今度はこのことが明確な定義の必要性を一層高めることになり、このような原初的両義性を再生産する定義の試みが繰り返されることになる。（中略）ある概念との関連において定義される他の概念の数が多ければ多いほど、推論的、隠喩的な連関の数は増えるし、こうした定義するもの《ディフィニエンドウム》と定義されるもの《ディフィニエンス》との連関の数が多ければ多いほど、他の概念を定義する概念はますます中心的な位置を占めるようになる。そして、逆に、ある概念が中心的な位置を占めるようになればなるほど、他の概念を定義する際に、その中心的な概念を良く考えないで稚拙に用いることが容易になる。(22)

この引用は二つのことを指摘している。一方で政治的な言説はそれが多様な場面で語られることによって、本来の含意を拡大させながら他の諸概念を包摂・吸収していく。他方、様々な概念が包摂されていく結果、本来の含意を逸脱した「言説」の使用が可能となる。その場合にその言説の含意を改めて再定義する必要が生まれる。それ故に、政治的な概念にとって重要なことは、それがどのように定義・再定義され、その含意が如何に変容してきたのか、という概念形成過程である。本稿のテーマである「国際社会」について言えば、国際社会を取り巻く諸概念――主権、戦争、平和、法、秩序など――は、それが多様な用途で用いられるに従って、様々な意味を吸収し、その含意が変容していく。その場合に、これらの言説が本来何を意味し、その含意がどのように変容しているのかを改めて再検証する必要が生じる。後に明らかとなるが、本稿がライトとシュミットに着眼する意義はこの点にある。ライトは国際社会概念を国家間関係からインターナショナルな国際社会へと大胆に読み替えた。

それに対して、シュミットは国家間関係の本来の含意を取り戻し、ヨーロッパ公法秩序への回帰を唱えたのであった（この点については第五節で改めて論じる）。

第二節　国際政治学黎明期における時代状況——「型」の定立・変容・限界

前節では本稿における「型」の概念について概観した。本節ではこれを受けて、一九二〇年代の時代状況を吟味し、次節以降の議論へとつなげて行く。先述したように、本稿は「国際社会」の言説と「国際政治学」の誕生が分かち難く結びついている、という仮説に基づいている。この視座に立てば、国際政治学とは典型的な「二〇世紀の学問」であるということになる。確かにウェストファリア体制、またはウィーン条約以後の神聖同盟を以って、近代的国際秩序の雛形と見なすことは可能である。然るにこうした体制は、専ら法学の守備範囲であり、国際政治学という学知を必要としなかった。国際政治学という学知が登場したのは国際連盟期である。では、ウェストファリア体制やウィーン体制と、国際連盟を分かつ要因はどのようなものであろうか。言い換えれば、国際連盟期に国際政治学の創生を促した決定的な要因とは如何なるものであったのか。それは、ヨーロッパと非ヨーロッパの峻別である。ウェストファリア体制や神聖同盟において想定されていた秩序は、あくまでもヨーロッパ列強間の秩序であり、非ヨーロッパの国際関係は含まれていない。国際関係の枠の中に非ヨーロッパを含む「インターナショナル」という含意が付帯するのは二〇世紀以降である。

この時期の国際関係に関する思考を反芻すれば、まず一八九九年に非ヨーロッパ諸国を含む形でハーグ国際会議が開催される（むろんすべての非ヨーロッパ諸国が招請されたわけではない）。この会議で、専ら戦時国際法の作成と国際紛争の司法的手続きについての討議がなされた。八年後の一九〇七年には第二回のハーグ会議が開催されるが、強制力を有した国際司法裁判所の設立には失敗している。この二回のハーグ会議を挟んでアメリカでは一九〇六年にアメリカ国際法学会（The American Society of International Law）が設立される。同学会は国際法学を発展させることで国際平和に寄与することをその趣旨とし、法と正義に基づいた国際関係を樹立することを目標に掲げていた。[23] その後、第一次世界大戦を経て、一九二〇年に国際連盟が発足し、一九二四年にジュネーブ議定書（国際紛争平和処理に関する議定書）が調印され、一九二八年にはケロッグ＝ブリアン不戦条約が成立する。すなわち、一九二〇年代を通じて、国家間戦争の違法化と国際関係の法制化が、――そこには様々な限界や抜け道があったにせよ――史上類を見ない速度で進行していく。こうした体制は一九三一年の満州事変において限界を迎えるわけだが、非ヨーロッパ諸国を含むインターナショナルな国際平和体制の萌芽と考えることができよう。

この時期の議論の特徴としては――戦争と平和に関する国家主権の制限などを含む主権国家衰退論、世界連盟論や世界政府論がその顕著な例であるが――、（国際的な）利益共同体、国際行政連合を模索する動き、また中立制度は国際社会論とは根本的に矛盾すると考える「中立廃止論」などが挙げられる。[24] この動きをやや理論的に捉えれば、国際社会を「国家間の社会」と捉えるか、それとも「国家を越える社会」と捉えるかという対置の下で、第一次世界大戦の衝撃から前者の視座〈国家間の社会〉から後者の視座〈国家を越える社会〉への漸進的な転換が進行したのが一九二〇年代だったというわけである。

こうした体制が動揺するひとつの端緒が先述の満州事変と日本の国連脱退であるわけだが、これを国際秩序における概念史として捉えた場合、ひとつの問いが浮上する。歴史的に見れば、日清戦争や日韓併合に沈黙していた「国際社会」が、なぜ満州事変においては介入したのか、と言う問いである。日清戦争後の三国干渉が、あくまで「極東の平和」を名目上の口実とした列強の介入であったのに対し、満州事変において国際連盟はリットン調査団を派遣し、紛争当事者の主張を検証して、同地域の平和と安全保障についての提言を行なっている。

すなわち、ここに満州事変の国際秩序論ないし国際政治学史的な意義が存在する。満州事変（リットン報告書）の国際政治学史的な意義は、それがヨーロッパと非ヨーロッパの伝統的な峻別を廃棄し、非ヨーロッパを含む包括的な国際社会を意識した最初のものであるという点である。無論、こうした意識の萌芽は、国際連盟規約や不戦条約にも見られるが、リットン報告書はそうした非ヨーロッパを含む国際社会認識の理念を、現実の紛争解決において実現しようと試みたのである。

以上、一九二〇年代の国際社会についての思考を吟味したわけだが、これを「型」として考えた場合にどのような示唆が与えられ得るのであろうか。同時期の議論の特徴的な傾向のひとつとして「国内類推（domestic analogy）」が挙げられる。国内類推とは、国内社会における個人の関係と同一の諸条件が国際社会における国家間の関係にも適用可能であると主張する所論の総称である。一九世紀以降の国際政治論の展開の中で国内類推の役割を捉えたものとしては、スガナミ（Hidemi Suganami）の有名な著作『国際社会論——国内類推と世界秩序構想』[25]があるが、この著作の意義は単に国内類推の思想史を明らかにしたことに尽きるものではない。彼は、同時に国際社会に対する視座を法律学派と外交学派に分け、それを「法律‐外交的（L–D）スペクトル」の中で捉えようと試みた[26]。国内類推に肯定的で、法秩序によって世界平和を模索する国際連盟思想は、法律学派に属す。逆に国内類推には懐疑的で、国家主権を与件とした上で戦争を国家の権利とする考え方は外交学派に由来する。その意味では、国際連盟とは明らかに国際政治を国内類推の延長で捉えようとした企図である[27]。

言うまでもなく、国内類推とは言ってしまえば「国内法のアナロジー」であるので、法の支配が未確立な国際社会においてそれを適用することには自ずと限界がある。[28] 法律学派、外交学派のアプローチの違いは、この国内類推から派生する諸々の限界を如何に捉えるのかという違いである。一方で法律学派は、「国内法」の型を用いて、国内法における個人間の関係を国際社会における国家間関係に類推する。またインターナショナルという体系は、ヨーロッパ公法における「国家間関係」を非ヨーロッパにおいても適用したものである（むろん、ヨーロッパ公法はヨーロッパと非ヨーロッパの峻別に立脚しているので、ヨーロッパの国際関係をグローバルに適用可能な普遍原理と考えること自体が、ヨーロッパ公法の理念とは相反する）。他方、外交学派はこの「型」の類推を拒絶する。国際社会と国内社会とは異なる社会であり、国内社会のような秩序は存在し得ないと考え、寧ろ国内社会のような規範の存在を国際社会に持ち込むこと自体が、大国の利害を隠蔽する政治的修辞であると考える。

この法律学派と外交学派の対立軸は、「型」論として考えるならば、一方で「型」の含意が多様な方法で拡大していく傾向があり（国内類推から国際社会論へ）、他方で本来の含意を再検討する（法の支配や主権論の再検討）という二つの運動として考えられるであろう。この対置構造を表象しているのがライトとシュミットであるわけだが、次二節ではこの二人の法学者の政治言説の検討を行なう。

第三節　クインシー・ライト——インターナショナル・ロー最初の法学者

以上、前二節では、本稿における「型」についての概要と、一九二〇年代の時代状況について概観した。次二節ではこれを受けて、国家間関係を基調とする国際社会観から、インターナショナルな一体性を基調とする国際社会観への変遷、およびその限界を検証する。

本稿冒頭で述べたヨーロッパ公法からインターナショナル・ローへの認識転回とも関連するが、国際社会の一体性を強調するのであれば、国家間関係を専らとしてきた国際法学は、法の概念の刷新を行なう必要がある。[29]なぜならば、ヨーロッパ公法はヨーロッパと非ヨーロッパの峻別に立脚し、ヨーロッパの域内の国際関係を取り扱うものだからである。言い換えれば、こうした認識から（たとえそれが形式に留まるにせよ、また多くの技術的限界があるにせよ）国際法が真にインターナショナル・ローとなるのが、国際連盟においてである。そして、戦間期の国際法学において国際連盟の重要性を高く評価し、インターナショナルな国際社会の定立を主唱したのがクインシー・ライトであった。

ライトはイリノイ大学で政治学博士号を取得し、政治学を自己の学問的基礎に持っていた。故に、ライトにとって国際法学とは、法学・政治学にまたがる学際性を持った領域として捉えられていた。こうした傾向は、ライト独特の学問観というよりは、当時のアメリカ学界における一般的な傾向である。[30]当時は、アメリカ国際法学会とアメリカ政治学会の問題意識は極めて近く、規範を語る「国際法」と現実を語る「外交政策」の問題関心の重なり合いが強く意識されていた。こうした認識から、国際法学と（国際）政治学を区別することは困難かつ無益であるという思考が共有されていた。

まずライトは、その処女論文「条約の法的性質」（一九一六年）において、条約を批准する立法機関と、それを実行する行政機関の乖離を指摘しているが、ここで注目すべきことは、後年のスガナミと同様にライトもここで法律学派（legal school）と外交学派（diplomatic school）という対置を用いていることである。[31]同論文は二学派の対置を深く論議しているわけではないが、[32]ライトはこの二分法に立脚しながら国際法と国内法の緊張関係を照射し、国内政治の立憲制度の観点から条約の法的性質を論じている。この議論は国家主権への再検討と、国際社会における国家主権のあり方について示唆を与えるものである。また、一九一七年のラスキ「主権問題の諸研究」への書評において従来の主権批判と、国家を越える主権という問題提起を行なっている。[33] 次節のシュミットとは対極を為すが、ライトはモンロー宣言を汎アメリカ主義との関連において、ヨーロッパからのアメリカ州の自主独立という文脈でこれを理解し、高い評価を与えている。[34]

さらに「国際連盟規約の影響」(一九一九年)においては、国際連盟規約によって戦争を行なう国家の権利から、平和を維持する「国家の責任」へと国際法学の焦点が移行し、これこそが国際法の根本的な変化であると捉えている。[35] すなわち、ライトにおいてはヨーロッパ公法からインターナショナル・ローへの根本的な転回を為すものが、国家の権利から国家の責任への転換——それを具現したものが国際連盟である——という認識である。また同論考でもモンロー宣言に言及し、征服への権利(right of conquest)が廃棄された点を高く評価している。[36] すなわち、ライトは条約の国際的文脈と国内的文脈の乖離から出発し、国家主権の再検討へと至り、モンロー主義における征服の廃棄を経て、戦争を行なうことを国家の権利とするヨーロッパ公法の論理から、寧ろ平和を維持することを国家の責任とするインターナショナル・ローの論理へと国際社会の視座を転換させているのである。こうした議論は、言うまでもなく国際社会の一体性がその基調を為している。

また「国際法の理解」(一九二〇年)では、国際連盟規約における「理解(understandings)」という語に着目している。[37] これに拠れば、国際法における理解とは、その有益性と重要性についての「合意」であるとしている。本書の趣旨である「型」との関連でこれを言えば、ライトは「理解」という概念を柔軟性(flexibility)を基礎に理解している。ライトに拠れば、「国際法の理解」という概念は、世界憲法の一部を構成し得るものであるが、その性質上、国家間関係を統治する国際法は硬性のものではなく、「柔軟性」を必要とするという。[38] その上で、政府間の行動様式のルールとして「国際法の理解」を打ち立てるべきであると結論付けている。[39]
さらに、「国際法における戦争の効果」（一九二一年）[40]では、「国際社会の利益（interest of the family of nations）」という術語を用い、国際社会の一体性を強調している。同論文を先述の「国際連盟規約の影響」との連続性で捉えるならば、国家の権利としての戦時国際法から、国家の責任としての平和の国際法への転換が窺われる。すなわち、戦争が国家の権利であるのではなく、平和こそが国家の責任であるという認識論的転回である。こうした論調は、「戦争概念の変化」（一九二四年）において強められる。同論文に拠れば、国際法体系においては、戦争は積極的な意味では合法ではなく、違法である。つまり、戦争は戦時国際法という特殊な体系の下で例外的に認められているに過ぎず、戦争は国際法の枠組みの埒外にあるという主張を行なっている。そして、実際に戦争が起きているという事実、ないし戦争を積極的に違法とする法規の不在は、戦争の合法性を正当化するものではないという。[41]また不戦条約に関連して「中立の未来」（一九二八年）では、不戦条約の違反国に対して差別的行動を取り得ると論じている。[42]
以上のようにライトの所論は、国家主権の権利としての戦時国際法から、国家の責任としての平和への位相を強調したものである。すなわち、国際社会の一体性を与件とし、そこに国内類推を持ち込むことによって、国家間戦争の違法化という命題を強化しているのである。

第四節　カール・シュミット――ヨーロッパ公法最後の法学者

前節で見てきたように、ライトは戦争を許容し得る旧い国際法概念を刷新し、国際社会における平和を国家の義務とすべし、という規範命題を導入することによって、国際法そのものの「型」を変革させようと試みた。周知のように、こうした傾向は当時の英米圏に広く共有された議論であった。当時の英米圏において支配的な主張は、国際平和を共通了解としそのために国家が行なう戦争を国際関係の法制化によって厳しく違法化するというものであった（まさにこうした傾向を危険な幻想として論難したのがE・H・カー（E. H. Carr）であった）。

かかる英米型の国際社会論に異議を唱えたのがカール・シュミットである。まずここで、カール・シュミットという特異な思想家における国際政治論の位相を確認しておく必要があろう。通常、シュミットの国際政治論において代表作と考えられているのは戦後の大作『大地のノモス』（一九五〇年）[43]であり、次に着目され易いのはナチス期の『リヴィアタン』（一九三八年）[44]ないし『域外列強の干渉禁止を伴う国際法的広域秩序』（一九三九年）[45]である。おそらくシュミットが「意識的」に国際政治論を構想し始めたのは一九三〇年代後半頃からであろう。[46]

このような背景から、シュミットのヴァイマール期の国際政治論は相対的にそれほど注目されては来なかった。というのも、同時期のシュミットの国際政治論は専ら国際連盟批判に注がれ、包括的な国際政治論は一見するとほぼ見当たらないからである。しかしながら、この時期に萌芽的に形成されるシュミットの国際政治に関する所見は、おそらくそれ以降のシュミットの国際政治論を検証する上で、示唆に富んだものであると言えよう。雑駁に言えば、シュミットの国際政治論は、（一）敗者の立場からのヴェルサイユ体制への論難（ヴァイマール期）、（二）ナチスの広域圏構想に一定の影響を受けた上での広域秩序構想（ナチス期）、（三）ナチスの呪縛から解き放たれた後にヨーロッパ公法を再定義（戦後期）、といった形で時代ごとに展開されていくわけだが、ヴェルサイユ体制の欺瞞を粉砕するヴァイマール期の所論が後の正戦論批判へと接続されていく。

このようなシュミットの理論形成史を紐解けば、この時期の国際連盟批判や理想主義批判は過小評価すべきではないだろう。逆にこの時期、シュミットが国内政治について論じた著作の中から、シュミットの国際政治論の輪郭を読み解いていくことは十分に可能である。そこで本節では一九二〇年代のシュミットの論考群――殆どのものは国際政治を主題として書かれたものではない――を題材として、彼が国際社会の「型」をどのように捉えていたのかを捕捉していく。

シュミットは一九二二年に『政治神学』を公刊している。同書は、シュミットの有名な主権論と例外状態についての著作であり、その主題は国内政治における国家論の位相である。しかし同時に、同書から後年のシュミットの国際政治論に連なる重大な問題意識を垣間見ることができる。シュミットは主権国家体制について、「十六世紀、ヨーロッパは最終的に複数の民族国家に解体し、絶対君主が等族と争った中から、ボダンの主権論が生まれた。十八世紀新たに成立した諸国の国家的自覚はヴァッテルの国際法的主権論にその反映をみた」(47)と述べている。

一見すると、単なる主権論史の整理であるが、後のシュミットの国際政治論の発展を反芻すれば、この所見の意義は驚くほどに大きい。後年『大地のノモス』において示されているように、シュミットはヨーロッパ公法とそこにおける国家を、一六世紀から一九世紀までの時代拘束性の中で捉えている。(48)無論シュミットは国際社会を、国家を越える社会ではなく、「国家間の社会」として理解している。その意味で、ヨーロッパ公法（jus publicum Europaeum）とは、「ヨーロッパ主権者たちの国家間的な［interstatal］法、国家相互間的な［zwischen-staatlich］法」なのである。(49)

ではなぜシュミットはかくも国家間の社会、主権者たちの平等な国際関係に拘るのか。その鍵は先述のようにシュミットがボダンとヴァッテルを非常に高評価することに由来している。シュミットにとって主権的な領域国家とは、キリスト教共同体における教皇の脱国家的《トランスナショナル》な精神的権力の除去を含意している。その主権論の理論家たちの頂点がボダンなのである。それ故にシュミットは、ボダン（及びジェンティーリ）によって、国家は「法学的な自意識の最初の段階」に到達したと高く評価する。[50] さらにシュミットに拠れば、国際法共同体における国家主権は、ヴァッテルにおいてその完成を見るのである。周知のようにシュミットは国家主義者である――国家主権を誰よりも擁護した。しかし、歴史的に見れば国家の存在意義は必ずしも自明なものではない。旧くはキリスト教共同体における教会権力があり、新しくは一九世紀以降広範に伝播した民主主義の理念がある。シュミットが国家主権を擁護するのは、諸国家の法的平等こそが、脱国家的な規範構造による「正しい国家」と「正しくない国家」の峻別を不可能にし、特定の主権者が「他の主権者に対する裁判官」となることを抑止するからである。[51]
それ故にシュミットの思考様式の中で、『現代議会主義の精神史的状況』（一九二三年）における民主主義観と、『ローマカトリック教会と政治形態』（一九二五年）におけるローマ教会観が、酷似していることは偶然ではない。先ず『現代議会主義の精神史的状況』において、シュミットは民主主義の「包摂性」について、「民主主義は、軍国主義的でも平和主義的でもありうるし、絶対主義的でも自由主義的でも、集権的でも分権的でも、進歩的でも反動的でもありうる。そしてさらに、すべてはさまざまの時期ごとにさまざまであり、だからといって民主主義であることをやめるわけではない」[52]と述べている。すなわち、民主主義とは特定の思想的立場ではなく、むしろ民主主義という言説を標榜することによってそこにあらゆる思想・理念が包摂され得る。
さらにカトリック教会についても同様に「事実、カトリックの伸縮自在性は驚くほどであり、それは相対立する潮流や集団と容易に結びつく。それ故、ローマ教会が様々な国家において、どれほど相異なる政府や党派と連合を結んできたかを、人々は何回となく数え上げ、教会を非難してきた」[53]と述べているのである。すなわち、ローマ・カトリック教会は、ある時は絶対君主の理解者であり、またある時は反動勢力の擁護者であった。ある国においては自由主義の敵であったかと思えば、他の国においては、まさにその自由（とりわけ言論の自由と学問の自由）を熾烈な抵抗を通じて唱導してきたというわけである。後に明らかとなるが、シュミットにとってはこのイデオロギーの伸縮自在性こそが帝国主義の基調をなす権力装置なのである。

これを踏まえた場合、シュミットが一般に流布しているような単なる反民主主義の思想家ではない、ということが明らかとなる。シュミットが敵視するのは民主主義という理念ではない。彼にとっての非難の対象は、民主主義という言説を通じてあらゆる思想信条が――時には非民主的なものでさえも――包摂され得るイデオロギーの伸縮自在性であり、この民主主義のイデオロギーが国家の法的平等を侵犯することにシュミットは警鐘を鳴らしているのである。

これを正統性という観点で捉えるならば、民主主義は（王朝的正統性に代わって）国家の正統性概念を打ち立てる。すなわち、一八一五年から一九一八年までの発展は、民主主義の正統性の確立期として考えられ得るのであり、ここにおいて民主主義は「かつて君主主義の原理が要求したのと同様な意味を要求」するのである。(54)

この観点で言えば、シュミットの国内政治論と国際政治論は「民主主義」という観点によって合流していると言えよう。まずシュミットは神聖同盟と国際連盟を比較し、そうした多国間連盟が国家主権に干渉し得る可能性を憂慮している。つまり、国際連盟においても「君主主義的正統性が干渉にみちびいてゆきうるのと同じ首尾一貫性をもって、諸国民の自決をひきあいに出すことによってもまた、干渉が正当化されうる」(55)というわけである。なぜならば、民主主義が正統性を構成するということは、裏から言えば民主主義への侵犯を許容することはできず、非民主主義的な要因を排除することを意味するからである。民主主義は、民主主義の正統性を脅かす要因を常に排除し続けなければならない。それは、中世国際秩序が反キリストを排除し、王朝的正統性が革命勢力を駆逐したのと同様の論理である。それ故にシュミットは、「民主主義的基礎にもとづく最近の国際連盟もまた、ひとつの正統性概念を必要とし、それゆえに、その法的基礎である原理が侵されるときは干渉する可能性を、必要としている」[56]と、結論付けるのである。

さらに先述の『ローマカトリック教会と政治形態』を詳細に吟味すれば、シュミットがローマ・カトリック教会と国際連盟を等価に置き、国家主権に対する無制限な包摂性を憂慮していたことが明らかとなる。すなわち、教会は「人類国家（civitas humana）」[57]を代表する存在であり、国家を越えた正統性・普遍性を誇示し得る。さらに、「市民的社会秩序のいわゆる基本的人権の第一号は宗教の自由」[58]であったことを思い起こせば、ローマ・カトリック教会がその伸縮自在なイデオロギーによって国家に介入し、または介入可能性を温存していたことが窺い知れるというわけである。これと同じ論理によって、シュミットは、国際裁判所ないし国際連盟が同様に「超国家的超主権的存在」[59]となることを憂慮しているのである。つまり、国際裁判所は、もしそれが法の理念にのみ従うのであれば、その権威は「正義理念の直接的代表」となり、「個々の国家の委任に基礎を置くことはなくなるであろう」[60]と警戒感を募らせている。もっともシュミットは教会権力の普遍性に比べ、国際連盟がその普遍性でもって人類の理念的指導者となることはないとも述べている[61]。

さらには平和主義のイデオロギー性を論難し、「世界を包括する帝国主義と同様、教会も、己れの目的に到達したあかつきには、世界に平和をもたらすであろう。しかし形式というものに対し敵意を抱く人は、これぞまさしく悪魔の勝利だといって憤怒する」[62]と述べている。これは平和主義という言説が、容易に時の権力（帝国主義や教会権力）に吸収され得るということを憂慮しているのである。

こうした議論は『国際連盟の中心問題』（一九二六年）においても現われる。同著作においてシュミットは、国際連盟規約第一〇条の暴力的領土変更に対する保障の「欺瞞性」を論難する。なぜならば、暴力的領土変更を禁止し、そうした暴力に対する保障を掲げることは、裏から言えば、国際連盟設立時の領土境界線を「常態」とし、現状変革を望むものを「平和の撹乱者」として抑圧する現状肯定のイデオロギーとなり得るからである。すなわち、国際連盟の掲げる平和主義とは、「勝者の戦利品の合法化」に過ぎないというわけである。(63)

また国際政治的な観点から見れば、『議会主義と現代の大衆民主主義との対立』（一九二六年）においてシュミットがなぜあれ程までに自由主義を敵視していたのか、その意義が明らかとなる。シュミットは大英帝国の四億の住民のうち、三億以上はイギリス市民ではないという事実に着眼する。その意味は、「今日、異質な住民を国家市民にすることなしにかれらを支配し、かれらを民主主義的国家に従属させ、しかも同時にその国家から遠ざけておくこと」にある。そして、このことが「植民地は国法上は外国であり、国際法上は国内だ」という見事な定式を可能にしている。(64)

ここでシュミットにおける自由主義と民主主義の峻別が重大な論点を提起する。民主主義は同質性を強く要請し、異質なものの排除に立脚している。対して自由主義とは人間としての平等の観念――人類民主主義――に基礎を置く。(65)シュミットの懸念は、自由主義の名の下に民主主義的排除が正当化されることである。すなわち、近代国家の内部では普遍的な人類の平等が謳われているが、他方では、「国民としての同質性がたいていことさらつよく強調されており、国家内部における相対的に普遍的な人類の平等は、国家に所属せず国家の外部にとどまっている人間が決定的に排除されていることによってふたたび帳消しにされる」(66)というわけである。

要するに、シュミットは国内社会における自由民主主義、国際社会における平和主義が無節操に且つ伸縮自在に結合することを憂慮するのである。こうした認識が如実に現われているのが『国際連盟とヨーロッパ』（一九二八年）である。同書においてシュミットは、「即ち国際連盟は平和の手段であり、ヨーロッパの統合も同じく平和の手段である、故に国際連盟とヨーロッパの両者は、共通の理念のうちに融合するという」[67]という立場を論難している。さらに、国際連盟規約第二一条が、モンロー宣言との両立性を排除していない点に着眼し、国際連盟におけるアメリカの「形式上の欠席と事実上の出席」を激しく非難する。つまり、「米国はジュネーブにいない。しかし、モンロー原則が承認され、他のアメリカ洲諸国が列席している場所に、事実上欠席しているといいえようか」[68]というわけである。本来であれば、国際連盟は全世界を包括するという「空間的・地域的普遍性」に加えて、「内容的普遍性」――そのためには勝者と敗者の区別の除去が必要である――をもたねばならないが、事実上は「勝者の戦利品の正当化」に終始してしまっている。故に、国際連盟は普遍的連盟たり得ない。シュミットは国際連盟が真に普遍的連盟となるためには、「個々の国家や国家集団の政治的エゴイズムを超え、外交辞令や儀式用発言でなく実質において勝者と敗者の区別を除去し、敗者が正当に処遇されていると感じうるようなもの」でなければならない、と論じている。[69]

加えて、神聖同盟のほうが国際連盟よりも体系的秩序であり、ヨーロッパ統一思想は「高度の実現」をみたという。[70]シュミットはその根拠を必ずしも明確に述べているわけではないが、神聖同盟が露墺普の三国で結ばれ、後にフランスが加盟したという意味においてヨーロッパの体系的秩序たり得たと解釈している。それに対して国際連盟は、「全ヨーロッパ自治の表現でもなければ、重大なヨーロッパの問題（賠償問題と連合国間債務問題）における仲裁者でもない」。国際平和の思想と国際連盟を連結させているものは、畢竟「諸大国の政治的利益」の上に乗っかった「気分や感情」である。[71]

こうした平和主義のイデオロギー性に対する論難のクライマックスが『ライン地域の国際法的諸問題』（一九二八年）である。ライン地域の非武装化の意味は、ドイツがそれに違反した場合、その行為は「平和の撹乱者」と見なされうることにある。言い換えれば「平和の撹乱者」のイデオロギー性とは、「ドイツが何らかの瑣事を口実として侵略者の汚名を着せられうること、あらゆる偽似国際法理論や真贋とりまぜての戦争防止、不戦の法が全力をあげて反独的機能を果たしていることにある」のである。(72)ライン地域の一方的非武装は「法治の意識の如きは、実は合法的形式のもとで搾取と抑圧を行なわんとする政策に法的形式の蔽いをかぶせるもの」の典型的な一例なのである。(73)

そして、シュミットはかかる「法の支配」に「自然状態」を対置する。なぜならば、自然状態は、「それは多くの場合みさかいなく用いられる「法」の支配という表現よりはるかに知的に廉直である。それは国際法のうちにまがいものでない法があるとすれば、その特性を端的に認識せしめるものであって、本質を異にする法領域、ことに国内私法を安易に移入して誤解の種をつくるようなことを避けたもの」(74)だからである。

こうした議論の背景にあるものは、抽象的な規範が国家の真の意図を隠蔽するが故に、国際秩序における分析は、常に「具体的秩序」から行なわなければならないという意識である。このことは、「フーゴー・プロイス――その国家概念およびドイツ国家学上の地位」（一九三〇年）において殊更に強調されている。すなわち、すべての政治的概念は「具体的な外交・内政上の対立」から生じるものであり、こうした対立の欠如においてはすべての概念は「欺瞞的で無意味な抽象」に過ぎなくなる。なぜならば、「主権、自由、法治国家、民主主義などの言葉は、ある具体的なアンチテーゼによって初めて明確な意味を獲得」するからである。(75)

その上で言えば、シュミットが「政治的（politisch）」と言うとき、それは固有の問題領域を指し示しているのではない。政治的とは「視角転換（neue Wendung）」、或いは強度（Intensitatsgrad）の程度を指しているのであって、如何なる問題領域もそれが友／敵という位相を含意することによって政治的な主題と成り得る[76]。

さらに一九三二年には『政治的なものの概念』を出版する。同書はある意味においては、ヴァイマール期におけるシュミットの国際政治論の集大成である。この中でシュミットは正戦論批判を展開するが、正戦批判自体は、同書の前身である一九二七年版の「政治的なものの概念」に現われている[77]。すなわち、世界とは多元的な国家によって構成される数多体（一元的な普遍的世界観は斥けられている）であり、個々の国家が行なうのが戦争である以上は、正義と戦争とは本来相容れない概念である。それ故に、正義の戦争という論理自体が特定の政治目的に由来するものであると論じている。

一九三二年版に立ち返れば、シュミットは戦争を克服するための戦争を激しく論難している。国家間戦争が正義の戦争へと変わったとき、戦争はもはや対等な敵同士の戦闘ではなく、善と悪の「人類の最終戦争」として行なわれる。かかる戦争は、「敵を同時に道徳的、その他のカテゴリーにおいても否定し、非人間的怪物に仕立てあげ」る。それ故に「それは防禦ではなく、徹底的絶滅の対象たらざるをえないであろう。したがってもはや敵国の国境まで追いかえせば足りるような単なる敵ではないのである」[78]。

すなわち、戦争において正義や人類なる語が流用されるのは、ある国が自国の立場をかかる普遍的概念と同一視することにより僭称することに他ならない。それ故に、「『人類』は帝国主義的拡張のとりわけ有用なイデオロギー的道具」なのである[79]。この命題には、「人類を語る者は詐欺師である」という有名な言葉が続いていく。人類を語るということは、「敵に対して人間としての資格を拒み、敵を法外者、人類外者と宣言し、これによって戦争を極度に非人間的なものに仕立てあげようというおそるべき要求」なのである[80]。その場合に、「敵対者はもはや敵とは呼ばれず、その代わりに平和の破壊者、平和の攪乱者として法外に、人類外に追放され、経済的勢力の維持ないし拡張のために遂行される戦争が宣伝力を動員して「聖戦」に、そして「人類の最終戦争」に仕立て上げられねばならぬ」[81]のである。

さらに「現代帝国主義の国際法的諸形態」（一九三二年）に拠れば、かかる普遍的概念の僭称は、帝国主義的支配の典型的な政治的手段であり、その例がアメリカであるという。同書は前半では先述『国際連盟とヨーロッパ』同様にアメリカのモンロー主義批判を展開する。ここで括目すべきことはモンロー主義の不干渉原則の具体的な適用事例を決定するのは米国である、という素朴な事実である。その本質は、「即ち何者も米国に対しモンロー原則を根拠として干渉・援助・調停等を要求する権利を持たないが、逆に米国がモンロー原則上正当と考えた場合にはいつでも自から干渉・調停・強制・武力介入をなしうることこれである」[82]という。こうした事例からシュミットは、「国際法上の法概念はすべてかかる政治の具」であるという結論を導いている。[83]

すなわち「型」の弾力性、政治的言説の伸縮自在性は、それによって真の意図を隠蔽する支配のイデオロギーというわけである。つまり、「この顕著な弾力性と拡張可能性、あらゆる可能性を閉ざさず、なかんずく法か政治の二者択一さえ未決定のままにおいておきうる状態、これこそ私見によれば、一切の真正な大帝国主義の特質である」[84]というわけである。同様にケロッグ条約については、その政治的機能が国際連盟からアメリカへと地上の平和の決定権が強奪されてしまったと論じている。「何人も平和を望む。しかし遺憾ながら問題は平和とは何か、秩序とは、安寧とは何か、ある状態が堪えうるのか堪え難きものかの決定者にある。そして米国政府はケロッグ条約によって、地上の平和の決定権を国際連盟から奪ってしまったのである」[85]と。ケロッグ条約によって「否」とされたのは「国家の政策の手段としての戦争」であって、国際政策の手段としての戦争、つまり平和の攪乱者を駆逐するための正戦はここには含まれてはいない。

かくして、ここに何が正しい戦争で何が正しくない戦争であるのか、その決定を為すものは誰か、というお馴染みの問いが生じる。すなわち、シュミットはまず普遍的政治概念の欺瞞性・弾力性を論難し、次いで（政治概念は弾力的であるが故に）誰がその解釈を為すのかが重大な帰結を意味する、と述べているのである。言い換えれば、「かかる弾力性、広い概念を用いて全世界の人々にその尊重を強制する能力、これこそ世界史的重要性をもった現象である」ということである。なぜならば、政治的概念において決定的に重要なことは、「その解釈者・定義者・適用者」であり、「歴史上重要な帝国主義は、ただ陸海軍の武装や、また経済的・財政的財力のみによって成ったのではない。重要なのは、この政治的・法的概念の内容を自ら決定する能力」なのである。[86] このようなシュミットの視座に立てば、国際社会の一体性という命題において重要なことは「その解釈者・定義者・適用者」であり、このことに目を向けなければ、平和主義も戦争の追放も、単に帝国主義に奉仕する政治概念に過ぎなくなるというわけである。

結び　国際社会の「型」――その分析的可能性

以上、本稿ではクインシー・ライトとカール・シュミットの一九二〇年代の議論を参照しながら、国際社会における「型」の変容（ヨーロッパ公法からインターナショナル・ローへの経路）を検証した。この議論において基調を為すものが、「型」の弾力性であろう。「型」とは静的な固定化された規範命題の集合ではなく、（規範というものがまさにそうであるが）それが如何なる文脈で如何に適用され得るのかによって、多様な「型」へと伸縮自在に変化する。

まずライトは国際法と国内法の緊張関係を照射しながら、国内類推によって――すなわち、国内法の「型」を国際社会へと類推することによって――、国際社会の新たな視座を構築した。この視座において戦争が国家の権利である国際社会観は、平和を国家の責任とする国際社会観へと変容するのである。そして、ライトが「国際法の理解」という概念によって示したように、法の支配が未構築な国際社会においては柔軟性、弾力性をもった国際法規が必要とされる。つまり、ライトは「型」の弾力性を極めて肯定的に評価し、「国内類推」を弾力的に用いることによって国際社会という混沌とした世界に秩序を打ち立てようとしたのである。

こうした弾力性の解釈は、おそらくシュミットから見れば危険な兆候である。なぜならば、シュミットにおいて重要なことはそうした弾力的な政治的概念とは支配の道具なのである。「国際法の理解」という概念そのものが、シュミット的視座から見れば「政治的手段」に過ぎないのである。それ故に、シュミットは政治的概念に還元され得ない「具体的秩序」の分析に重きを置いた。「法の概念」に「自然状態」を対置し、「インターナショナルな国際社会」に「ヨーロッパ公法の国家間関係」を対置し、さらには国際連盟に神聖同盟を対置することによって、国際社会論の野放図な拡大を抑止しようと努めたのである。

つまり、ライトが法の進歩的解釈によって既存の国際法を漸進的に再定義し、国際法秩序の「型」を、戦争の法から平和の法へと読み替えようとしたのに対して、シュミットは旧いヨーロッパ公法の「型」を再評価することによって、国際法秩序が伸縮自在に支配の道具、強者のイデオロギーとなることを警戒した。すなわち、法の支配という抽象的普遍概念ではなく、現実の自然状態、ヨーロッパの国家間関係こそが平和と秩序をもたらすという背理を用いたのである。

このことを「型」論として捉えれば、少なくとも政治学的に重要性を帯びる問いは、思考のパターンとしての「型」は如何にして「型」となるのか、「型」に政治的な解釈を賦与する者は誰なのか、という問いである。つまり、ライトが国家間関係からインターナショナルな国際社会への転回を訴えたのに対して、シュミットはまさにそれこそが「勝者のイデオロギー」であると論難した。なぜならば、国際法・国際社会のような弾力的な政治概念は容易く権力構造の修辞となるからである。言うまでもなく、シュミットの考究したヨーロッパ公法という「型」は、国際連盟期の平和主義・理想主義によって黙殺され、ナチスによって踏み躙られ、そして冷戦期の熱狂的な自由主義によって歴史の闇へと葬り去られた。しかし国際社会の理念「型」を考える上で、ライトの国際社会論と並んで、シュミットの国家間関係を再評価する視座は重要な示唆を与えるものであろう。

【注】

（1）Michel-Rolph Trouillot, "The North Atlantic Universals", in Immanuel Wallerstein（ed.）*The Modern World-System in the long Durée*, Boulder: Paradigm Press, 2004, p. 230. 強調原文.

（2）この点については大賀哲・杉田米行「国際社会の政治学」同著者編『国際社会の意義と限界――理論・思想・歴史』国際書院、二〇〇八年、一一頁参照。

（3）管見の限りこの種の用例として最も早いものは、湾岸戦争に先立つ一九九一年一月一二日のアメリカの議会決議（Joint Resolution to authorize the use of United States Armed Forces pursuant to United Nations Security Council Resolution 678）である。「国際社会の意思」という語こそ使われてはいないものの、同決議には「国際社会は、イラクが無条件且つ直ちにクウェートから撤退することを切望している」という一節が登場する。

（4）今日的な意味でのグローバルな思考ではないが、古代ギリシアのコスモポリスやヘレニズム文化はその好例であろう。

（5）ここで言う言説領域とは、それが「具体的」に何を含意し、如何なる政治秩序を予定し、どのような範囲・対象を想定しているのかを意味している。

（6）代表例としてHedley Bull, *The Anarchical Society*, London: Macmillan, 1977（臼杵英一訳『国際社会論――アナーキカル・ソサイエティ』岩波書店、二〇〇〇年）; Martin Wight, *International Theory: The Three Traditions*, Leicester: Leicester University Press, 1991（佐藤誠他訳『国際理論――三つの伝統』日本経済評論社、二〇〇七年）.

（7）Carl Schmitt, *Verfassungslehre*, Berlin: Duncker & Humblot, 1928, S.364（阿部照哉・村上義弘訳『憲法論』みすず書房、一九七四年、四一六頁）.

（8）ここで言う国際政治学史とは、狭義の国際政治理論史・国際関係理論史に留まらず、広く国際政治に関しての思考様式の歴史を示している。また本稿の問題意識に即して言えば、国際政治学史とは、――これは政治学史の優れた先行研究の蓄積に負うところが多いが――単に理論概念を羅列し、それぞれの立場における「問いに対する回答」を整理するのではなく、「問いの立て方」そのものが時代と文脈によって如何に変容して来たのかを研究対象とするものである。

（9）この問題設定は、英米圏に留まらずヨーロッパ圏や非ヨーロッパ圏（とりわけ日本）を包括する比較理論史的なサーベイが必要であるが、本稿の射程を大きく超えるものであるため、本稿ではあくまでもそれをヨーロッパ公法からインターナショナル・ローへと至る国際社会の「型」の問題として論じる。また「国際政治学史における一九二〇年代論」については別稿への課題とする。

（10）Thomas Joseph Lawrence, *The society of nations: its past, present, and possible future*, New York: Oxford U.P., 1919（今村源三郎訳『國際社會史論』大日本文明協会、一九二二年）.

（11）JACAR（アジア歴史資料センター）Ref. A 03033196700（第四画像目から）、枢密院御下附案・昭和八年・巻上（国立公文書館）。

（12）国際政治学の学説史を大胆に再検討したものとしてはBrian Schmidt, *The Political Discourse of Anarchy: A*

Disciplinary History of International Relations, Albany: State University of New York Press, 1998を参照。

（13）George Kennan, *American Diplomacy 1900-1950*, Chicago: University of Chicago Press, 1951, pp. 95-96（近藤晋一・飯田藤次訳『アメリカ外交五〇年』岩波書店、一九五二年、一一四頁）.

（14）Francis Anthony Boyle, *World Politics and International Law*, Durham: Duke U.P., 1985, p. 12.

（15）篠原初枝『戦争の法から平和の法へ――戦間期のアメリカ国際法学者』東京大学出版会、二〇〇三年、二頁。

（16）Boyle, *op. cit.*, p. 104.

（17）本稿では特段の定めなき場合には「インターナショナル・ロー」とは二〇世紀前半に登場した国際社会認識（主として国際連盟期）に立脚した国際法の一群を指す。国際法一般を指す場合には「国際法」と標記する。これは、二〇世紀における国際法の認識転回を強調する狙いからである。

（18）法と政治の緊張関係についての学説史のサーベイは庄司真理子「国際関係法学の方法論に関する一試論」『敬愛大学国際研究』第三号、一九九九年を参照。

（19）規範の「原作」・「翻案」・「編集」については栗栖薫子「人間安全保障『規範』の形成とグローバル・ガヴァナンス」『国際政治』第一四三号、二〇〇五年、七九―八〇頁を参照。

（20）斎藤孝『身体感覚を取り戻す――腰・ハラ文化の再生』二〇〇〇年、一〇〇、一〇二頁。

（21）生田久美子『「わざ」から知る』東京大学出版会、一九八七年。

（22）Jens Bartelson, *The Critique of the State*, Cambridge: Cambridge U.P., 2002（小田川大典他訳『国家論のクリティーク』岩波書店、二〇〇六年、一六―一七頁）.

（23）"History of the Organization of the American Society of International Law", *Proceedings of the American Society of International Law*, 1907, p. 1.

（24）この時期の英米圏における議論を捉えているものとしては、David Long and Peter Wilson（eds.）*Thinkers of the Twenty Years' Crisis*, Oxford: Clarendon Press, 1995.

（25）Hidemi Suganami, *The domestic analogy and world order proposal*, Cambridge: Cambridge U.P., 1989（臼杵英一訳『国際社会論――国内類推と世界秩序構想』信山社、一九九四年）.

（26）*Ibid.*（訳書二〇四頁）

（27）*Ibid.*（訳書一一七頁）

（28）庄司真理子「国際関係法学の方法論に関する一考察（上）」『千葉敬愛短期大学紀要』第一八号、一九九六年、一八頁、および庄司前掲論文「国際関係法学の方法論に関する一試論」一四七頁。

（29）篠原、前掲書、五二頁。

（30）同右、四四頁。

（31）Quincy Wright, "The Legal Nature of Treaties", *American Journal of International Law*, 10-4, 1916, pp. 706-708.

（32）この議論は後に以下の論考でも検討されている。Cf. Quincy Wright, "Conflicts of International Law with National Laws and Ordinances", *American Journal of International Law*, 11-1, pp. 1-21.; id. "Conflicts between International Law and Treaties", *American Journal of International Law*, 11-3, 1917, pp. 566-579.; id. "Treaties and the Constitutional Separation of Powers in the United States", *American Journal of International Law*, 12-1, 1918, pp. 64-95; id. "The Constitutionality of Treaties", *American Journal of International Law*, 13-2, pp. 242-266.; id. "International Law in its Relation to Constitutional Law", *American Journal of International Law*, 17-2, 1923, pp. 234-244.

（33）Quincy Wright, "Studies in the Problem of Sovereignty by Harold J. Laski", *Mississippi Valley Historical Review*, 4-2, 1917, pp. 239-241.

（34）Quincy Wright, "Territorial Propinquity", *American Journal of International Law*, 12-3, 1918, p. 555.

（35）Quincy Wright, "Effects of the League of Nations Covenant", *American Political Science Review* 13-4, 1919, pp. 556-558.

（36）*Ibid.*, p. 559.

（37）Quincy Wright, "The Understanding of International Law", *American Journal of International Law*, 14-4, 1920, p. 571.

（38）*Ibid.*, p. 569.

（39）*Ibid.*, p. 580.

（40）Quincy Wright, "The Effect of the War on International Law", *Minnesota Law Review*, 5（May 1921）: pp. 436-458;（June 1921）: pp. 515-539.

（41）Quincy Wright, "Changes in the Conception of War", *American Journal of International Law*, 18, 1924.

（42）Quincy Wright, "The Future of Neutrality", *International Conciliation*, 242, 1928, pp. 354-371.

（43）Carl Schmitt, *Der Nomos der Erde im Völkerrecht des Jus Publicum Europaeum*, Duncker & Humblot, Berlin, 1950（新田邦夫訳『大地のノモス』慈学社、二〇〇七年）.

（44）Carl Schmitt, *Der Leviathan in der Staatslehre des Thomas Hobbes*, Hanseatische Verlagsantstalt, 1938（「レヴィアタン——その意義と挫折」長尾龍一編『カール・シュミット著作集II』慈学社、二〇〇七年）.

（45）Carl Schmitt, *Völkerrechtliche Großraumordnung mit Interventionsverbot für raumfremde Mächte: Ein Beitrag zum Reichsbegriff im Völkerrecht*, 1939（岡田泉訳「域外列強の干渉禁止を伴う国際法的広域秩序——国際法のライヒ概念への寄与」カール・シュルテス／カール・シュミット（服部平治・宮本盛太郎・岡田泉・初宿正典訳）『ナチスとシュミット——三重国家と広域秩序』木鐸社、一九七六年所収）.

（46）シュミットの国際政治論については以下を参照、Louiza Odysseos and Fabio Petito, *The International Political Thought of Carl Schmitt*, London: Routledge, 2007; 竹島博之『カール・シュミットの政治——「近代」への反逆』風行社、二〇〇二年、第三章・第四章; 古賀敬太『シュミット・ルネッサンス——カール・シュミットの概念的思考に即して』風行社、二〇〇七年、第六章。

（47）Carl Schmitt, *Politische Theologie: Vier Kapitel zur Lehre von der Souveränität*, München: Duncker & Humblot, 1922, S. 19-20（「政治神学」長尾龍一編『カール・シュミット著作集I』慈学社、二〇〇七年、一一頁）. 以下『著作集』

と略記する。

(48) *Der Nomos der Erde im Völkerrecht des Jus Publicum Europaeum*, a.a.O., S. 112, 120-123, 184（訳書一六〇、一七一―一七六、二六五頁）.

(49) Ebd., S. 97（訳書一四〇頁）.

(50) Ebd., S. 97-98, 131（訳書一四〇―一四一、一八八頁）.

(51) Ebd., S. 138（訳書二〇〇頁）.

(52) Carl Schmitt, *Die geistegeschichtliche Lage des heutigen Parlamentarismurs*, München: Duncker & Humblot, 1926, S. 13（「現代議会主義の精神史的状況」『著作集』六一頁）.

(53) Carl Schmitt, *Römischer Katholizismus und Politische Form*, 2. Aufl., 1984（「ローマカトリック教会と政治形態」『著作集』一二一頁）.

(54) *Die geistegeschichtliche Lage des heutigen Parlamentarismurs*, a.a.O., S. 18（前掲書「現代議会主義の精神史的状況」六六―六七頁）.

(55) Ebd., S. 19（訳書六七頁）.

(56) Ebd., S. 20（訳書六七頁）.

(57) *Römischer Katholizismus und Politische Form*（「ローマカトリック教会と政治形態」、一三四頁。同書引用頁は訳書による）.

(58) 同右、一四三頁。

(59) 同右、一四六頁。

(60) 同右、一四五頁。

(61) 同右、一五〇頁。

(62) 同右、一四七頁。

(63) Carl Schmitt, *Die Kernfrage des Völkerbundes*, Berlin: Ferd. Dümmler, 1926, S. 23-45.

(64) Carl Schmitt, „Der Gegensatz von Parlamentarismus und moderner Massendemokratie" in: ders., *Positionen und Begriffe*, Hanseatische Verlagsanstalt Hamburg, 1940, S. 60（「議会主義と現代の大衆民主主義との対立」『著作集』、一六六頁）.

(65) Ebd., S. 59-62（訳書一六四―一六八頁）.

(66) Ebd., S. 62（訳書一六八頁）.

(67) Carl Schmitt, „Der Völkerband und Europa", *Positionen und Begriffe*, a.a.O., S. 89（「国際連盟とヨーロッパ」『著作集』、一七七頁）.

(68) Ebd., S. 92（訳書一八〇頁）.

(69) Ebd., S. 94-95（訳書一八三頁）.

(70) Ebd., S. 95（訳書一八四頁）.

(71) Ebd., S. 97（訳書一八五頁）.

(72) Carl Schmitt, „Völkerrechtliche Probleme im Rheingebiet", *Positionen und Begriffe*, a.a.O., S. 101（「ライン地域の国際法的諸問題」『著作集』、一九二頁）.

(73) Ebd., S. 105（訳書一九六頁）.

(74) Ebd., S. 200（訳書二〇〇頁）.

(75) Carl Schmitt, *Hugo Preuß: Sein Staatsbegriff und Seine Stellung in der deutschen Staatslehre*, Tübingen: Mohr, 1930, S. 5（「フーゴー・プロイス――その国家概念およびドイツ国家学上の地位」『著作集』二二九頁）.

(76) Ebd., S. 26, ff. 1（訳書二三六頁）.

(77) Carl Schmitt, „Der Begriff des Politischen", *Positionen und Begriffe*, a.a.O., S. 67-74.

(78) Carl Schmitt, *Der Begriff des Politischen*, München: Duncker & Humblot, 1932, S. 24（「政治的なものの概念」『著作集』、

二六二―二六三頁).

(79) Ebd., S. 42（訳書二七八頁）.

(80) Ebd., S. 43（訳書二七八―二七九頁）.

(81) Ebd., S. 65（訳書三〇二頁）.

(82) Carl Schmitt, „Völkerrechtliche Formen des modernen Imperialismus“, *Positionen und Begriffe*, a.a.O., S. 167（「現代帝国主義の国際法的諸形態」『著作集』、三一九頁）.

(83) Ebd., S. 168（訳書三二〇頁）.

(84) Ebd., S. 169（訳書三二一頁）.

(85) Ebd., S. 176（訳書三二八頁）.

(86) Ebd., S. 179（訳書三三一頁）.

第八章　市民自治の技術論のための覚書

岡﨑　晴輝

日本では「下から」の発想というのは、個人（自我）からの発想だということを徹底させなければならぬ。マルクシズムも官僚的学問もともに上からの発想だ。集団の立場からでなく、俺が状況に働きかけ、状況を操作するのに役立つ政治学——それが唯一つの有効な政治学だ。「政治」のワクをとりはらうこと。（丸山眞男『自己内対話——三冊のノートから』みすず書房、一九九八年、五四頁）

第一節　問題の所在

現在、官僚が主導する「国家統治」から、市民＝政治家が主導する「市民自治」への構造転換が生じつつある。市民は統治の客体ではなく、自治の主体になりつつある。ところが日本の政治学者は、一部を除いて、こうした現代日本政治の構造転換に対応してこなかった。すなわち、科学としての政治学（政治科学）の発展には尽力してきたものの、市民が成熟した自治の主体になるのに有用な政治技術論を発展させてはこなかった。しかし、国家統治から市民自治へという現代日本政治の構造転換に対応するためには、科学としての政治学の枠内にとどまることなく、問題解決の技術、リーダーシップの技術、討論の技術をはじめとする市民自治の技術論を発展させ、それを市民教育に活かしていくことが欠かせないであろう。

　本稿では、市民自治の技術論を発展させるための予備的考察をおこないたい[1]。まず最初に、市民自治の技術論の基本構想を提示し、政治学の視座を観察者（三人称）から実践者（一人称）へと移すこと、政治学の内容を因果関係の分析から自治技術の開発へと移すことを提案したい（第二節）。次に、市民自治の技術論という観点から、丸山眞男の政治技術論（第三節）と松下圭一の政治技術論（第四節）を検討し、その問題点を明らかにしたい。そして最後に、市民自治の技術論を発展させるために、現場の実践知を収集・理論化し、そうして開発された技術を現場で検証・修正する、という研究開発の手法を提案したい（第五節）。本稿は、あくまでも市民自治の技術論の基本構想を示した覚書にとどまるものであり、市民自治の技術論それ自体の提示は今後の課題としたい。

第二節　市民自治の技術論――基本構想

　すでに述べたように、現代日本政治では、国家統治から市民自治への構造転換が生じつつある。こうしたなか我々には、科学としての政治学の部分的な修正にとどまらずに、政治学の全面的なパラダイム転換を遂行し、市

観察者（三人称）の視座

実践者（一人称）の視座

民自治の技術論を発展させていくことが求められているように思われる。戦後日本の政治学は、第一期の思想としての政治学から、第二期の運動としての政治学を経て、第三期の科学としての政治学へと展開してきたが[2]、現在主流となっている科学としての政治学では、市民自治の担い手である成熟した市民を育てるという時代の要請に応えられるようにはみえないからである。

第一に必要なのは、政治学の視座（パースペクティブ）を観察者（三人称）から実践者（一人称）へと移すことである。具体的には、政治学者から市民へと移すことである。サッカーにたとえれば、科学としての政治学は、サッカー・スタジアムのスタンドからフィールドを見下ろす観察者（解説者や観客）の視座を採用している。しかし市民自治の技術論は、幾つかのサッカーゲームが採用しているように、スタンドにいる解説者や観客の視座ではなく、フィールド上の実践者（サッカー選手）の視座を採用する（図を参照）。サッカー選手に必要なのは、スタンドからの視座ではなく、フィールド上の視座を我がものとすることである。もちろん、サッカー選手にとっても、スタンドからの視座という鳥瞰図を得ることは有用であろうが、フィールド上の視座を我がものとしなければ、フィールド上で戸惑ってしまうに違いない。このことは、市民自治の「プレーヤー」である市民の場合にも同じであろう。

第二に必要なのは、視座の転換にともない、政治学の内容を因果関係の分析、から自治技術の開発へと移すことである。科学としての政治学の中心にあるのは、政治における原因・結果の分析である。これにたいして、市民自治の技術論の中心にあるのは、市民に有用な自治技術の開発である。たとえば、問題を解決するにしても、直観的に政策を立案するのではなく、一定の手順に基づいて政策を立案する必要があるだろう。また、集団を維持するためには、状況に応じて適切なリーダーシップを発揮する必要があるだろう。さらには、対立する人々とのあいだで折り合いをつけるためには、討論ないし交渉の技術も必要になってくるであろう。市民が成熟した自治の担い手になるためには、これらの技術をマスターすることが欠かせない。

現代日本政治の構造転換に対応するために、政治学の視座を一人称（市民）へと移し、それにともない政治学の内容も自治技術の開発へと移すこと。こうした主張は、しかし、科学としての政治学を全面否定すべきだ、ということを意味しない。科学としての政治学は固有の意義を有しており、否定されるべきものではない（ただし、政治学者の依って立つ価値を無自覚のうちに滑り込ませるようなものであってはならない）。ここで主張しているのは、科学としての政治学一辺倒に陥らずに、市民自治の技術論を発展させていくべきだ、ということである。

ところで、こうした市民自治の技術論を発展させていく際、丸山眞男と松下圭一の政治技術論との対決を避けて通ることはできない。丸山と松下は、市民自治の技術論をいち早く構想した先駆者であるからである。このように考え、丸山と松下の政治技術論を少しく検討していくことにしたい。

第三節　丸山眞男の政治技術論

（1）市民の技術としての政治学

丸山は早くから、政治における技術的契機を重視していた。たとえば「政治学入門（第一版）」（一九四九年）では、「権力としての政治」（現実）と「倫理としての政治」（理念）を媒介するものとして「技術としての政治」（機能）を位置づけていた。[3] しかし、技術としての政治学を構想していたわけではない。むしろ、『政治の世界』（一九五二年）の権力モデルが示しているように、「純粋政治学」を模索していた。[4] ところが丸山は、高畠通敏との対談「政治学の研究案内」（一九六〇年）において、「市民の立場に立った技術的な政治学」を構想するようになる。[5][6]

いまばくぜんと私が考えているのは、技術としての政治学（Politics as art）を市民としての立場から構築してゆくという方向だということになるでしょうね。技術としての政治という観念は、歴史的には国家経綸の術（Staatskunst, statecraft）として、つまり、プラトンにしてもマキァヴェリにしても、また為政者という言葉を政治的指導者という言葉にかえれば、革命政党の組織論にしても、もっぱら、指導者の立場から説かれてきたと思うのです。この技術としての政治というものを、今度は市民の観点から構成していくということ、市民が制度づくりをやっていくということ、市民の立場から状況を操作する技術としての政治学、そういうものが将来の政治学の方向になっていかなければならない。でないと、科学としての政治学と技術としての政治というものが永久に分離しちゃうし、また技術としての政治というものが、いかに大衆をつかむかとか、いかに大衆を指導していくかという、もっぱら上からの発想になっちゃうのじゃないですか。[7]

このように丸山は「日々デモクラシーを創造していく市民の立場から、状況をいかに把握し、いかに操作してゆくかということを中心にして考える政治学」[8]という構想を示した。[9]ここで留意すべきは、丸山は政治の主体を「上」から「下」へと移しただけではない、ということである。丸山は、政治の主体を「為政者」や「革命政党の政治的指導者」から「市民」へと移すのにともない、政治の性格も「革命」の政治から「日常」の政治へと変えたのである。[10]

そうではなくてデモクラシーというものは日々創造していくのだ。そしてそこにはやはり二つの要因が含まれていると思うのです。市民の立場からの日々の創造という日常性をはなれると、市民の政治学ではなくて革命の政治学になっちゃうのです。[11]

それにしても、なぜこの時期に丸山は、市民の技術としての政治学を構想しはじめたのであろうか。一つには、警職法闘争にみられる「市民」の台頭という時代背景を挙げることができるかもしれない。しかし、丸山自身の「スランプ」とも無縁ではなかったのではないだろうか。丸山は一九五八年九月九日におこなわれた座談会「戦争と同時代」において、「対決していた当の相手［＝方法的にはマルクス主義、対象的には天皇制の精神構造］が少くもぼくの視野の中でフニャフニャになったために、こっちも何かガッカリして気がぬけちゃった」[12]と、その心境を吐露している。丸山は、こうした「スランプ」を脱出する一つの選択肢として、市民の技術としての政治学を模索していたのかもしれない。

いずれにせよ、丸山は「スランプ」[13]と前後して、市民の技術としての政治学を構想していた。この時期に関しては、丸山自身の証言に依拠して、政治学や政治評論といった「夜店」をたたみ、日本政治思想史という「本店」

へと復帰した、と解釈されることが少なくない。[14] しかし当時の丸山には、もう一つの転回の可能性、すなわち、市民の技術としての政治学への転回という可能性も存在していたのである。[15] そしてそれは、戦後日本の政治学において一人称（市民）の視座からの政治技術論という地平を切り拓くものだったのである。

（2）政治学講義

高畠との対談と同時期の一九六〇年四月、丸山は座談会「現代日本の政治と教育」において、日本の公民教育にたいする不満を口にしていた。

日本の教育（大学もふくめて）に不足していることは、客観的認識が過剰で、自己と情況とのかかわりあいかた、自分が情況に対してはたらきかけるばあいの思考を、すこしも教えないことです。……日々じぶんが情況をつくっていき、その情況を抽象して、そこからひとつの意味を見いだしてゆくという、自己と情況とのかかわりあいかたについての思考を教えないことが、公民教育の欠陥ではないかと思います。[16]

こうした不満を抱いていた丸山の前に、絶好の機会が到来した。東京大学法学部において政治学講義を担当していた堀豊彦が停年退官し、一九六〇年度冬学期に政治学講義を担当することになったのである。[17] ただし丸山は、この政治学講義をいやいやながら引き受けたようである。[18] とはいえ、講義録が物語っているように、単なるやっつけ仕事には終わっていない。丸山は、第二講において「むしろ日本で大事なのは、「市民の日常的立場からの操作的な政治学」であろう」[19]と述べ、また結語において「政治学の進むべき方向→一般市民（コモンマン）の日常的立場からの操作的 operative な政治学」[20]と述べているように、この機会を活かし、市民の技術としての政治学の具体化を試みたのである。

しかし、この政治学講義に問題がないわけではない。同書の解題において渡辺浩が指摘しているように[21]、この政治学講義が市民の技術としての政治学になっているかどうかは疑わしい。その原因は、講義が進むにつれて視座が微妙にズレていることに求められるのではないだろうか。第一講では、成熟した政治的思考法とは何かが論じられているが、そこで語られていることは、市民はいかに思考すべきか、という一人称（市民）の視座から読むことができるであろう。ところが第二講では、上からのアプローチ、下からのアプローチ、外からのアプローチ、内からのアプローチを区別しつつ、内からのアプローチから始めるとしているが[22]、そこでの「内」とは、三人称（政治学者）の視座から把握された内面を意味しているように思われる。丸山は「内から」ということを次のように説明している。

> D　内から（行為者の motivation の側から）
> i　性格型・傾向・パースナリティー
> ii　自我の期待・要求・同一化による態度形成
> iii　参加・逃避など集団と自我の関係のメカニズム
> 〔強いてこういう四つの方法および対象を一つの言葉で表わすと、〕A は Government、B は Politics、C は Society、D は Personality となる[23]。

そして第二講以降では、一人称（市民）の視座からの政治技術論ではなく、三人称（政治学者）の視座からの政治行動論が主として展開されているように思われる。[24] その意味において、第一講と第二講以降とのあいだには、方法論上のズレがあるように思われる。[25] こうした方法論上の混乱のせいか、市民の技術としての政治学は十分に展開されたとはいいがたい。ただし、第一講における政治的思考法の考察は、講演「政治的判断」（一九五八年）などとともに、市民自治の技術論として決定的に重要であろう。そこにおいて丸山は、状況認識におけるリアリズム、政治における決断、理念、「悪」の問題について示唆に富んだ議論を展開している。それゆえ我々は、丸山が市民の技術としての政治学を創ることに失敗した、と切り捨てることはできない。政治学講義の第一講では、まさしく市民が「状況をいかに把握し、いかに操作してゆくか」[26]が論じられている――「状況をいかに把握」するかということが中心に据えられているとはいえ――からである。

とはいえ、市民の技術としての政治学が未完に終わったことも否めない。[27] すでに触れたように、一九六〇年代以降の丸山は、市民の技術としての政治学を発展させることなく、「本店」である日本政治思想史に沈潜していったからである。その背景には、丸山自身が証言しているように、[28] 大病を患ったことや、政治学を専攻する若い世代が育ってきたこともあったのかもしれない。それはともかく我々は、そうした政治学者の一人、おそらくは最も重要な者として、松下圭一の名前を挙げることができるであろう。[29] 松下の意図は別にして、松下は『政策型思考と政治』（一九九一年）において、都市型社会における政治の文法を提示し、丸山の構想した市民の技術としての政治学を発展させていったのである。

第四節　松下圭一の政治技術論

(1) ポリシー・スタディーズ

松下は、すでに二〇歳代にラスウェルやマンハイムなどを読んでいたが、三〇歳前後に起こった「構造改革論争」の際に「政策型思考」に直接関心を抱くようになった、と回想している。[30] 事実、松下は、すでに「知的生産性の現代的課題」(一九六五年) において、政治科学とは区別された「政策科学」(ポリシー・サイエンス) を提唱していた。そこにおいて松下は、政治学を含む社会科学は「実証科学、法則科学にとどまることなく、計画を原型として社会過程への批判的かつ構成的な政策科学となりうる時点にきている」[31] と訴えかけたのである。

しかしその後、「政策科学」という用語を使用しなくなる。[32]『政策型思考と政治』の説明によれば、「政策型思考」と「科学型思考」との相違を自覚し、「政策科学」という言葉が「いわば形容矛盾」であることを認識するようになったからである。[33] 松下は、一九七七年の日本政治学会報告「市民の政治学」を「政治学の新段階と新展望」と改題して横越英一編集代表『政治学と現代世界』(一九八三年) に寄稿した段階では、ポリティカル・サイエンス／ポリティクスという二分法を採用していたが、[34] 一九九六年の日本政治学会報告「政治学では何が問題なのか」では、ポリティカル・サイエンス／ポリティカル・セオリー／ポリシー・スタディーズという三分法を採用するようになる。そこでは、政治学を①実証分析である「ポリティカル・サイエンス」、②理論構成を旨とする「ポリティカル・セオリー」、③政策・制度開発の手法を研究する「ポリシー・スタディーズ」へと三分類し、②や③の重要性を訴えかけたのである。松下は、ポリシー・スタディーズに関して、次のように述べている。

いわば、①実証分析は、前述しましたように、政治を、「政治過程」という、多元アクターが複合する川のような流体現象としてとらえます。そこでは、政治は川となり、〈外〉から川を対象として、条件純化しながら観察、さらに分析しようとします。だが、③政策・制度開発は、この川の〈中〉で

みずからが泳ぐ技術としての政策論

みずからが標識を作る技術としての制度論

を、くみたてることを意味します。(35)

③政策・制度開発は、いわゆる政治技術の熟達としてのポリシー形成ですが、ふるくは支配層の帝王学、近代にはいって官僚ないしテクノクラットに独占されてきた統治秘術でしたが、現代ではこの統治秘術を市民型のひらかれた政治技術にくみかえて、自治体、国、国際機構各レベルの政治家・行政機構だけでなく、市民自体による政治技術としての共有をめざします。(36)

このように松下は、ポリティカル・サイエンスやポリティカル・セオリーだけではなく、政策・制度をめぐる政治技術としてのポリシー・スタディーズを構想した。しかも、政治家や行政職員にかぎられない、市民のポリシー・スタディーズを構想した。こうして松下も丸山と同じく、一人称（市民）の視座からの政治技術論という地平に立つことになったのである。

（2）『政策型思考と政治』

松下の政治技術論は、早い時期の著作にも存在していた。たとえば『現代政治学』（一九六八年）においても、「（1）組織化のコミュニケイション回路の設定・拡充〔組織問題〕（2）政策の提起〔政策問題〕によって、大衆の同意を調達しながら、政治目的を実現していく技術」[37]である「政治指導」に一章を割いていた。しかしそこでは、大衆活動家や職業政治家の政治技術を念頭に置いていたことは否めない。[38]しかし松下は、市民の政治技術を論じるようになり、遂に『政策型思考と政治』（一九九一年）では、独創的な政治技術論を提示したのである。松下は、『政策型思考と政治』は「政治の現代文法書となっているはずである」[39]、「市民を起点とした新しい文法をもつ現代政治学概論になっているはずです」[40]と自負しているが、たしかに、そう自負するだけの壮大な体系に仕上がっている。我々はこの書を無視しては、市民自治の技術論を発展させることはできないであろう。

しかし、市民自治の技術論としては、幾つかの問題をはらんでいるように思われる。第一に、松下の政治技術論は、市民が使いこなすには難解すぎるのではないだろうか。松下は『政策型思考と政治』の「あとがき」に「できるだけ、簡潔・平明であるように心がけた」[41]と記している。しかし、その意図どおりになっているかどうかは疑わしい。主として札幌近郊の自治体職員が寄稿した『論集「政策型思考と政治」を読む』（一九九九年）では、ほとんどの寄稿者が『政策型思考と政治』は難解であるとの感想を記している。[42]この事実が示しているように、この文法書を手にした市民の多くは、その難解さに戸惑うのではないだろうか。たしかに、松下自身が弁明しているように、学術用語ではなく日常用語をリファインしつつ使用しているにもかかわらず「旧来の考え方の方向転換」となるがゆえに難解であるのかもしれない。[43]私も、そうした面があることを否定しようとは思わない。しかし、やはり文体上の問題も影響しているのではないだろうか。私には、夥しい数の概念装置が市民の外側から迫ってくる――市民の内側から「引きだす」のではなく――文体が『政策型思考と政治』の難解さの一因になっているように思えてならない。

第二に、それ以上に深刻な問題であるが、松下の政治技術論は、他者を客体として操作する主観主義に陥ってはいないだろうか。松下は『政策型思考と政治』第七章において「政治技術」を三つに類型化している[44]。「我」ないし「友」にたいする「対内技術」、「彼」ないし「敵」にたいする「対抗技術」、そして「我」と「彼」のあいだに存在する大衆にたいする「大衆技術」である。そして「対抗技術」としては、敵と戦闘すること、敵を分裂させること、敵を孤立させること、敵と交渉することを挙げている。また、「大衆技術」としては、協力を調達すること、妨害を阻止することを挙げている。そして、対内技術、対抗技術、大衆技術に共通する媒体として、「説得」と「暴力」を挙げている。こうした理論構成は、松下の政治技術論は主観主義的なのではないか、との疑念を引き起こすのに十分であろう。

これに関連して無視できないのは、松下が『孫子』、マキャヴェリ、クラウゼヴィッツ――統治や戦争の理論家！――をふまえている、と述べていることである。

> 一九九一年、六〇歳をすぎてようやく『政策型思考と政治』（東京大学出版会）を書くことができます。この本は、古くからの東の『孫子』、西のマキャヴェリ、また近代のクラウゼヴィッツといったような、政治をめぐる「知恵」、ついで「闘争論理」としての戦略・戦術思考の古典伝統をふまえるとともに、都市型社会における市民の政策・制度型思考をめぐって、その自立と習熟の不可欠性を基調においています。[45]

たしかに、公共の問題を解決する際には、問題を操作する主観主義的思考法が欠かせない。その意味において、未来の結果を「予測」し、現在の原因を「調整」するという「政策型思考」の提示は決定的に重要であろう。[46]しかし、他者を操作の対象とする思考法では、かえって対立を激化させるだけであろう。問題にたいする主観主義的思考法と他者にたいする間主観主義的ないしコミュニケーション的思考法を適切に組み合わせなければ、市民自治の実践は失敗に帰することになるであろう。我々は、具体的な政治技術を開発する前に、主観主義という国家統治の思考法が紛れ込んでいないかどうか、反省する必要があるだろう。そしてこうした反省は、市民自治の技術論が採用する視座を、一人称から一人称複数——ただし実体論的ではなく関係論的な——へと再定式化することにつながるであろう。

第五節　市民自治の技術論のために

本稿で検討してきたように、丸山眞男や松下圭一の政治技術論は市民自治の技術論の先駆的試みであり、大きな遺産であることは間違いない。しかし、市民自治の技術論として問題をはらんでいることも否めない。丸山の場合には、政治的思考法を別にすれば、市民自治の技術論を十分に展開したとはいいがたい。松下の場合には、他者を操作する主観主義に陥っているように思われる。そうであるとすれば、我々は、丸山や松下の政治技術論を踏まえつつも、我々自身の手によって市民自治の技術論を発展させていかなければならないであろう。

その際、アメリカ政治学に安易に依拠すべきではないであろう。たしかに、バリー・R・ルービン『アメリカに学ぶ市民が政治を動かす方法』の翻訳は画期的であった。[47]同書は、公共の問題を解決するために、市民・企業・利益集団が政府・企業・学校の行動に影響を与える方法を示したマニュアルである。同書は高く評価されているようであるが、アメリカ政治（学）のバイアスがかかっているのではないか、圧力団体の活動を市民に拡げただけなのではないか、との違和感を拭いさることはできない。市民自治の中心にあるのが政府等への圧力ではなく、市民自身による問題の解決であるとすれば、我々はアメリカ政治学を輸入して満足すべきではないであろう。

この点、鈴木崇弘ほか編著『シチズン・リテラシー――社会をよりよくするために私たちにできること』（二〇〇五年）は、注目に値するであろう。(48) 同書は、外国の政治技術論の輸入にとどまらずに、様々な場で活躍する市民が力をあわせて「シチズン・リテラシー」について解説した野心的な試みである。市民自治の技術論との関連では第V章が重要になるであろうが、残念ながら、その中身は必ずしも満足のいくものではない。「自ら考えよう」、「行動を起こそう」という見出しが暗示しているように、そこで説かれている「リテラシー」は常識的なものにとどまっているように思われるからである。もっとも、「完成本」ではなく「たたき台」であると断っている以上、(49) こうした評価は少し厳しすぎるかもしれない。

それでは、我々は、どのように市民自治の技術論を発展させていけばよいのであろうか。私が提案したいのは、様々な市民活動家にたいする大規模な調査をおこない、その実践知を収集・理論化し、そうして得られた技術を現場で検証・修正していく、という手法である。すなわち、第一に、市民自治の現場で必要とされている技術とは何かを把握すること。第二に、現場で蓄積されてきた実践知――試行錯誤を通して蓄積されてきたであろうが、広く共有されることなく一部の個人や団体のなかに埋もれている――を収集すること。第三に、そうして集められたナマのノウハウを理論化し、研ぎ澄まされた道具に仕上げること。そして最後に、そうして得られた技術を現場で検証し、必要に応じて修正していくことである。

そして我々は、こうして開発された市民自治の技術論を、誰にでも入手可能で、誰にでも学習可能なテキストとして市民に提供すべきであろう。市民自治の技術論は、統治の秘術とは対照的に、一定の手順（学習と実習）を踏むことによって誰にでも習得されうるようにしておかなければならない。サッカーのテキストによって誰でもサッカーの技術を身につけることができるように、市民自治のテキストによって誰でも市民自治の技術を身につけ、市民自治の実践に参加することができるようになるであろう。そうしたテキストの存在は、技術を脱秘術化するのに寄与するであろう。

【注】

（1）本稿では「型」の概念ではなく「技術」の概念を使用することにした。「型」の概念は、前近代的共同体が「個人」に強制的に課す定型的作法という歴史的含意をともなっているのではないか。市民自治の政治学がそうした前近代的含意をともなった概念を安易に使用するのは、不適切なのではないか。こうした疑念を払拭できなかったからである。ご理解をたまわりたい。

（2）藪野祐三『先進社会＝日本の政治Ⅰ　ソシオ・ポリティクスの地平』（法律文化社、一九八七年）、Ⅲ。その他、戦後日本政治学史については、次の文献を参照。阿部齊『現代政治と政治学』（岩波書店、一九八九年）、Ⅰ。田口富久治『戦後日本政治学史』（東京大学出版会、二〇〇一年）。渡部純「戦後政治学と日本型多元主義論——何が引き継がれるべきか」、『青森法政論叢』第二号（二〇〇一年八月）、四七—六八頁。木下真志『転換期の戦後政治と政治学——社会党の動向を中心として』（敬文堂、二〇〇三年）、第一章、第二章。木下真志「戦後日本政治学再考——政治学と政治史と政治学者と」、『高知短期大学研究報告　社会科学論集』第八八号（二〇〇五年三月）、一—二〇頁。

（3）丸山眞男「政治学入門（第一版）」、『丸山眞男集』第四巻（岩波書店、一九九五年）、二四九—二五〇頁。

（4）丸山眞男「現代政治の思想と行動第三部　追記」、『丸山眞男集』第七巻（岩波書店、一九九六年）、三八─三九頁。高畠通敏／丸山眞男「政治学の研究案内」、『丸山眞男座談』第四巻（岩波書店、一九九八年）、九九─一〇一頁。

（5）高畠通敏は「あしがくぼ通信（二〇〇四年五月）」において、丸山眞男との微妙な関係について語っている（『高畠通敏集』第五巻、岩波書店、二〇〇九年、三四五─三四九頁）。

（6）高畠通敏／丸山眞男「政治学の研究案内」、九九頁。

（7）高畠通敏／丸山眞男「政治学の研究案内」、九九頁。

（8）高畠通敏／丸山眞男「政治学の研究案内」、一〇二頁。

（9）この対談と同時期の「私達は無力だろうか――丸山眞男氏に聞く」（一九六〇年）では、なぜ「政治的技術」が必要になるのかについて、次のように述べている。「人間というものは一人一人全部ちがうものだという前提から出発すれば、本来ちがったものをどこで、どの点で一致させて共同の行動を起させるかということで政治的技術が必要となる」（『丸山眞男集』第一六巻、岩波書店、一九九六年、一八─一九頁）。

（10）一九六〇年度冬学期の政治学講義では、「日常的」ということに関して「身辺的環境のなかに問題を発見する。革命的実践か、それともゼロかではなく、毎日の認識・行動を通じて、現実を変えてゆくこと」と説明している（丸山眞男『丸山眞男講義録［第三冊］政治学一九六〇』、東京大学出版会、一九九八年、二一〇頁）。なお、講義録では、「日常的」という言葉と、引用した文章が「←→」で結ばれているが、反対という意味ではないのであろう。

（11）高畠通敏／丸山眞男「政治学の研究案内」、一〇一頁。

（12）宇佐見英治／宗左近／曾根元吉／橋川文三／丸山眞男／安川定男／矢内原伊作「戦争と同時代――戦後の精神に課せられたもの」、『丸山眞男座談』第二巻（岩波書店、一九九八年）、二三四─二三五頁。

（13）丸山眞男「原型・古層・執拗低音」、『丸山眞男集』第一二巻（岩波書店、一九九六年）、一一〇─一一一頁。石川眞澄／杉山光信／丸山眞男「夜店と本店と――丸山眞男氏に聞く」、『丸山眞男座談』第九巻（岩波書店、一九九八年）、二八七─二八八頁、二九三─二九四頁。

(14) たとえば、福田歓一『丸山眞男とその時代』(岩波書店〔岩波ブックレット〕、二〇〇〇年)、四八頁。苅部直『丸山眞男――リベラリストの肖像』(岩波書店〔岩波新書〕、二〇〇六年)、一八四頁。

(15) この新しい政治学の構想に注目したものとして、松澤弘陽の講義録を参照。松澤弘陽「政治学講義1 市民の日常的な立場からの art としての政治学――丸山眞男の模索」、松澤弘陽/千葉眞『ICU一般教育シリーズ35 政治学講義』(国際基督教大学教養学部、二〇〇三年)、一―四五頁。

(16) 「現代日本の政治と教育」、『丸山眞男座談』第四巻、三〇三頁。

(17) 『丸山眞男講義録〔第三冊〕政治学一九六〇』(東京大学出版会、一九九八年)。松沢弘陽/平石直昭「対談『丸山眞男講義録』完結にあたって」、『UP』第三〇巻第一号(二〇〇一年一月)、一―一五頁も参照。

(18) 丸山は、宮田光雄宛の書簡(一九六〇年三月八日付消印)では「私にとっては全く予期しなかったユーウツきわまりない出来事」と記し(『丸山眞男書簡集1 一九四〇―一九七三』みすず書房、二〇〇三年、六一頁)、安光公太郎宛の書簡(一九六〇年一二月二六日付消印)でも「学部の政治学の講義というやっかいな仕事を負わされ、文字通り学生の試験勉強の連続のような余裕のない生活のままに今年も暮になりました」と記している(『丸山眞男書簡集1 一九四〇―一九七三』、六四頁)。

(19) 丸山眞男『丸山眞男講義録〔第三冊〕政治学一九六〇』、四〇頁。

(20) 丸山眞男『丸山眞男講義録〔第三冊〕政治学一九六〇』、二一〇頁。

(21) 丸山眞男『丸山眞男講義録〔第三冊〕政治学一九六〇』、二二六頁。

(22) 丸山眞男『丸山眞男講義録〔第三冊〕政治学一九六〇』、三九―四一頁。

(23) 丸山眞男『丸山眞男講義録〔第三冊〕政治学一九六〇』、四〇頁。

(24) 田口富久治は、この政治学講義のアプローチは「行動論的」である、と捉えている(田口富久治『戦後日本政治学史』、八四―八五頁)。

(25) 丸山は、一九六五年度に東京大学教養学部において政治学講義を担当した際、第一講を省略した(丸山眞男『丸山眞男講義録［第三冊］政治学一九六〇』、二二七頁）。この事実は、第一講と第二講以降とのあいだのズレという観点から説明することもできるかもしれない。

(26) 高畠通敏／丸山眞男「政治学の研究案内」、一〇二頁。

(27) 松澤弘陽「政治学講義1　市民の日常的な立場からの artとしての政治学——丸山眞男の模索」、六頁を参照。

(28) 丸山眞男「原型・古層・執拗低音」、一一〇頁。石川眞澄／杉山光信／丸山眞男「夜店と本店と」、二九四頁。

(29) 丸山眞男から高畠通敏へ、という系譜を描くこともできるかもしれない。「丸山からバトンを受け継いで「市民の政治学」の確立に力を注いだのは、むしろこの対談の相手を務めた高畠通敏であった」（都築勉「丸山眞男における政治と市民——戦後思想の転換点」、高畠通敏編『現代市民政治論』世織書房、二〇〇三年、八四頁）。「六〇年安保の総括・反省のなかから、政治学者のなかでは、高畠通敏さんが「市民運動の政治学」を、他方で松下圭一さんが「市民自治の政治学」を主張し始めます。……丸山さんは、そうした動きの先鞭をつけたといえるでしょう」（飯田泰三『戦後精神の光芒——丸山眞男と藤田省三を読むために』みすず書房、二〇〇六年、二二〇頁）。なお、高畠は、松下は市民・自治体職員の「政策形成能力」を主張したが、それ以外の能力も必要になる、と論じている（高畠通敏『現代における政治と人間——政治学講義』岩波書店、二〇〇五年、五六—五八頁）。

(30) 松下圭一『現代政治＊発想と回想』（法政大学出版局、二〇〇六年）、七三—七四頁、七六頁。

(31) 松下圭一『シビル・ミニマムの思想』（東京大学出版会、一九七一年）、一四六頁。

(32) 松下圭一『現代政治＊発想と回想』、七五頁。

(33) 松下圭一『政策型思考と政治』（東京大学出版会、一九九一年）、一〇四頁。

(34) 横越英一編集代表『政治学と現代世界』（御茶の水書房、一九八三年）、二三八—二三九頁、二五九—二六二頁。なお、学会報告の記録には目次しか掲載されておらず、依然として「政策科学」の概念が使用されていたのか、すでにポリティカル・サイエンス／ポリティクスという二分法が採用されていたのかを確認することはできない（日本政治学会編『年報政治学一九七八　国民国家の形成と政治文化』岩波書店、一九八〇年、一九九頁）。しかし『市民自治の政策構想』

（朝日新聞社、一九八〇年）でも「政策科学」の概念が使用されていることを考えれば、政治学会報告では、依然として「政策科学」の概念が使用されていたのかもしれない。
(35) 松下圭一『政治・行政の考え方』（岩波書店〔岩波新書〕、一九九八年）、一九七―一九八頁。
(36) 松下圭一『政治・行政の考え方』、二〇四頁。
(37) 松下圭一『現代政治学』（東京大学出版会、一九六八年）、一〇四頁。
(38) 松下圭一『現代政治学』、一〇六頁。
(39) 松下圭一『政策型思考と政治』、三六一頁。
(40) 松下圭一『現代政治＊発想と回想』、七五―七六頁。
(41) 松下圭一『政策型思考と政治』、三五九頁。
(42) 政策型思考研究会・渡辺克生編『論集「政策型思考と政治」を読む』（政策型思考研究会、一九九九年）、一九頁、三八―三九頁、六〇頁、七九―八〇頁、九八頁、一〇八―一〇九頁、一二四頁、一三二―一三三頁。一六頁、一〇六頁も参照。
(43) 政策型思考研究会・渡辺克生編『論集「政策型思考と政治」を読む』、一三六頁、一四三頁。今村都南雄も『政策型思考と政治』は「問題提起の書であるから、読者が既成の固定観念をもっている場合には、あちこちで行きつ戻りつの作業を繰り返さなければならない」と指摘している（今村都南雄「書評　松下圭一著『政策型思考と政治』」、『年報行政研究28』ぎょうせい、一九九三年、二一一頁）。森啓も「誰しも人は、自身の思考の枠組みや基礎概念を問い直すのは緊張感が伴なうから苦痛である。だから、無意識的に自分を庇い「難解の防御壁」をめぐらすのではあるまいか」と指摘している（政策型思考研究会・渡辺克生編『論集「政策型思考と政治」を読む』、一一頁）。
(44) 松下圭一『政策型思考と政治』、一一〇―一一一頁。
(45) 松下圭一『現代政治＊発想と回想』、七五頁。
(46) 松下圭一『政策型思考と政治』、一三七頁。

(47) バリー・R・ルービン『アメリカに学ぶ市民が政治を動かす方法』鈴木崇弘監訳（日本評論社、二〇〇二年）。
(48) 鈴木崇弘ほか編著『シチズン・リテラシー――社会をよりよくするために私たちにできること』（教育出版、二〇〇五年）。
(49) 鈴木崇弘ほか編著『シチズン・リテラシー』、二一〇頁。

第九章　日本の人権教育の効果的な形態の探究
——文化的資源の活用という観点から

施　光恒

第一節　序——「型」と人権教育

(1)「型」としての文化

本稿の目的は、共同研究「政治における「型」の研究——21世紀の市民教育に向けた歴史的・理論的考察」の一つとして、「型」の考え方を手がかりに、日本における人権教育のよりよきあり方を考えることである。日本社会が培ってきた文化的資源を活用しつつ、人権教育の主要な対象である児童・生徒に最もわかりやすく人権の価値を説明する方法について探究してみたい。

人権教育において「型」の観念から示唆を得る点は多い。我々の共同研究の趣意書には、次のような文言がある。「(市民教育という課題は)市民の政治的関心や政治的知識の向上といった見地からともすれば主知主義的に捉えられがちであるが、……本研究は、ロゴスとパトスを総合するものとしての「型」という見地から、市民のロゴスとパトスの双方における資質向上の可能性を、歴史的・理論的に探究することを目的としている」[1]。

ここにあるように、昨今の市民教育に関する論考には、ロゴスや知識を偏重し、そちらにのみ関心が向けられる傾向がある。しかし当然のことながら、市民教育一般、あるいはその一部としての人権教育において、パトスや行動の側面も大切である。人権教育の場面で述べれば、人権の理念や人権保護の仕組みの知的理解といった側面だけではなく、人権の理念や制度の重要性を実感し、それに対して愛着の念を覚え、日々の生活の中で大切にしていこうとする動機の側面もまた重視する必要がある。

本稿は、「ロゴスとパトスの総合」という理念に共鳴し、日本における効果的な人権教育のあり方を探求するものである。日本思想史の研究者・源了圓は、日本思想の伝統の特徴の一つとして「型」の重視を挙げ、「型」に関していくつかの論考をものしている[2]。その中で源は、「型」の観念に含まれる四つの側面を指摘し整理している。このうち、本稿は、最も広い意味であるところの「パターンとしての型」、つまり文化としての型に着目する[3]。「型」の観念には共通して、時間をかけて培われてきた行為や思考のかたちという意味がある。文化としての「型」にもそうした要素がある。ある社会において長きにわたって半ば無意識に育まれ練成されてきた人々の思考や行為のパターンの集積を文化だと捉えることができる。本稿は、日本社会における文化的資源を活用し、人権教育の効果的なあり方について考察していく。

(2) 人権教育と文化

従来は、人権教育において、当該社会の文化的資源に着目することはあまり行われてこなかった。しかし近年、その必要性がしばしば指摘されるようになってきている。その理由の一つは、人権教育の効果に関係する。すなわち一般に、人々がある理念の大切さについて実感し、その実感に基づき行為をなすためには、人々が日々その中で暮らし、親しみ、自分たち自身ものだという意識を抱いている道徳観や倫理観の中にその理念を位置づけ、その理念自体も「我々の守るべき大切なもの」であるという認識を形成することが求められる。人権に関してもこのことは当てはまる。人権理念をどこかしら外来の、自分たちとは疎遠なものとして認識するのであれば、人権理念がその機能を十分に果たすことはあまり期待できない。近年の政治理論においてもしばしば指摘されるように、人権の理念が日常のなかで首尾よくその機能を発揮するためには、馴染み深い道徳のなかに位置づけられ、愛着の対象となり、人々に「我々の守るべきもの」と認識されることが必要である。つまり人々が自分たちのものだと想定している文化的資源を活用しつつ、人権の理念をその中に位置づける作業が求められる。(4)

人権教育の主な対象は児童・生徒であることを考えれば、文化的資源への注目の必要性をさらに指摘できる。児童・生徒にとって、日常の生活感覚からかけ離れた議論を展開されても、なかなか腑に落ちるものではなく愛着も抱けない。効果的な人権教育のためには、人権の価値やその保障の必要性を、当該社会において児童・生徒が培ってきているものの見方、とりわけ家庭や学校において日常、接触しているものの見方に関連づけるかたちで説明できることが望ましい。(5)たとえば家庭や学校における日常生活で強調される規範、国語などの教科で暗黙裡に重視される行為の様式、あるいは課外活動などのその他の場面で強調される価値などと一貫性を有し、深いつながりを持つものとして人権の価値が説明されることが望まれるであろう。

ところが残念なことに、日本において行われてきた人権をめぐる従来の理論的研究には、日本の文化的資源の活用を目指したものはほとんどなかった。また人権教育の研究においては日本の文化への留意がみられることはあるものの、それを否定的に捉え、人権理念は文化超越的に（あるいは欧米文化を規範として設定し）定式化されるという前提に立ち、人権とは相容れない日本の文化的土壌をいかに変革するかという問題関心を伴うものが多かった。日本の文化的資源を人権教育に活用しようとする発想はほとんどみられなかったといえる。

（3）本稿の構成

本稿では、日本の文化的資源（重視される価値や思考法、語彙）を活用し、児童・生徒の日常感覚、および家庭や学校で触れることの多い道徳の見方になじみやすい人権教育の方法を探究する。

その際、以下のような手順をとる。まず欧米と比較した実証的知見に基づきながら日本においてみられる自我観や道徳観、および教育における特徴を明らかにする。[6] そしてそこから、日本で優勢な人間の「成長」の過程（あるいは「成熟」や「自己実現」の過程といってもよい）[7] の捉え方の特徴を明らかにする。ここで「成長」の捉え方に注目する理由は、それが人権の理解と密接に関わってくるからである。一般に、人権とは、成長に至るために必要な一連の共通条件、つまり道徳主体として自らの善き生の追求を自律的に行っていくために求められる一連の共通条件を、各人に平等に保障する機能を果たすものと理解することが可能である。したがって、成長観の文化的特徴を明らかにすることができれば、人権理解の文化的特徴の把握にもおおいに寄与すると考えられる。それゆえ、本稿では、自我観や道徳観の日本的特徴から、日本で優勢な成長の捉え方をまず明らかにする。また、それを手がかりに、日本の人権啓発活動の実践を概観し、日本における人権理解の特徴を確認する。その上で、日本の文化的特徴や人権理解の特徴に親和的な人権教育の効果的な手法について考察していく。

本稿の構成は以下のようになる。まず第二節では、いわば、日本文化の一つの「型」を明らかにする作業を行う。すなわち比較教育学や社会心理学、文化研究などの知見を活用しつつ、一般に指摘されている日本の自我観や道徳観、およびしつけや教育の特徴を明らかにする。加えて、それらの特徴から日本で優勢な成長観を導き出す。第三節では、日本の現在の人権啓発活動の実践を概観し、それを通じて、日本における人権の日常的理解の特性を検討する。第四節では、それまでの議論を踏まえ、日本の人権教育のあるべき基本的方向性を展望する。第五節では、まとめを行い、加えて、今後の人権論、人権教育論のあり方について若干言及する。

第二節　日本における「成長」の捉え方——道徳観や教育における特徴からの導出

本節ではまず、日本の文化的特徴として、日本で優勢だとされている自我観や道徳観にふれる。加えて本節では、日本の家庭や学校で行われているしつけや教育の一般的特徴を概観し、そこで強調される目標や価値について指摘する。そしてそれらから導き出される成長観の文化的傾向に言及する。こうしたものを取り上げる理由は、次節において、主に欧米（特に北米の主要文化）との比較で人権の日本における日常的理解の特徴を明らかにしていくうえで、非常に有益な視点を提供するからである。

（1）自我観、道徳観の特徴

欧米において一般的な自我観と日本において一般的な自我観には相違があると数多くの文化人類学や社会心理学の研究は論じてきた[8]。

社会心理学者の北山忍や彼の共同研究者は近年、自我観に関するこの文化的相違を、学術的に洗練されたかたちで論じている[9]。北山らは欧米文化（特に北米の主要文化）において支配的な自我観を「相互独立的自我観」と称し、日本をはじめとする東アジアに支配的な自我観を「相互協調的自我観」と称する。これら二つの自我観の中心的相違は、状況や他者との距離の度合いにある。[10] 相互独立的自我観では、それらとの距離は相対的に大きい。つまり人間の自我は、状況や他者との関係性から分離した自己充足的な実体として認識される傾向が強い。ここでは自我は、状況にかかわらず比較的不変の内的属性とされるもの（たとえば能力、才能、動機、性格的特性など）との関係で定義されがちである。他方、相互協調的自我観の下では、自我と、周囲の状況や他者との関係性との距離は比較的小さい。すなわち、この自我観では、自我は、周囲の状況や他者と密接に結びついたものと知覚され、それらとの関係で規定される傾向が強い。

こうした相互協調的自我観と密接に関係する道徳観があるとされる。[11] すなわち状況超越的な原理・原則ではなく、人間関係や他者の気持ち、自分の社会的役割などの具体的事柄を道徳的思考の際に重視する道徳観、つまり状況を重視する道徳観である。相互独立的自我観の下では、個人は状況特殊的な人間関係や社会的役割から本質的に分離している存在だと考えられている。そうした個人の高次の道徳的責任は、その人の埋め込まれている人間関係や社会的役割からは区別され、状況超越的な原理・原則に沿うべきものだと捉えられる。一方、相互協調的自我観の下では、道徳とは一義的には、人が自己の置かれた状況に適合した行為を行うことであると理解される。それゆえ、相互協調的自我観の優勢な文化では、状況を重視する道徳観が広く見られるようになると考えられている。

いわゆる公正や普遍的平等などの状況超越的な原理・原則を道徳的思考の際に重視する欧米主要文化で支配的な道徳観とは対照的に、日本で支配的な道徳観とは、自分を取り巻く人間関係や他者の気持ち、自己の社会的役割のあり方などの諸種の状況特殊的事柄を重視するものであるということを、内外の多くの日本文化研究者は指摘してきた。[12]また、多くの社会心理学や発達心理学の研究も、この傾向性を経験的調査に基づき確認してきた。[13]状況を重視する道徳観では、明示的・言語的に語られなくても、ある状況における他者の気持ちや思考を敏感に察知し読みとるために必要な感情移入の能力（「思いやり」の能力）の獲得が要求される。[14]偏狭になりがちな自己の視野を拡大し状況を的確に踏まえた行為をなすためには、状況に関する多様な他者の見方や自己の行為に対する反応を常に参照し、それらを敏感に察知し状況を首尾よく把握していく必要があるからである。日本においても、欧米と比べた場合、感情移入能力は非常に重視される徳目の一つとなっていると多くの研究は指摘している。[15]

（2）しつけや学校教育における特徴

こうした文化的特徴は単に所与の傾向性として観察されるというだけでなく、家庭や学校のしつけや教育という社会構造・制度によって支えられ再生産されている。教育心理学や発達心理学、文化人類学の実証的知見によれば、日本の家庭や学校におけるしつけや教育の場面においても、道徳的行為・思考の際に状況における多様な人間関係のあり方や他者の気持ち・視点に幅広く配慮することの重要性を強調し、子供にそうした配慮を言語的・非言語的に教えようとする傾向を広範に見て取ることができる。

発達心理学における実証的知見によると、日本の子供はアメリカの子供に比べて、はるかに多くの機会に他者の気持ちを推し量って行動するようにしつけられている。[16]また、類似したことであるが、日本の子育ての方法における顕著な特徴の一つは、自分を見つめる他者の視点の存在を子供に意識させ内面化させることだと言われている。それも、身近な他者の視点よりもむしろ疎遠な第三者の視点を重視し、それを子供に意識化・内面化させ、視野を広げさせ、そこから状況における自己の行為を見つめ改善していくことを身につけさせようとする傾向がある。[17]

加えて、感情移入能力、つまり「思いやりの心」の育成を目指す点も、日本のしつけや教育の特徴だと論じられている。[18] 家庭のみならず学校教育の場でも、日本では、様々な機会を通じて感情移入能力の発達が目指されている。学校教育の比較研究によると、感情移入能力の発達の促進を目指すことは、米国と比べた場合の日本の教育の最も大きな特徴の一つである。[19]

感情移入能力の発揮によって様々な他者の視点を内面化し、多様な視点から自己のあり方を見つめ吟味する行為、すなわち「反省」や「自己批判」の行為の重視も、日本のしつけや教育の特徴だと言われている。「日本の子育ては、子供に反省を促し、それに基づいて努力することを重視する」[20]傾向があると報告されている。学校教育でも同様である。比較研究の指摘によれば、個々の児童・生徒たちの行為のあり方や学級に生じた問題などを児童・生徒同士で話し合い反省する場が、いわゆる「学級会」や「ホームルーム」、「朝の会」、「帰りの会」などというかたちで非常に頻繁に設定され、教育活動の非常に重要な一部として認識されているのも、欧米の学校と比べた場合の日本の学校教育の顕著な特徴である。[21]

加えて述べれば、たとえば、国語教科書の国際比較の結果も、日本の学校における半ば暗黙裏の道徳教育の特徴を知る上で興味深い。教育心理学などの分野では、国語教科書、特に初等教育における国語教科書の登場人物やその行動は、当該社会の一般の人々の感覚から乖離せず支持されやすい人物像や規範となる行為を暗黙裡に反映していると考えられている。[22] 日米の比較分析によれば、日本の教科書では、互いに気持ちを察し合い譲り合う暖かい人間関係が数多く描かれている。一方、米国の教科書で強調されているテーマは、公正や平等、強い意志、自律、自己主張などであり、利害を異にする個人相互の対立・葛藤、ならびに交渉を通じた対立・葛藤の公正な解決の過程を扱ったものが多く見られる。[23] また他の研究者による日英の比較研究も、類似の知見を導いている。日本では、自らの要求や行動に対立するような見解や出来事が生じた場合、他者の気持ちや状況をうまく読み取り、自分の従来のものの見方に固執せず、事態や周囲の環境に適合するように自分のものの見方を能動的かつ柔軟に変化させ、周囲と折り合いをつけるための新たな意味づけをするような主体的・積極的行為を、行為の規範的モデルとして設定する傾向が強い。[24]

(3)「成長」の文化的捉え方

北山らの主張によれば、先に見た自我観や道徳観の相違は、成長の過程に関する人々の一般的見方にも影響を及ぼしている。[25] 欧米で顕著な相互独立的自我観が広く共有されている文化で育った人々にとって、成長の過程とは、自己の中に何らかの望ましい恒常的・永続的属性があることを確認し、外に向かって表現できるようになる過程だと捉えられる傾向がある。他方、相互協調的自我観の一般的な日本の文脈では、成長の過程も状況における関係性の中で捉えられる。すなわち人間の成長とは、状況における様々な他者の視点や思考を感情移入能力の発揮によって内面化し、その内面化された多様な視点や思考と照らして視野を広げ、自己の欠点を反省・自己批判により見出し、改善を続けていく一種の弁証法的な過程として認識される傾向があると指摘されている。

相互協調的自我観の優勢な日本においては、このように、様々な他者の視点を内面化し、そこから視野を広げ、自己の欠点を反省や自己批判によって改善していく過程として成長に至る途が捉えられる傾向があると想定すれば、前項でみたようなしつけや教育における特徴がなぜみられるかを首尾一貫したかたちで理解できる。

他者の気持ちへの配慮、感情移入能力、反省や自己批判などを重視するという特徴は、子どもが「成長」に至るために必要な条件をこれらの事柄が構成していると暗黙裡に想定されていることから生じると考えられる。[26] つまり、状況における様々な他者の視点を感情移入能力の発揮によって内面化し、その内面化された多様な視点から自分を多面的かつ批判的に見つめ、反省し、視野を広げ、自己のあり方を積極的に改善していく能力の獲得こそ成長に至る途だという想定が、日本社会には長きにわたって存在してきたと推測できる。[27] そして子どもにこうした能力を身につけてほしいという半ば無意識の何世代にもわたる大人たちの痛切なる願いが、こうした特徴を有するしつけや教育のあり方を生み出してきたと理解することが可能である。

第三節　日本の人権理解の文化的特徴——人権啓発活動の実践から

日本における人権理解は、法学や政治学などの分野をはじめとして、理論的・知的には非常に欧米の影響が強い。しかし一般の人々の人権や人権制度に対する日常的見方は、かなり異なるようである。この節では、前節の検討から得られた日本のいくつかの文化的特色や、そこから推測される成長観の特徴を念頭に置きつつ、日本の一般の人々の人権や人権制度に対する見方の文化的特徴を探りたい。主に、地方自治体等による人権啓発活動の実践から得られる資料を検討することにより、広く共有されている日常的な人権観、人権制度観を明らかにしていきたい。人権啓発活動の現場では、一般の人々が人権や人権制度の価値をなるべくよく理解できるようにする必要があるため、人々の日常的なものの見方に関連付けて人権や人権制度の価値を説明する工夫が無意識になされていると考えられる。それゆえ、人権啓発活動の実践に関連する資料には、人権や人権制度に対する日常的な捉え方が表れていると推測できる。

日本の人権教育や人権啓発活動の実践の特徴としてまずあげられるのは、これまでもしばしば指摘されてきたことであるが、「自由」、「平等」、「民主主義」、「正義」、「公正さ」などの法学的・政治学的概念や語彙の利用が少なく、かわりに、「思いやり」、「心」、「やさしさ」などの情緒的な語彙が非常に多く使われることである。[28]たとえば、近年の法務省の定める「人権啓発重点目標」は以下のようになっている。[29]「考えよう　あなたの人権　私の人権——21世紀へつなげよう心のネットワーク」（二〇〇〇年度）、「育てよう　一人一人の　人権意識——思いやる心が築く新世紀」（二〇〇一年度）、「育てよう　一人一人の　人権意識——身近なことから人権を考えてみませんか」（二〇〇二～二〇〇四年度）、「育てよう　一人一人の　人権意識——思いやりの心・かけがえのない命を大切に」（二〇〇五～二〇〇八年度）。

また、法務省人権擁護局発行の一般市民（成人）向けパンフレット『人権の擁護』（平成二〇年度版）の冒頭の記述には、以下のような文章がある。「私たちは、『人権』とは、『すべての人々が生命と自由を確保し、それぞれの幸福を追求する権利』……であり、だれにとっても身近で大切なもの、日常の思いやりの心によって守られるものだと考えています」。[30]

こうした中央官庁の出版物から読み取れるものだけではなく、より身近な人権啓発活動の実践から得られる資料に目を転じると、「思いやり」、「心」といった情緒的な価値・語彙の重視の傾向はいっそうはっきりする。

日本の人権教育・啓発活動の現場で非常によくなされる催しとして、地方自治体などの行政機関が音頭をとり、小中学生や高校生、あるいは一般の人々から、人権標語や人権啓発ポスター、人権作文などを募集し、できのよいものを表彰し公開するというものがある。[31]日本各地で数多く行われているこの種の催しで集められた人権標語や人権作文などからは、日本の一般の人々がもつ人権観をよくみてとることができる。

人権標語や人権ポスターに関しては、一例として私の居住地である福岡県福岡市のこの種の人権啓発活動の作品集を素材として取り上げてみたい。[32] 福岡市では、「人権尊重週間行事」の一環として、一般市民、および小中高生から、標語、ポスター・絵画、絵手紙（はがきに絵を描いたもの）、作文を募集し、入選作を集め、「人権作品集」として発行・配布している。

人権標語をまず検討してみたい。人権標語とは、人権教育・啓発のために募集された短いスローガン風のものである。形式に規定はないが、入選作をみてみると大部分が五七五音の俳句・川柳形式のものとなっている。たとえば、平成一九年度は、一万一九七九首の応募があり、そのうちの八〇首を入選作としている。入選作を選ぶ際の基準は、「人権尊重の趣旨にそっているか」、「創意工夫がみられるか」などとされている。

入選作をみて気づくのは、やはり「心」（一五首）、「やさしさ」（五首）、「思いやり」（四首）、「気持ち」（三首）などの心情的・情緒的な語が数多く使われていることである。たとえば「気付いてね　あの子の表情　あの子の心」、「思いやり　あなたへ君へ　みんなへと」などである。直接にこれらの語彙が使われていないものであっても、「あたたかさ」、「ぬくもり」、「笑顔」などの心情的な他の語を使っているものが多い。また、「つなぐ／つながり」（七首）、「輪」（三首）、「手」（九首）などの人と人とのつながりに関連する語彙もまた多く使用されている。たとえば、「つなげよう　ひとりひとりの　かんけいを」、「差し出そう　困った人への　優しい手」などである。他方、「自由」、「平等」、「公正さ」、「正義」、「尊厳」などの法的・政治的語彙の使用はない。「権利」という語が使われているものが一首あるだけである。

同様の傾向、つまり「思いやり」や「つながり」の重視という傾向は、人権啓発の「ポスター・絵画」（小中高生)、「絵手紙」(一般市民)の入選作からもみてとれる。好んで用いられている図柄は、「ポスター・絵画」の場合は、典型的には手をつないで笑いあっている子供などである。そうした図柄に、「友達をおもいやろう」などの心情的な語句が付されている場合が多い。はがきに多くは水墨画風の絵を描いたものである「絵手紙」の場合、手をつないでいる人々の絵や、ブドウやサクランボ、バナナなどの一房が好んで描かれている。ブドウやサクランボなどが描かれるのは、一つ一つは独立しているように見えても、根底ではつながっているという「つながり」のイメージが好まれるからかもしれない。

次に、人権作文についてである。人権に関する作文の募集も、全国レベル、地方自治体レベルで活発に行われている人権啓発活動の一つである。(33) 全国レベルでは、法務省が主体となって、昭和五六年から「全国中学生人権作文コンテスト」が毎年実施されている。平成一九年度は、全国の七二三五校(全国の中学校の六一%)、八四万余人(全国の中学生の二三%)から応募があったという大々的に行われている啓発活動の一大行事である。地方レベルでも同種の作文コンテストが広く行われている。たとえば福岡市を例にあげると、平成一九年度は、小中学生を中心に二万四六六七編の応募があった。

こうした人権作文コンテストの入選作をみても、日本人一般の人権に対する見方の特徴が理解できる。簡潔に述べれば、やはり「思いやり」、「やさしさ」などの心情重視、人と人とのつながり重視の傾向が強くみてとれる。

加えて、注目すべきは、人権作文の多くは、児童・生徒が自己の一種の成長の物語を描いたものとして読むことができるということである。つまり、人権作文には、他者の気持ちや窮状の気づきを通して、反省を行い、視野が広がり、そして視野が広がったため他者とのつながりを実感し、他者に対しよりいっそう配慮できるようになったこと、あるいは配慮するよう決意するに至ったことを描き出すものが多く、これは、児童・生徒の自身の成長の物語としてみることができる。

例として、「全国中学生人権作文コンテスト」で平成一九年度の第一席にあたる内閣総理大臣賞に選ばれた作品「それぞれの思いに寄り添って」をとりあげてみる。(34) これは、中学二年生によるもので、パーキンソン病にかかり体が不自由になった祖父への思いをきっかけに、視野が広がり、広く一人ひとりの事情に対する細やかな思いやりの大切さに気づいたという内容のものである。「思いやり」や「やさしさ」の重視として、この作文には次のような言葉がある。「すべての人の権利を守ろうと思う時」、大切なのは人々の「思いに寄り添い、その人の思いを自分から五感のすべてを働かせて想像すればよいのです」。また、この作文は、筆者自身の成長の物語という側面もある。「この夏、祖父との関わりを通して私たちの身の回りにはちょっとした違いのために窮屈でやるせない思いをしている人がたくさんいるのではないかと思うようになりました」。

「全国中学生人権作文コンテスト」の他の入選作、あるいは福岡市の人権作文の入選作でも、ほぼ同様の特徴を指摘できる。(35) つまり、「思いやり」、「やさしさ」などの心情的特性の大切さの強調がみてとれる。また、あるきっかけを通じて、他者の気持ちやニーズに気づき、反省を行い、視野が広がり、そこから、他者とのつながりや他者への配慮の大切さをいっそう実感し、その実感の下、行為できるようになったという、あるいはそうするように決意するに至ったという成長の物語の側面をもつという点も多くに共通している。

以上、人権啓発活動の実践を概観したが、日本において優勢な人権の日常的理解の特徴として導き出せることは、一つは、「自由」、「平等」、「公正さ」、「尊厳」などの法学的・政治学的語彙ではなく、「思いやり」、「やさしさ」、「心」といった心情的・情緒的な語彙の頻出である。また、「思いやり」の行為というべき、他者の気持ちや窮状を敏感に察知し、手を差し伸べることの大切さの強調である。加えて、人と人との「つながり」を示す言葉や「つながり」を示す「手」などのイメージがよく用いられることである。さらに、人権作文で主にみられるように、人権の大切さは、他者の気持ちやニーズへの気づきをきっかけとして生じ、反省を通じた自己の認識の広がりや行為の修正を伴う一種の成長の物語との関連で記述されることが多いという点である。

第四節　日本における人権教育に求められる基本的方向性

これまでの議論を踏まえたうえで、本節では、日本における効果的な人権教育の方向性を検討する。特に、人権教育の主な対象である子どもたちが、もっとも理解しやすく実感できる人権の価値の説明とはどのようなかたちのものであろうかという点に注目して検討したい。

相互協調的自我観や状況重視の道徳観が優勢であること、および人権の理解において「思いやり」や「つながり」というイメージが密接に連関付けられることなどの日本の文化的特徴や人権理解の特徴は、伝統的な人権論の見方からすれば、人権の理念にかなっていない、あるいは人権をよく理解できていないというように捉えられるかもしれない。言うまでもなく伝統的には、人権は、独立した個人からなる社会の規範であり、平等や公正さなどの先験的原理の存在を前提とすると理解されてきたからである。

しかし、本稿の第二節で明らかになったことは、伝統的な人権論の多くがなかば暗黙裡に踏まえていた相互独立的自我観や原理重視の道徳観も、自我や道徳に対する一つの文化的見方に過ぎないということである。人権理念や人権制度が、今後、世界の多くの場所で受け容れられるべきだと考える立場に立つとすれば、人権理念や人権制度が多様な形態をとりながら様々な文化的なものの見方の上に成立する可能性を探求する必要があるであろう。

本節では、第二節で見た日本の文化的特徴を考慮しながら、人権教育の骨組みであるところの人権の価値の説明の仕方について考察する。その際に、前節で確認した日本における人権の日常的理解のあり方は、大いに参考になる。前節で見たのは、人権に関するいわば連想の未整理の断片である。日本においてなじみやすい人権の価値の説明の方策を導き出すためには、この連想の未整理の断片を整理し、筋の通った人権の価値の説明を組み立てていく必要がある。

この作業を行って行く前にまず指摘したい点は、政治理論分野における代表的な人権論の論法のうちいくつかは、日本の文脈との親和性をあまりもたないということである。たとえば政治理論家L・W・サムナーは、代表的な人権論として、義務論的（権利基底的）人権論、現代的な社会契約論的人権論、間接的帰結主義の人権論の三つをあげているが、[36]このうち、前二者は、日本の文化的状況をふまえればあまり適合的であるとは言いがたい。たとえば、状況超越的な普遍的原理の先験的存在を仮定し、そこから議論を立ち上げる義務論的人権論や、社会的文脈から切り放された確固たる選好や欲求を有する自我としての個人の存在を仮定し、そうした個人の相互利益の保全の協定から人権の基礎が導かれると捉える現代の契約論的な人権論は、先に触れた日本の文化的特徴を念頭におけば、馴染みにくい。これらの人権論を基礎とする類の人権の価値の説明法は、自我観や道徳観に関し、日本で優勢な見方とは両立しがたいものを前提しているといえるからである。[37]

したがって私がここで提案したい日本の人権教育における人権の価値の基本的な説明の方策は、簡潔に述べれば、いわば一種の間接的帰結主義の論法を利用したものである。前述のとおり、望ましい人権の価値の説明のあり方には、日本において優勢な自我観、道徳観、家庭や学校のしつけや教育において強調されることの多い価値、ならびにそれらから導き出される成長観などにかなっていることが求められよう。具体的に本稿で一案として示したいのは、一種の間接的帰結主義の論法を用いつつ、成長に関する日本において優勢な見方と、人権の価値とを関連付けるものである。

先に見たように、日本では、人間的成長とは、一般に、状況における様々な他者の視点や思考を感情移入能力の発揮によって内面化し、その内面化された多様な視点や思考と照らして視野を広げ、自己の行為や思考を見つめ直し、改善を繰り返していく一種の弁証法的なプロセスとして認識される傾向が強いといえる。この種の成長観と関連付けて、人権の必要性――つまり他者を自分と同様に尊重することの必要性――を説明することが可能だと思われる。

たとえば、日本の文化的文脈においてもっともなじみやすい人権の価値の説明の仕方とは、表現が少々生硬であるが、骨子としては以下のような論法を用いる類のものとなると考えられる。

われわれが成長していくためには、状況における様々な他者の視点を「思いやり」（感情移入）の能力の発揮によって内面化し、多様な他者の視点から反省の作業を行い、視野を広げ、自己の従来のものの見方や行為のあり方を柔軟に改善しつづけていくという過程を辿ることが求められる。この過程を辿っていくためには、つまり自分の成長を望むのならば、自分とは異なる視点を有する多様な他者の存在が必ず必要だといえる。自身の視角を育み保持している多様な他者の存在を可能ならしめるためには、そのための一連の資源を自分だけでなく他者一般にも認める必要性がある。したがって、この一連の資源を保護する機能を持つもの、すなわち「人権」を人々全員に平等に承認することが求められる。

以上のものを、先にみた日常的な人権理解においてしばしば用いられる言葉を使い、児童・生徒を語りかけの対象として念頭に置き、比較的やわらかく述べ直せば、以下のようになるであろう。

私たちは根底ではつながっているので、私たち一人ひとりが成長するためには他者との関係が大切である。つまり私たちが成長するためには、感情移入の能力（「思いやりの心」）を磨き、それぞれが他の人々の様々なものの見方や感じ方に気づき、それらを学び、それらから自分を振り返り、視野を広げ、自分のものの見方や感じ方、行動の誤りや偏りを繰り返し柔軟に修正していかなければならない。ここで、他の人々の様々なものの見方や感じ方に触れることが可能であるためには、当然であるが、自分と同様に、他の人々も存在しなければならない。加えて他の人々も、自分と同様、それぞれの特徴あるものの見方や感じ方を育んでいけるようでなければならない。自分と同様、他の人々も存在し、それぞれのものの見方や感じ方を育んでいくためには、ある程度豊かに暮らし、また自由に勉強したり運動したりできるといった一連の条件が必要となる。この種の条件を、自分と同じように他者にも平等に認めるものが、いわゆる「人権」であり、これを大切にしていかなければならない。

人権の価値のこの種の説明は、第三節で見た日本における日常の人権理解の断片を整理し、その背後にある前提を言語化したものだといえる。このような定式化であれば、「つながり」や、「思いやり」や「やさしさ」、反省の大切さなどと、人権の価値とをうまく結びつけることができると思われる。また、こうした人権の価値のいわば暗黙の理論が、なかば無意識に日本の多くの人々の間に存在していると考えれば、人権作文が一種の成長の物語として記述されることが非常に多いことにも納得がいく。人権作文は、人権の価値の日常的理解にかなった経験を書くことにより、例を示しながら、人権の価値を人々に伝えていこうとしていると解釈できる。人権作文という啓発手法が好まれ広く用いられているのは、そして人権作文の多くが成長の物語の構造をとるのは、このような暗黙の理解の仕方に適合的であるからだと思われる。

第五節　結び——本稿の制約、および今後の課題

以上、本稿では、「型」の発想に触発され、ロゴスとパトスの統合を果たす市民教育の構想の一つとして、日本における人権教育の効果的な形態に関する考察を行ってきた。人権教育には、人権尊重の必要性の整合的説明を提示するといういわばロゴス的側面と、人権の理念や制度に対し「われわれの守るべきもの」という愛着を抱かせ、それらを遵守するよう人々を動機付けるというパトス的側面があるといえる。本稿では、「パターンとしての型」、つまり「文化としての型」という「型」の観念の一要素に着目し、日本社会におけるいくつかの文化的特徴を参照しながら、ロゴス的側面と同時にパトス的側面にも留意した人権教育の効果的なあり方について探究してきた。すなわち、人々——特に人権教育の主な対象である児童・生徒——が日常生活の中で馴染み親しんでいる文化的資源と人権の理念とを密接に関連付けることを通じて、人権の理念やその保障のための制度の必要性を人々がわかりやすく理解し、その価値を実感でき、また愛着の対象とすることができるような説明の方法

の提案を試みた。

なお本稿では、与えられた紙幅の都合上、十分に論じ切れなかった点も多い。とりわけ以下のような論点である。人権制度と文化との関連に関する現代の政治理論の動向（特に国家の文化的中立性の理解の変容）、人権制度に文化が反映することの利点とその制約、文化的少数者の権利の位置づけなどである。これらについては、別稿で言及しているのでそちらを参照願いたい(38)。

また本稿は、人権教育の効果的なあり方についての基本的な方向性、特に人権の価値の説明のよりよき方法と考えられるものを素描したに留まった。今後の課題として、教育現場との連携を通じて、人権教育の効果的な方法をより具体的なかたちで検討する作業を行う必要がある。源了圓の分類でいうところの「フォームとしての型」(39)の水準で、人権教育の具体的手法を提示し、教育現場における実践に大いに役立つ人権教育のすぐれた「型」を練成していくことが必要だといえるかもしれない。


【注】
（1）次のサイトを参照願いたい。http://quris.law.kyushyu-u.ac.jp/~citizen21/pp.html
（2）参照、源了圓「型と日本文化」（源了圓編『型と日本文化』創文社、一九九二年、所収）、一二―三二頁
（3）参照、同書、一三―一七頁。
（4）この必要性を述べたものとしてたとえば以下を参照。ベル／施光恒・蓮見二郎訳『「アジア的価値」とリベラル・デモクラシー――西洋と東洋の対話』風行社、二〇〇六年、第一章。また、実際に、人権理念を各々の社会の文化的資源の中に位置づけようと試みる論考として、以下のようなものが例示できる。たとえば、儒教的伝統との関連では、De Barry, W. T., *Asian Values and Human Rights: A Confucian Communitarian Perspective*（Cambridge, Mass.: Harvard

University Press, 1998）、イスラムとの関連では、Othman, N., “Grounding Human Rights Arguments in Non-Western Culture: Shari'a and the Citizenship Rights of Women in a Modern Islamic State,” in Bauer, J. R. and Bell, D. A.（eds.）, *The East Asian Challenge for Human Rights*（Cambridge: Cambridge University Press, 1999）。また、本稿と類似の観点からではあるが、より詳細なかたちで、日本の文化的土壌に適った体系的な人権の構想を導き出そうとしているものとして、以下の拙稿を参照願いたい。Se, T. and Karatsu, R., “A Conception of Human Rights Based on Japanese Culture: Promoting Cross-Cultural Debates,” *Journal of Human Rights*, vol. 3, no. 3, 2004.

（5）この必要性は、国連の人権教育に関する文書でも強調されている。一九九四年の文書「国連人権教育10年行動計画：人権教育——生涯にわたる学習」（Plan of Action for the United Nations Decade for Human Rights Education, 1995-2004: Human Rights Education — Lessons for Life）の第六条は、人権教育の「効果を高めるために」、この行動計画における人権教育は、「学習者の日常生活に関連付けられた方法でなされるべきである」と述べている。

（6）欧米文化（特に北米主要文化）における自我観や道徳観との比較を行うのは、それらが従来の人権論や人権教育論において暗黙裡に議論の前提として設定されてきたといえるからである。欧米との比較の上でそれらに関する日本の文化的特徴を明らかにすることは、日本に馴染みやすい新しい人権教育の方法を探究するうえでおおいに有益だと思われる。

（7）本稿では「成長」という言葉を、各人が、道徳主体として自分自身の善き生の追求を自律的に行えるようになっていくことを意味するものとして用いる。その意味で、本稿の「成長」という語は、「成熟」あるいは「自己実現」と言い換えることもできよう。

（8）自我をめぐる日本と欧米（主に北米であるが）の比較研究は非常に多い。研究の蓄積の簡潔なレビューとしては次の文献を参照。Rosenberger, N. R., “Introduction,” in Rosenberger（ed.）, *Japanese Sense of Self*（Cambridge: Cambridge University Press, 1992）.

（9）欧米文化と非欧米文化における支配的な自我観の相違に関する北山忍らの研究に関しては、代表的には、次の文献を参照のこと。Markus, H. R. and Kitayama, S., “Culture and the Self: Implications for Cognition, Emotion, and Motivation,”

Psychological Review, vol. 98, no. 2, 1991. および北山忍『自己と感情』共立出版、一九九八年。

(10) See Markus and Kitayama "Culture and the Self", pp. 245-246.

(11) See *ibid.*, p. 227. および、北山『自己と感情』、五七―六〇頁。

(12) この種の研究は大変多いが、例として著名なもののみごく一部を挙げる。ルース・ベネディクト／長谷川松治訳『菊と刀――日本文化の型』社会思想社、二二四、二二七頁、木村敏『人と人との間――精神病理学的日本論』弘文堂、一九七二年、五一―七三頁。See Lebra, T. S., *Japanese Patterns of Behavior* (Honolulu: The University Press of Hawaii, 1976), ch.1.

(13) この点に関する多くの研究の簡潔なレビューとして次の論文を参照のこと。Naito, T., "A Survey of Research on Moral Development in Japan," *Cross-Cultural Research*, vol. 28, no. 1, 1994. あるいは、東洋『日本人のしつけと教育――発達の日米比較にもとづいて』東京大学出版会、一九九四年、第四章、第六章。

(14) See Markus and Kitayama, "Culture and the Self," p. 229.

(15) See, e.g., Lebra, *Japanese Patterns of Behavior*, ch. 3. 参照、東『日本人のしつけと教育』、一〇三―一〇八頁。

(16) 参照、東『日本人のしつけと教育』、第四章。

(17) See Lebra, *Japanese Patterns of Behaivior*, p. 153.

(18) 東『日本人のしつけと教育』、一〇三―一〇八頁。

(19) 参照、恒吉僚子『人間形成の日米比較――隠れたカリキュラム――』中央公論社、一九九二年、第二章、第三章。

(20) 北山『自己と感情』、九二頁。

(21) See Lewis, C. C., *Educating Hearts and Minds: Reflections on Japanese Preschool and Elementary Education* (Cambridge: Cambridge University Press, 1995), pp. 90-91, 120-122. ルイスによれば、こうした自省能力の獲得を促す話し合いと反省の場の設定は、日本の学校教育ではカリキュラムの一環であり、非常に重要な教育的意義を持つと捉えられている。恒吉僚子も、ルイスと同様に、このような話し合いおよび反省活動の重視は、アメリカと比べた場合の日本の学校教育のもっとも顕著な特徴であると述べている。恒吉によると、アメリカの学校には、普通、日本の学校の「学級会」や「朝の会」、「帰りの会」のような定期的に設定された話し合いと反省の時間はない。アメリカの学校は、しばしばディスカッションの機会を持つが、その議題は社会的・学問的な問題である。例えば、社会科の時間に公害の問題に関して話し合う場合などである。日本の学校教育で大部分を占めるような話し合いの活動、つまり学級の一員である児童・生徒の行為や態度や性格の問題などを皆の問題として集団で話し合い、反省しあうという活動は通常は見られない。See Tsuneyoshi, R., "Small Groups in Japanese Elementary School Classrooms: Comparisons with the United States," *Comparative Education*, vol. 30, no. 2, 1994, pp. 123-127.

(22) 今井康夫『アメリカ人と日本人――教科書が語る「強い個人」と「やさしい一員」――』創流出版、一九九〇年、二頁、ならびに塘利枝子、真島真里、野本智子「日英の国語教科書にみる対人的対処行動」『教育心理学研究』第四六号、一九九八年、九七頁。

(23) 参照、今井『アメリカ人と日本人』、第五章、第七章、および東『日本人のしつけと教育』、八五―八六頁。

(24) 塘ほか「日英の国語教科書にみる対人的対処行動」、一〇三―一〇四頁。

(25) 参照、北山『自己と感情』、一三九―一四九頁。See also Kitayama, S. and Markus, H. R., "The Pursuit of Happiness and the Realization of Sympathy: Cultural Patterns of Self, Social Relations, and Well-Being," in Diner, E. and Suh, E. M. (eds.), *Culture and Subjective Well-Being*（Cambridge, MA: MIT Press, 2000）, pp. 113-161. また文化人類学者のプラースも、自我観の相違から派生する欧米（特に北米）と日本における「人間的成長」に関する捉え方の違いに注目した研究を行った。See Plath, D., *Long Engagements: Maturity in Modern Japan*（Stanford, Calif.: Stanford University Press, 1980）, chs. 1 and 7. プラースによれば、欧米で支配的な「人間的成長」のイメージとは、社会的影響をできる限り受けることなく、各個人が生得的に有する（神から与えられた）という固有の個性を主張し表現していくことである。一方、日本で支配的な「成長」のイメージとは、他者への感情移入能力を磨き、他者との関係の中で視野を広げ自己認識を深め、社会での活動を通じて人格を陶冶・洗練していくことである。See *ibid.*, pp. 219-227.

(26) See Lewis, *Educating Hearts and Minds*, pp. 120-122.

(27) なお、論者によっては、相互協調的自我観や状況重視の道徳観からは一種の同調主義が導かれるのみであり、日本の文化的土壌からは自律的な「成長」(「自己実現」)の理想は導かれないと主張する者もいる。私は以前、別稿で、こうした見方を批判し、本章で示したようなかたちで、欧米で主流のものとは異なる形態であるものの日本においても自律的な「成長」の理想が存在してきたとみるべきであるという詳細な議論を展開した。以下を参照願いたい。Se and Karatsu, "A Conception of Human Rights Based on Japanese Culture," pp. 272-281. および、拙稿「ベネディクト『菊と刀』を読む——日本人の自律性」(九州大学政治哲学リサーチコア編『名著から探るグローバル化時代の市民像』花書院、二〇〇七年)。

(28) この点を指摘するものとして、たとえば以下を参照。阿久澤麻理子「日本における人権教育の『制度化』をめぐる新たな問題」(〈財〉アジア・太平洋人権情報センター編『人権をどう教えるのか——「人権」の共通理解と実践(アジア・太平洋人権レビュー二〇〇七)』現代人文社、二〇〇七年、所収)、四三—四六頁、生田周二『人権と教育——人権教育の国際的動向と日本的性格』部落問題研究所、二〇〇七年、九九—一〇〇頁。

(29) 「人権啓発重点目標」の参照は、阿久澤「日本における人権教育の『制度化』をめぐる新たな問題」より示唆を受けた。

(30) 参照、法務省人権擁護局編『人権の擁護』平成二〇年度版、表紙の裏の頁。

(31) この種の催しを行っている自治体の正確な数を私はまだ把握していないが、法務省などが推奨していることもあり、非常に多くの自治体が行っていると推測される。たとえば、法務省・文科省の管轄の財団法人・人権教育啓発推進センターは、毎年、「人権啓発資料展」を開催し、ここで自治体から提出された資料を展示・保存している。その目録から判断すると、たとえば平成一八年度には、人権標語、作文、ポスターなどを集めた人権作品集が、全国八四の自治体から提出されている(参照、財団法人人権教育啓発推進センター内人権ライブラリー編『人権ライブラリー資料目録』二〇〇七年度版)。しかしこのセンターに提出されていない資料も少なくないため、正確な数字は、現在のところわからない。

（32）参照、福岡市人権尊重推進委員会編『人権作品集』（第36集）、平成一九年度。ここでは福岡市のものを取り上げるが、私が目を通した限り、ここで示す特徴は、他の自治体発行の同様の「人権作品集」にもほぼすべて当てはまっているといえる。地域や募集年度（この種の催しは古いものでも三十数年前に始まったものが多く、その間のものだけであるが）を問わずに指摘できる特徴だといえる。

（33）欧米でも、小中高生を対象とした人権作文（human rights essay）コンテストは行われることがある。厳密な比較・検討は別の機会に行いたいが、欧米における"human rights essay"は、日本で言えば社会科の小論文、あるいはレポートに近い。日本の多くの人権作文のような身近な対人関係の経験を題材にするものではなく、一般的な社会問題や政治問題、あるいは各種の人権憲章の発展の歴史などを扱うものがほとんどであり、その点で日本の人権作文とは性質が違うといえる。当然ながら、使われる語彙も、equality, fairness, law, rightなどの語が多い。

（34）法務省人権擁護局・全国人権擁護委員会連合会編『第二七回　全国中学生人権作文コンテスト入賞作文集』平成一九年度、所収。金沢大学教育学部附属中学校二年・佐々木絢海さんの作品。

（35）たとえば、平成一九年度の「全国中学生人権作文コンテスト」の第二席入選の作品、および第三席入選の作品も、同様の物語として読める。ごく簡単に述べれば、第二席の作品「心の仮面」は、筆者である中学生が、知的障害を負っている少年との交流から学び、筆者自身が「心の仮面」をはずし、他者に心を開いていくことの大切さの認識に至ったことを描くものである。また第三席の作品「支えること、支えられること」は、聴覚障害を持つ級友とともにクラス全員で努力して合唱を作り上げた経験を通じて、様々な他者と「支えあいながら生きていくことの大切さ」を学んだことを記述するものである。両者とも、他者の置かれた状況に思いを馳せ、気づきの経験を経て、視野が広がり、成長に至ったという物語の構造を持つものと解釈できる。

（36）See Sumner, L. W., *The Moral Foundation of Rights*（Oxford: Clarendon Press, 1987）.

（37）このような議論、つまり義務論や現代的社会契約論の論法に基づく人権論の前提は自我観や道徳観における日本の特徴になじみがたいという議論を、私は以前、比較的詳細に別稿で展開した。以下を参照願いたい。拙稿「人権理論と日本における人権教育——可謬主義に基づく間接的帰結主義の人権論の有効性」『公民教育研究』(日本公民教育学会)第一〇号、二〇〇二年、三五—四九頁。

(38) 拙稿「規範理論の立場からみたアジアにおける人権——異文化間対話の理論的前提」『法政研究』(九州大学)第七五巻第四号、二〇〇九年近刊。また、特に人権制度に限定してはいないが人権制度を含むリベラルな政治制度と文化との関わりの理解については、以下も参照。拙稿「リベラル・デモクラシーとナショナリティ」(施光恒、黒宮一太編『ナショナリズムの政治学——規範理論への誘い』ナカニシヤ出版、二〇〇九年近刊、所収)。なお、本稿で用いた論法を用いて、文化的少数者に対する特別な権利の必要性を導き出すことも可能である。これについては、別稿であらためて論じる。

(39) 参照、源「型と日本文化」、二八—三二頁。

〔執筆者紹介〕（論文掲載順）

関口　正司（せきぐち　まさし）一九五四年生まれ。九州大学大学院法学研究院教授。政治哲学・政治学史専攻。
最終学歴：東京都立大学大学院社会科学研究科博士課程。法学博士。
主要業績：『自由と陶冶――J・S・ミルとマスデモクラシー』（みすず書房）、『名著から探るグローバル化時代の市民像』九州大学政治哲学リサーチコア編（花書院）、『大学評価マニュアル』（九州大学出版会）。

木村　俊道（きむら　としみち）一九七〇年生まれ。九州大学大学院法学研究院准教授。政治思想史専攻。
最終学歴：東京都立大学大学院社会科学研究科博士課程。博士（政治学）。
主要業績：『顧問官の政治学――フランシス・ベイコンとルネサンス期イングランド』（木鐸社）、『はじめて学ぶ政治学――古典・名著への誘い』岡﨑晴輝・木村俊道編（ミネルヴァ書房）、『名著から探るグローバル化時代の市民像』九州大学政治哲学リサーチコア編（花書院）。

鏑木　政彦（かぶらぎ　まさひこ）一九六五年生まれ。九州大学大学院比較社会文化研究院准教授。政治思想史専攻。
最終学歴：東京大学大学院法学政治学研究科博士課程。博士（法学）。
主要業績：『ヴィルヘルム・ディルタイ――精神科学の生成と歴史的啓蒙の政治学』（九州大学出版会）、『デモクラシーの政治学』福田有広・谷口将樹編（東京大学出版会）、『はじめて学ぶ政治学――古典・名著への誘い』岡﨑晴輝・木村俊道編（ミネルヴァ書房）、『名著から探るグローバル化時代の市民像』九州大学政治哲学リサーチコア編（花書院）。

大河原　伸夫（おおかわら　のぶお）一九五三年生まれ。九州大学大学院法学研究院教授。政治学専攻。
最終学歴：東京大学大学院法学政治学研究科博士課程。法学修士。
主要業績：『政策、決定、行動』（木鐸社）、『21世紀の安全保障と日米安保体制』菅英輝・石田正治編（ミネルヴァ書房）、『名著から探るグローバル化時代の市民像』九州大学政治哲学リサーチコア編（花書院）。

石田　正治（いしだ　まさはる）一九四七年生まれ。九州大学大学院法学研究院教授。国際政治学・ナショナリズム論専攻。
最終学歴：九州大学大学院法学研究科博士課程。博士（法学）。
主要業績：『沖縄の言論人　大田朝敷——その愛郷主義とナショナリズム』（彩流社）、『21世紀の安全保障と日米安保体制』菅英輝・石田正治編（ミネルヴァ書房）、『名著から探るグローバル化時代の市民像』九州大学政治哲学リサーチコア編（花書院）。

竹島　博之（たけしま　ひろゆき）一九七二年生まれ。福岡教育大学教育学部准教授。政治思想史・政治哲学・シティズンシップ教育専攻。
最終学歴：同志社大学大学院法学研究科博士課程。博士（政治学）。
主要業績：『カール・シュミットの政治——「近代」への反逆』（風行社）、『はじめて学ぶ政治学——古典・名著への誘い』岡﨑晴輝・木村俊道編（ミネルヴァ書房）、『ポスト・リベラリズムの対抗軸』有賀誠・伊藤恭彦・松井暁編（ナカニシヤ出版）、『名著から探るグローバル化時代の市民像』九州大学政治哲学リサーチコア編（花書院）。

大賀　哲（おおが　とおる）一九七五年生まれ。九州大学大学院法学研究院准教授。国際政治学史・比較地域統合論専攻。
最終学歴：エセックス大学政治学部博士課程。Ph.D.（Ideology and Discourse Analysis）.
主要業績：*Discourses on Asianisation: The Asian Financial Crisis and Rediscovering Asianness*（Verlag Dr. Müller）、『国際社会の意義と限界——理論・思想・歴史』大賀哲・杉田米行編（国際書院）。

岡﨑　晴輝（おかざき　せいき）一九六八年生まれ。九州大学大学院法学研究院准教授。現代政治理論・比較政治学専攻。
最終学歴：国際基督教大学大学院行政学研究科博士後期課程。博士（学術）。
主要業績：『与えあいのデモクラシー——ホネットからフロムへ』（勁草書房）、『はじめて学ぶ政治学——古典・名著への誘い』岡﨑晴輝・木村俊道編（ミネルヴァ書房）、『名著から探るグローバル化時代の市民像』九州大学政治哲学リサーチコア編（花書院）。

施　光恒（せ　てるひさ）一九七一年生まれ。九州大学大学院比較社会文化研究院准教授。政治理論・人権論専攻。

最終学歴：慶應義塾大学大学院法学研究科博士課程。博士（法学）。
主要業績：『リベラリズムの再生——可謬主義による政治理論』（慶應義塾大学出版会）、『ナショナリズムの政治学——規範理論への誘い』施光恒・黒宮一太編（ナカニシヤ出版）、『ポスト・リベラリズムの対抗軸』有賀誠・伊藤恭彦・松井暁編（ナカニシヤ出版）。

政治における「型」の研究

2009年3月31日　初版第1刷発行

編　者——関口正司
（九州大学政治哲学リサーチコア代表）

発行者——犬塚　満

発行所——株式会社 風　行　社
〒102-0073 東京千代田区九段北1－8－2
Tel & Fax 03-3262-1663　振替 00190-1-537252

印刷・製本　モリモト印刷

装　丁　古村奈々 + Zapping Studio

ISBN 978-4-86258-022-1